重庆科技创新指数报告

2022

重庆科技创新指数评价课题组　编著

西南财经大学出版社

中国·成都

图书在版编目(CIP)数据

重庆科技创新指数报告.2022/重庆科技创新指数评价课题组编著.—成都:西南财经大学出版社,2023.8
ISBN 978-7-5504-5863-5

Ⅰ.①重… Ⅱ.①重… Ⅲ.①技术革新—研究报告—重庆—2022
Ⅳ.①F124.3

中国国家版本馆 CIP 数据核字(2023)第 135418 号

重庆科技创新指数报告 2022
CHONGQING KEJI CHUANGXIN ZHISHU BAOGAO 2022

重庆科技创新指数评价课题组　编著

责任编辑:王　琴
助理编辑:马安妮
责任校对:高小田
封面设计:墨创文化
责任印制:朱曼丽

出版发行	西南财经大学出版社(四川省成都市光华村街 55 号)
网　　址	http://cbs.swufe.edu.cn
电子邮件	bookcj@swufe.edu.cn
邮政编码	610074
电　　话	028-87353785
照　　排	四川胜翔数码印务设计有限公司
印　　刷	四川五洲彩印有限责任公司
成品尺寸	210mm×285mm
印　　张	13.75
字　　数	334 千字
版　　次	2023 年 8 月第 1 版
印　　次	2023 年 8 月第 1 次印刷
书　　号	ISBN 978-7-5504-5863-5
定　　价	108.00 元

重庆科技创新指数评价课题组

　　党的十八大以来，党中央明确了创新在我国现代化建设全局的核心地位，把科技自立自强作为国家发展的战略支撑。党的二十大报告进一步将科技创新的战略意义提升到新的高度。重庆市委、市政府高度重视科技创新，市第六次党代会把"科技实力显著提升"作为未来五年的重要目标之一，市委五届十次全会专题研究部署科技创新工作，《中共重庆市委关于深入推动科技创新支撑引领高质量发展的决定》《成渝地区建设具有全国影响力的科技创新中心总体方案》和"财政金融政策30条"等政策文件高位推动，重庆将奋力建设具有全国影响力的科技创新中心，让科技创新"关键变量"转化成为重庆高质量发展的"最大增量"。重庆科技创新指数评价课题组推出的《重庆科技创新指数报告2022》（以下简称《创新指数报告》）旨在及时和全面地反映全市科技创新动态、准确评价全市科技创新水平、科学引导区县创新发展。《创新指数报告》基于政府统计调查资料，采用能够客观反映全市区县创新活动特征的指标数据，为全市政府部门、研究机构和社会公众提供了全面及时、客观准确、可信便捷的科技创新指数监测平台和载体，为区域创新政策的制定、创新能力的评价等提供了有力支撑。

　　为适应新发展阶段重庆科技创新的发展特征，相较于《重庆科技创新指数报告2021》，本报告对原有的指标体系进行了修订，原有的科技创新环境、科技创新投入、科技创新产出、高新技术产业化和科技促进经济发展5个一级指标保持不变，5个一级指标各增加2个二级指标，三级指标从17个增加至34个。受指标层级及三级指标个数大幅增加的影响，修订前后测算的科技创新指数结果并不具有可比性。为此，基于修订后的指标体系，本报告对重庆市科技创新状况进行了持续、系统的定量化监测评价，并重新测算了2021年的科技创新指数，为广大科技工作者提供翔实的数据服务。《创新指数报告》

标题中的"2022"指的是报告发布年份,报告所使用的数据均为2021年的统计数据,并与之前年份的数据进行了比较。各监测指标数据均来自相关市级部门的法定统计数据,来源公开、编制规范、质量可靠、持续稳定,可确保评价结果的可信度。

在《创新指数报告》的编制过程中,课题组在指标体系设计、评价结果评估等环节广泛征求了相关部门领导和专家的意见,并且在数据采集加工环节得到了重庆市科学技术局、统计局、教育委员会、知识产权局等部门统计工作人员的大力支持。在此,课题组向各位参与报告研究和编制的领导、专家及工作人员致以衷心的感谢!同时,欢迎广大读者对《创新指数报告》中的不当之处进行指正!

重庆科技创新指数评价课题组

2022 年 12 月

目录

第一章　全市及区县科技创新指数评价

一、全市科技创新指数评价

《重庆科技创新指数报告2022》通过科技创新环境、科技创新投入、科技创新产出、高新技术产业化、科技促进经济发展5个一级指标，基础条件、科技意识等10个二级指标和万人R&D人员数、科学研究和技术服务业法人单位数等34个三级指标对重庆市和38个区县的创新水平进行分析比较，是客观反映全市科技创新发展水平和动态、科学引导区县科技创新发展的重要参考。为适应新发展阶段重庆科技创新发展特征，相对于《重庆科技创新指数报告2021》，本报告对原有指标体系进行了修订，原有的5个一级指标保持不变，5个一级指标各增加2个二级指标，三级指标从17个增加至34个。受指标层级及三级指标个数大幅增加的影响，修订前后测算的科技创新指数结果并不可比。为此，基于修订后的指标体系，本报告重新测算了2020年的科技创新指数。2021年，全市综合科技创新指数达到67.32%，比上年提高3.26个百分点，33个区县的科技创新指数有不同幅度的提高，16个区县的位次有不同幅度的提升。

从《中国区域科技创新评价报告2022》来看，重庆综合科技创新水平指数继续保持全国第7位。从世界知识产权组织发布的《2022年全球创新指数报告》来看，重庆继2019年首次入围城市创新集群百强，已连续4年上榜，排名上升39位，位列第49位。

重庆市科技创新统计监测指标总量值及监测值（全市平均值）如表1-1、表1-2所示。

（一）科技创新环境持续改善

2021年全市科技创新环境持续优化，科技创新环境指数为62.65%，比上年提高4.28个百分点。全市R&D人员全时当量达到123 446人年，比上年提高16.8个百分点；全市科学研究和技术服务业法人单位数为29 419家，比上年提高21.24个百分点；累计孵化企业数为3 280家，比上年增加643家。

（二）科技创新投入稳步提升

2021年全市科技创新投入水平稳步提升，科技创新投入指数为63.90%，比上年提高9.18个百分点。全市硕士研究生及以上学历R&D人员数为46 121人，比上年增加7 346人。企业R&D研究人员数为25 222人，比上年增加2 986人。全市R&D经费支出为603.84亿元，比上年提高14.6个百分点；R&D经费支出占GDP比重为2.16%，比上年提高0.05个百分点；地方财政科技支出占财政一般预算支出比重为1.92%，比上年提高0.23个百分点；规模以上工业企业创新费用支出占主营业务收入比重为1.83%，比上年提高0.06个百分点。

（三）科技创新产出略有下降

2021 年全市科技创新产出略有下降，科技创新产出指数为 67.20%，比上年下降 2.93 个百分点。全市 R&D 人员发表科技论文数为 47 619 篇，比上年增加 3 465 篇；有效发明专利拥有量为 42 349 件，比上年增加 6 996 件；技术合同成交额占 GDP 比重为 0.66%，比上年提高 0.19 个百分点；规模以上工业企业战略性新兴产业增加值占 GDP 比重为 6.48%，比上年提高 0.24 个百分点；数字经济核心产业增加值占 GDP 比重为 8.11%，比上年提高 0.82 个百分点。

（四）高新技术产业化持续推进

2021 年全市高新技术产业化水平稳步推进，高新技术产业化指数为 74.16%，比上年提高 1.4 个百分点。高新技术企业数为 5 108 家，比上年增加 886 家；高新技术企业从业人员数为 859 050 人，比上年增加 32 599 人。高新技术产品销售收入占主营业务收入比重为 71.03%，比上年提高 3.4 个百分点。高新技术企业利润率为 5.69%，比上年提高 0.39 个百分点。高新技术企业劳动生产率为 157.89 万元/人，比上年增加 16.58 万元/人。

（五）科技促进经济发展势头良好

2021 年全市科技持续促进经济发展势头良好，科技促进经济发展指数为 70.45%，比上年提高 5 个百分点。全市人均 GDP 由 7.82 万元提高到 8.69 万元；工业企业全员劳动生产率为 418 826 元/人年，比上年提高 48 012 元/人年；万元地区生产总值用水量为 25.86 立方米，比上年下降 2.18 个百分点；万元主营业务收入能耗为 0.17 吨标准煤，比上年下降 0.02 吨标准煤。

从科技创新指数一级指标指数值的增长来看，科技创新投入指标增长最快，其次为科技促进经济发展指标和科技创新环境指标，最后为高新技术产业化指标，科技创新产出指标有一定下降。因此，重庆市科技创新发展不够均衡，科技创新产出和产业结构优化调整的力度还需要加大，重庆市科技创新发展仍存在以下问题：

一是研发投入总量和强度仍偏低，创新投入水平有待提高。全市 R&D 经费支出为 603.84 亿元，仅占全国研发经费投入的 2.16%，R&D 经费支出占 GDP 比重为 2.16%，与全国 2.44%的比重相比仍有一定差距。地方财政科技支出为 92.64 亿元，但仍仅占全国地方财政科技支出的 1.33%。全市地方财政科技支出占地方财政一般预算支出比重为 1.92%，与全国 3.29%的比重相比有较大差距。

二是科技创新产出和高新技术产业化水平不足，不能充分满足经济社会高质量发展需求，发明专利产出不多，科技创新成果水平仍需提高。2021 年重庆市万人高价值发明专利拥有量达到 4.35 件，低于全国平均数量的 7.5 件。全市仅有高新技术企业 5 108 家，只占全国总数的 1.55%。高新技术产品出口额为 750.18 亿元，仅占全国高新技术产品出口额的 1.13%。

三是各区县之间科技创新仍然存在较大差距。从各区县最大和最小指数值比较来看，科技创新环境指数的差距为 60.39%、科技创新投入指数的差距为 80.04%、科技创新产出指数的差距为 89.82%、高新技术产业化指数的差距为 78.51%、科技促进经济发展指数的差距为 44.25%、综合科技创新水平指数的差距为 65.36%，其中各区县科技创新产出指数和科技创新投入指数差距相对较大，其次差距较大的是高新技术产业化指数。

表 1-1　重庆市科技创新统计监测指标总量值

序号	指标名称	单位	2021 年监测值	2020 年监测值
1	R&D 人员全时当量	人年	123 446	105 712
2	科学研究和技术服务业法人单位数	家	29 419	24 265
3	研发平台数	家	2 857	2 973
4	R&D 人员研发仪器和设备支出	亿元	37. 62	50. 45
5	科技型企业知识价值信用贷款规模	亿元	50. 37	83. 23
6	科技型企业知识价值信用贷款支持企业数量	家	2 776	5 021
7	累计孵化企业数	家	3 280	2 637
8	有 R&D 活动的企业数	家	10 671	9 813
9	硕士研究生及以上学历 R&D 人员数	人	46 121	38 775
10	企业 R&D 研究人员数	人	25 222	22 236
11	R&D 经费支出	亿元	603. 84	526. 79
12	地方财政科技支出	亿元	92. 64	82. 87
13	规模以上工业企业创新费用支出	亿元	490. 42	397. 27
14	规模以上工业企业 R&D 经费支出	亿元	424. 53	372. 56
15	企业技术获取和技术改造经费支出	亿元	88. 78	90. 02
16	R&D 人员发表科技论文数	篇	47 619	44 154
17	有效发明专利拥有量	件	42 349	35 353
18	规模以上工业企业新产品销售收入	亿元	6 995. 18	5 880. 67
19	技术合同成交额	亿元	184. 50	117. 79
20	规模以上工业企业战略性新兴产业增加值	亿元	1 807. 53	1 560. 17
21	数字经济核心产业增加值	亿元	2 262. 20	1 822. 70
22	高新技术企业数	家	5 108	4 222
23	高新技术企业从业人员数	人	859 050	826 451
24	高新技术企业营业收入	亿元	13 434. 06	11 349. 03
25	高新技术产品出口额	亿元	750. 18	565. 89
26	高新技术产品销售收入	亿元	9 365. 32	7 501. 07
27	高新技术企业利润总额	亿元	764. 34	601. 55
28	GDP	亿元	27 893. 99	25 002. 79
29	规模以上工业能源消费总量	万吨标准煤	4 492. 87	4 249. 62
30	用水量	亿立方米	72. 12	70. 11
31	空气质量优良天数	天	326	333

表 1-2　重庆市科技创新统计监测指标监测值（全市平均值）

序号	指标名称	单位	2021年监测值	2020年监测值
1	万人 R&D 人员数	人年/万人	38.51	32.94
2	科学研究和技术服务业法人单位数	家	774.18	638.55
3	研发平台数	家	75.18	78.24
4	每名 R&D 人员研发仪器和设备支出	万元/人	1.86	3.04
5	知识价值信用贷款每家企业贷款规模	万元/家	181.45	165.76
6	万人累计孵化企业数	家/万人	1.02	0.82
7	开展创新活动的企业占比	%	45.61	42.80
8	有 R&D 活动的企业占比	%	45.98	41.50
9	万人硕士研究生及以上学历 R&D 人员数	人/万人	14.39	12.08
10	企业 R&D 研究人员占比	%	46.89	21.03
11	R&D 经费支出占 GDP 比重	%	2.16	2.11
12	地方财政科技支出占财政一般预算支出比重	%	1.92	1.69
13	规模以上工业企业创新费用支出占主营业务收入比重	%	1.83	1.77
14	规模以上工业企业 R&D 经费支出占营业收入比重	%	1.58	1.66
15	企业技术获取和技术改造经费支出占主营业务收入比重	%	0.33	0.40
16	万名 R&D 人员发表科技论文数	篇/万人	2 351.96	2 656.25
17	万人有效发明专利拥有量	件/万人	13.21	11.02
18	万人高价值发明专利拥有量	件/万人	4.35	—
19	规模以上工业企业新产品销售收入占主营业务收入比重	%	26.07	26.14
20	技术合同成交额占 GDP 比重	%	0.66	0.47
21	规模以上工业企业战略性新兴产业增加值占 GDP 比重	%	6.48	6.24
22	数字经济核心产业增加值占 GDP 比重	%	8.11	7.29
23	每万家企业法人中高新技术企业数	家/万家	76.99	73.14
24	万人高新技术企业从业人员数	人/万人	268.00	257.55
25	高新技术企业营业收入占工业主营业务收入比重	%	49.33	49.63
26	高新技术产品出口额占商品出口额比重	%	62.28	62.85
27	高新技术产品销售收入占主营业务收入比重	%	71.03	67.63
28	高新技术企业劳动生产率	万元/人	157.89	141.31

表1-2（续）

序号	指标名称	单位	2021年监测值	2020年监测值
29	高新技术企业利润率	%	5.69	5.30
30	人均GDP	万元/人	8.69	7.82
31	工业企业全员劳动生产率	元/人年	418 826	370 814
32	万元主营业务收入能耗	吨标准煤/万元	0.17	0.19
33	万元地区生产总值用水量	立方米/万元	25.86	28.04
34	环境空气质量指数	%	57.94	57.93

注：1. 表1-1、表1-2的指标解释、计算公式、数据来源见附录3；

　　2. 表1-1、表1-2中的2021年、2020年监测值均为当年实际统计值；

　　3. 表中"—"表示无数据。

二、区县科技创新指数评价

2021年，全市科技创新指数达到67.32%，比上年提高3.26个百分点，33个区县的科技创新指数有不同幅度的提高，16个区县的位次有不同幅度的提升（见图1-1至图1-3）。

根据全市科技创新指数排名，38个区县的科技创新发展水平可分为三个梯队：

第一梯队：科技创新指数高于全市平均水平67.32%的区县，共有北碚区、九龙坡区、渝北区、江北区、南岸区、巴南区、沙坪坝区、璧山区、涪陵区9个。

第二梯队：科技创新指数位于30%~67.32%的区县，共有长寿区、永川区、荣昌区、大渡口区、渝中区、江津区等22个。

第三梯队：科技创新指数低于30%的区县，共有巫溪县、云阳县、彭水苗族土家族自治县（以下简称"彭水县"）、丰都县等7个。

与上年相比，北碚区、九龙坡区、渝北区、江北区、南岸区、巴南区、沙坪坝区、璧山区和涪陵区9个区县的创新水平仍位列第一梯队。渝中区和长寿区下降至第二梯队。渝中区比上年下降4位降至第14位，主要原因在于其科技创新环境指数、科技促进经济发展指数和高新技术产业化指数排名大幅下降。长寿区比上年下降1位降至第10位。璧山区、大足区、秀山土家族苗族自治县（以下简称"秀山县"）、巫溪县位次均提升3位。武隆区和秀山县由第三梯队跃升至第二梯队。第二梯队区县中，合川区比上年下降5位降至第21位，主要原因在于其科技创新环境指数、科技创新产出指数排名大幅下降。石柱土家族自治县（以下简称"石柱县"）比上年下降5位降至第30位，主要原因在于其高新技术产业化指数排名大幅下降。第三梯队区县中，巫溪县位次上升较快，上升3位升至第32位，其次是彭水县位次上升2位升至第34位。酉阳土家族苗族自治县（以下简称"酉阳县"）比上年下降4位降至第37位，主要原因在于其科技创新产出指数排名大幅下降。

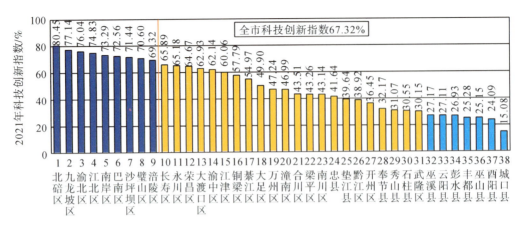

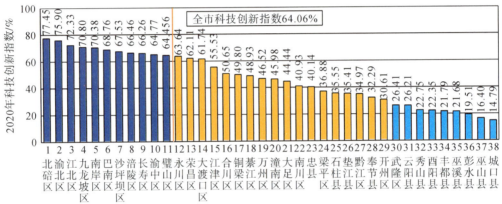

图 1-1　各区县科技创新指数排序

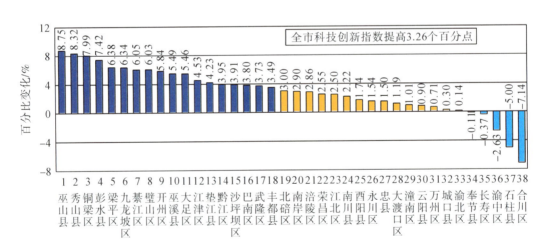

图 1-2　各区县科技创新指数提高百分点排序

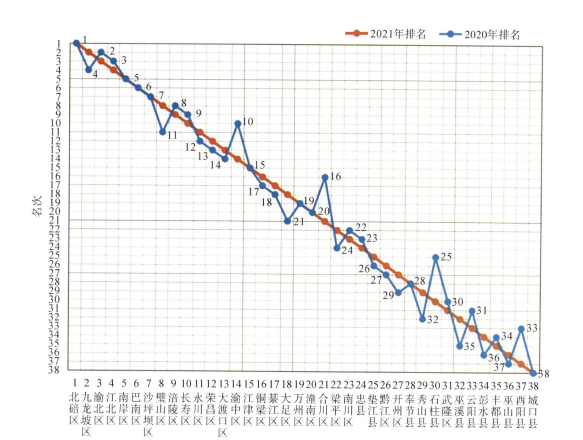

图 1-3　各区县科技创新指数排名情况变化

第二章 区县科技创新指标评价

一、一级指标评价

（一）科技创新环境

2021 年，全市科技创新环境指数达到 62.65%，比上年提高 4.28 个百分点，23 个区县的科技创新环境指数有不同幅度的提高，18 个区县的位次有不同幅度的提升（见图 2-1 至图 2-3）。

根据全市综合科技创新环境指数排名，38 个区县的科技创新环境水平可分为三个梯队：

第一梯队：科技创新环境指数高于全市平均水平 62.65% 的区县，共有九龙坡区、渝北区、北碚区、沙坪坝区、涪陵区、南岸区、荣昌区、渝中区 8 个。

第二梯队：科技创新环境指数位于 30%~62.65% 的区县，共有江北区、巴南区、璧山区、綦江区、江津区、铜梁区、永川区等 17 个。

第三梯队：科技创新环境指数低于 30% 的区县，共有合川区、开州区、巫溪县、石柱县等 13 个。

与上年相比，北碚区、九龙坡区、渝北区、南岸区、沙坪坝区、涪陵区、荣昌区和渝中区 8 个区县的科技创新环境仍位列第一梯队。江北区和綦江区下降至第二梯队。江北区与上年相比下降 2 位降至第 9 位，主要原因在于其科技意识排名下降较多。綦江区比上年下降 3 位降至第 12 位。秀山县、大足区、南岸区位次分别提升 8 位、6 位、4 位。合川区和石柱县由第二梯队下降至第三梯队。第二梯队区县中，大足区比上年上升 6 位升至第 20 位，主要原因在于其科技意识排名大幅上升。长寿区比上年下降 3 位降至第 16 位，主要原因在于其基础条件和科技意识排名大幅下降。第三梯队区县中，秀山县位次上升较快，上升 8 位升至第 30 位，其主要原因在于其基础条件排名大幅上升。城口县比上年下降 5 位降至第 38 位，主要原因在于其基础条件与科技意识排名均有所下降。忠县比上年下降 4 位降至第 33 位，主要原因在于其科技意识排名大幅下降。

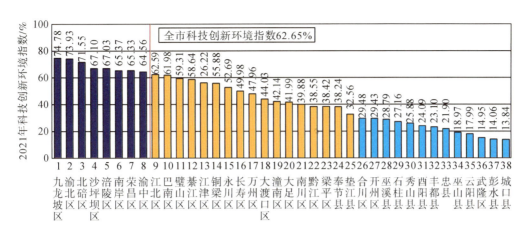

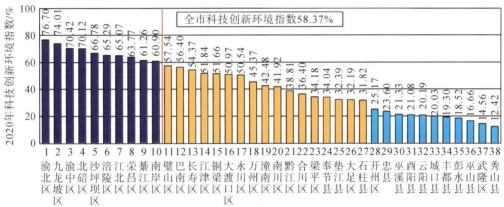

图 2-1　各区县科技创新环境指数排序

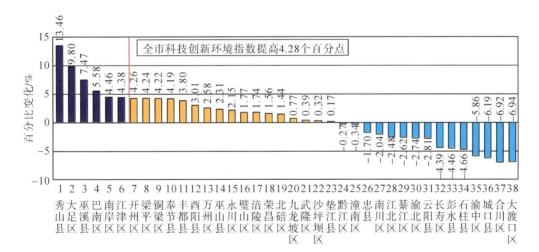

图 2-2　各区县科技创新环境指数提高百分点排序

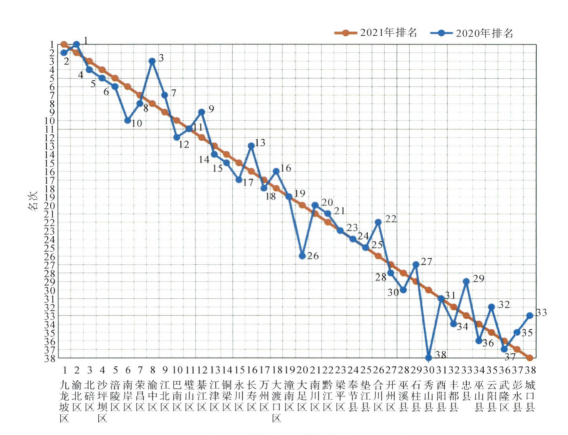

图 2-3　各区县科技创新环境指数排名情况变化

（二）科技创新投入

2021 年全市科技创新投入水平有较大提升，科技创新投入指数为 63.90%，比上年提高 9.18 个百分点。与上年相比，重庆市 38 个区县科技创新投入指数都有不同幅度的提高（见图 2-4 至图 2-6）。

根据全市科技创新投入指数排名，38 个区县的科技创新投入水平可分为三个梯队：

第一梯队：科技创新投入指数高于全市平均水平 63.90% 的区县，共有江北区、巴南区、长寿区、九龙坡区、璧山区、渝北区、北碚区等 10 个。

第二梯队：科技创新投入指数位于 30%~63.90% 的区县，共有南岸区、綦江区、江津区、铜梁区等 17 个。

第三梯队：科技创新投入指数低于 30% 的区县，共有秀山县、彭水县、石柱县等 11 个。

与上年相比，江北区、巴南区、长寿区、九龙坡区、璧山区、渝北区、北碚区等 10 个区县的科技创新投入水平仍位列第一梯队。南岸区下降至第二梯队，主要原因在于其人力资源投入排名下降较多。梁平区、巫溪县、铜梁区、秀山县位次提升较快，分别提高了 3 位、4 位、5 位、6 位。开州区、忠县、梁平区、奉节县和垫江县由第三梯队上升到第二梯队。第二梯队区县中，铜梁区比上年上升 5 位升至第 14 位，主要原因在于其人力投入和财力投入排名大幅提升。合川区比上年下降 4 位降至第 25 位，主要原因在于其人力投入和财力投入排名都有小幅下降。在第三梯队区县中，秀山县位次上升较快，上升 6 位升至第 28 位，主要原因在于其财力投入排名大幅提升。黔江区相比上年下降 5 位降至第 34 位，主要原因在于其人力投入和财力投入排名均有所下降。石柱县比上年下降 4 位降至第 30 位，主要原因在于其人力投入和财力投入排名都有所下降。巴南区、铜梁区、巫溪县、秀山县的科技创新投入指数增幅较高，最高的为铜梁区，提高了 15.76 个百分点，主要原因在于其三个三级指标企业 R&D 研究人员占比、R&D 经费支出占 GDP 比重、规模以上工业企业创新费用支出占主营业务收入比重都稳步增长。

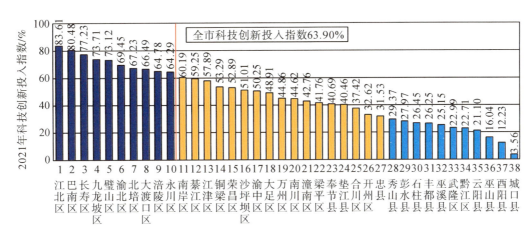

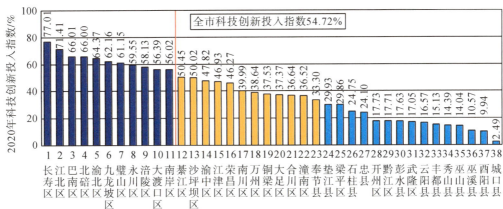

图 2-4　各区县科技创新投入指数排序

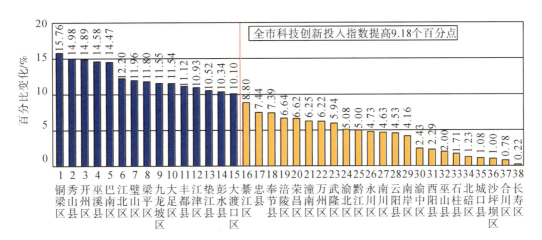

图 2-5　各区县科技创新投入指数提高百分点排序

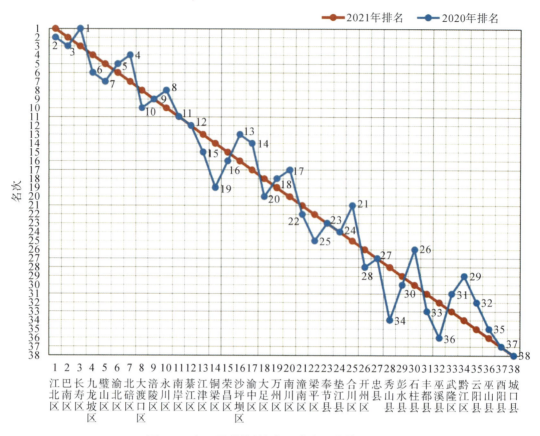

图 2-6　各区县科技创新投入指数排名情况变化

（三）科技创新产出

2021 年，全市科技创新产出指数为 67.20%，比上年下降 2.93 个百分点，12 个区县的科技创新产出指数有不同幅度的提高，12 个区县的位次有不同幅度的提升（见图 2-7 至图 2-9）。

根据全市科技创新产出指数排名，38 个区县的科技创新产出水平可分为三个梯队：

第一梯队：科技创新产出指数高于全市平均水平 67.20% 的区县，共有沙坪坝区、北碚区、南岸区、渝北区、九龙坡区、江北区 6 个。

第二梯队：科技创新产出指数位于 30%~67.20% 的区县，共有巴南区、大渡口区、璧山区、长寿区、永川区、渝中区、江津区等 13 个。

第三梯队：科技创新产出指数低于 30% 的区县，共有潼南区、大足区、忠县等 19 个。

与上年相比，沙坪坝区、北碚区、南岸区、渝北区、江北区 5 个区县的科技创新产出水平仍位列第一梯队。巴南区下降至第二梯队，比上年下降 1 位降至第 7 位，主要原因在于其科技创新知识产出指数排名大幅下降。江津区、大足区、梁平区、垫江县位次均提升 3 位。綦江区和铜梁区由第三梯队跃升至第二梯队。第二梯队区县中，合川区比上年下降 5 位降至第 17 位，主要原因在于其科技创新知识产出指数、科技创新效益产出指数排名大幅下降。永川区比上年下降 3 位降至第 11 位，主要原因在于其科技创新知识产出排名大幅下降。第三梯队区县中，垫江县位次上升 3 位升至第 28 位，大足区位次上升 3 位升至第 21 位。潼南区比上年下降 2 位降至第 20 位，主要原因在于其科技创新效益产出指数排名大幅下降。忠县比上年下降 2 位降至第 22 位，主要原因在于其科技创新知识产出指数排名大幅下降。

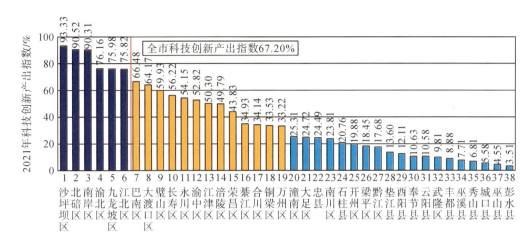

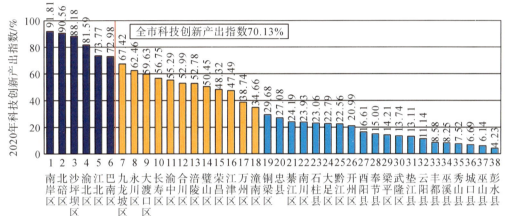

图 2-7　各区县科技创新产出指数排序

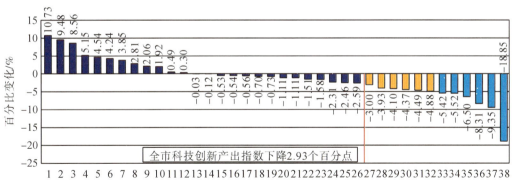

图 2-8　各区县科技创新产出指数提高百分点排序

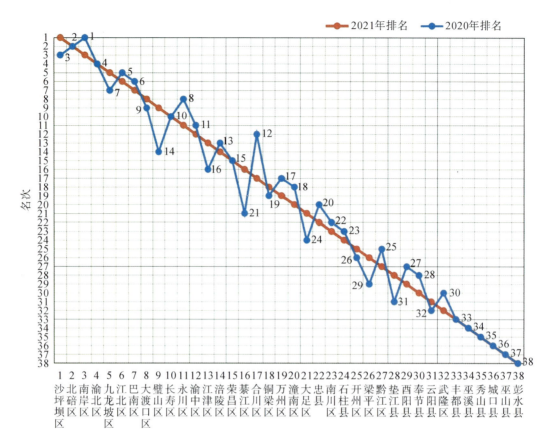

图 2-9　各区县科技创新产出指数排名情况变化

（四）高新技术产业化

从高新技术产业化指数评价来看，2021 年全市高新技术产业化有力推进，高新技术产业化指数为 74.16%，比上年提高 1.4 个百分点。29 个区县的高新技术产业化指数有不同幅度的提高，13 个区县的位次有不同幅度的提升（见图 2-10 至图 2-12）。

根据全市高新技术产业化指数排名，38 个区县的高新技术产业化水平可分为三个梯队：

第一梯队：高新技术产业化指数高于全市平均水平 74.16% 的区县，共有北碚区、涪陵区、璧山区、荣昌区、渝北区、永川区、长寿区、巴南区、江津区、九龙坡区等 13 个。

第二梯队：高新技术产业化指数位于 30%～74.16% 的区县，共有江北区、忠县、合川区、渝中区、大足区、綦江区、沙坪坝区等 20 个。

第三梯队：高新技术产业化指数低于 30% 的区县，共有巫溪县、云阳县、奉节县、丰都县等 5 个。

与上年相比，北碚区、璧山区、涪陵区、大渡口区、渝北区、荣昌区、长寿区、永川区等 11 个区县高新技术产业化指数仍位列第一梯队。大渡口区比上年相比下降 9 位降至第 13 位，主要原因在于其产业化水平排名下降较多。涪陵区、荣昌区、永川区、巴南区、九龙坡区、南岸区的位次分别提升至第 2 位、4 位、6 位、8 位、10 位、11 位。南岸区从第二梯队升至第一梯队，排名第 11 位，主要原因在于其产业化水平和产业化效益排名均大幅度提高。第二梯队区县中，巫山县与上年相比上升 7 位升至第 31 位，主要原因在于其高新技术产业化效益指数大幅增长，增长幅度为 67.34%。石柱县与上年相比下降 9 位降至第 32 位，主要原因在于其产业化水平排名大幅下降。第三梯队区县中，奉节县排名下降最快，比上年下降 6 位降至第 36 位，主要原因在于其产业化水平和产业化效益排名均有所下降。

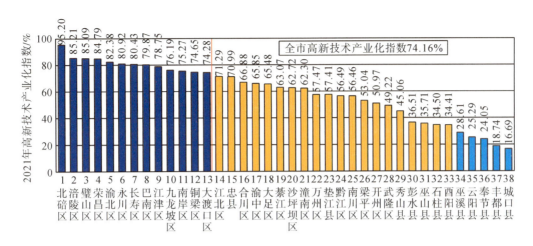

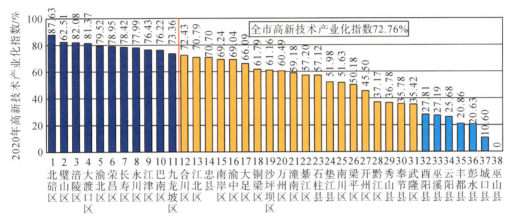

图 2-10 各区县高新技术产业化指数排序

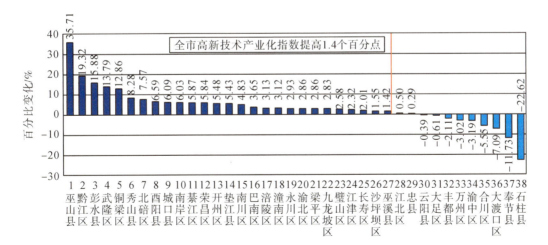

图 2-11 各区县高新技术产业化指数提高百分点排序

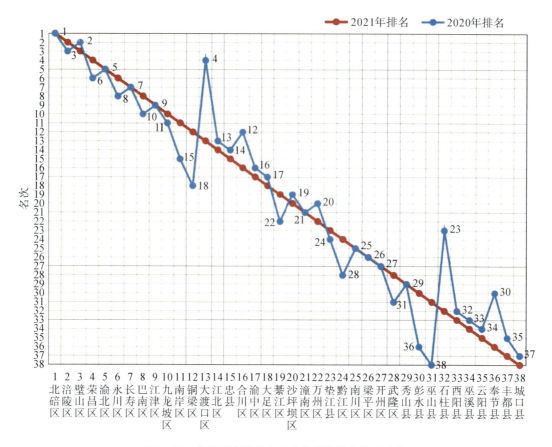

图 2-12 各区县高新技术产业化指数排名情况变化

（五）科技促进经济发展

2021 年，全市科技促进经济发展指数为 70.45%，比上年提高 5 个百分点，其中 35 个区县的科技促进经济发展指数有不同幅度的提高，14 个区县的位次也有不同幅度的提高（见图 2-13 至图 2-15）。

根据全市科技促进经济发展指数排名，38 个区县的科技促进经济发展水平可分为三个梯队：

第一梯队：科技促进经济发展指数高于全市平均水平 70.45% 的区县，共有九龙坡区、涪陵区、沙坪坝区、荣昌区、江北区、渝中区、永川区、璧山区、铜梁区等 19 个。

第二梯队：科技促进经济发展指数位于 30% ~ 70.45% 的区县，共有大渡口区、长寿区、武隆区、彭水县、垫江县、巫山县、綦江区、丰都县、秀山县等 19 个。

第三梯队：暂无科技促进经济发展指数低于 30% 的区县。

与上年相比，九龙坡区、涪陵区、沙坪坝区、荣昌区、江北区、渝中区、永川区、璧山区、铜梁区、大足区、渝北区、北碚区、巴南区、梁平区等 18 个区县的科技促进经济发展水平仍位列第一梯队，长寿区下降至第二梯队。合川区位次下降最快，下降 10 位降至第 33 位，主要原因在于其发展方式转变指数下降。沙坪坝区、彭水县位次均提升较快，最高为彭水县，提高了 22.52 个百分点，排名提升 13 位，由第 36 位上升至第 23 位，主要原因在于其发展方式转变指数大幅提升。永川区、梁平区位次均提升 5 位。第二梯队区县中，长寿区比上年下降 4 位降至第 21 位，江津区比上年下降 4 位降至第 29 位。

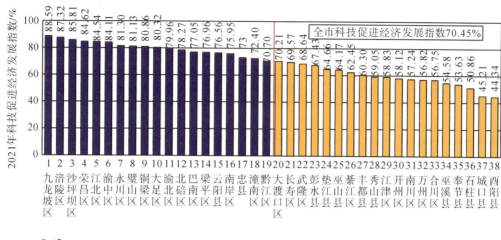

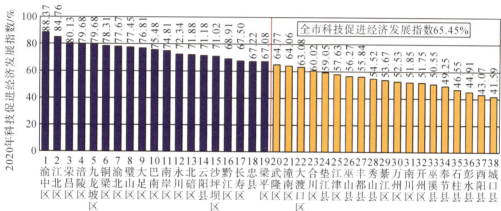

图 2-13　各区县科技促进经济发展指数排序

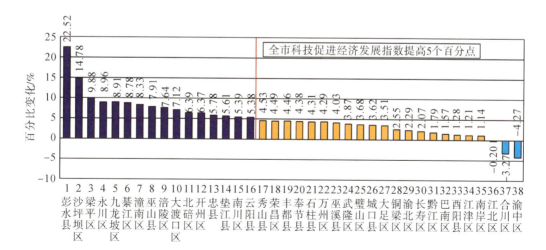

图 2-14　各区县科技促进经济发展指数提高百分点排序

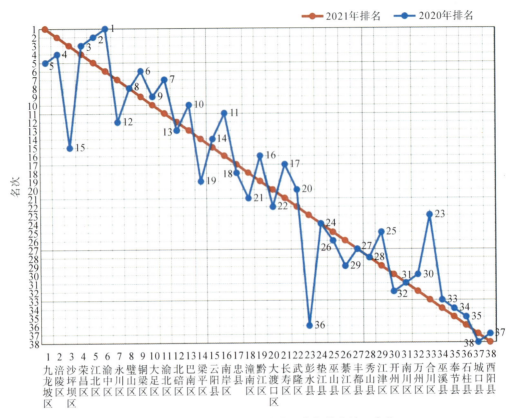

图 2-15 各区县科技促进经济发展指数排名情况变化

二、二级指标评价

（一）基础条件

2021 年，全市基础条件指数达到 70.14%，比上年提高 4.57 个百分点，20 个区县的基础条件指数有不同幅度的提高，17 个区县的位次有不同幅度的提升（见图 2-16 至图 2-18）。

根据全市基础条件指数排名，38 个区县的基础条件水平可分为三个梯队：

第一梯队：基础条件指数高于全市平均水平 70.14% 的区县，共有渝北区、沙坪坝区、北碚区、九龙坡区、涪陵区、江北区、渝中区、荣昌区、南岸区 9 个。

第二梯队：基础条件指数位于 30%～70.14% 的区县，共有巴南区、璧山区、綦江区、江津区、铜梁区、永川区等 15 个。

第三梯队：基础条件指数低于 30% 的区县，共有合川区、垫江县、开州区、秀山县、石柱县等 14 个。

与上年相比，渝北区、沙坪坝区、北碚区、九龙坡区、江北区、南岸区、涪陵区、荣昌区和渝中区 9 个区县的基础条件水平仍位列第一梯队，即第一梯队中的区县未发生变化。秀山县、大足区、巫溪县的位次分别提升 8 位、5 位、4 位。合川区由第二梯队下降至第三梯队；大足区由第三梯队跃升至第二梯队。第二梯队区县中，长寿区比上年下降 4 位降至第 17 位，主要原因在于其万人累计孵化企业数排名下降较多。第三梯队区县中，秀山县位次上升较快，上升 8 位升至第 28 位，主要原因其在于其每名 R&D 人员研发仪器和设备支出排名大幅上升，上升 35 位升至第 1 位。彭水县、城口县、云阳县与上年相比均下降 5 位，分别排名第 38 位、35 位、34 位，主要原因在于其每名 R&D 人员研发仪器和设备支出排名大幅下降。

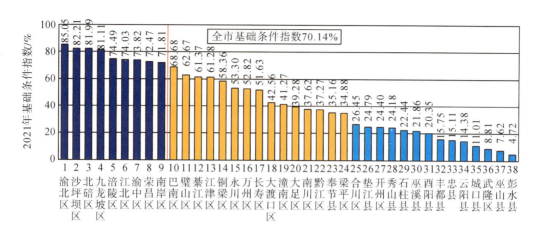

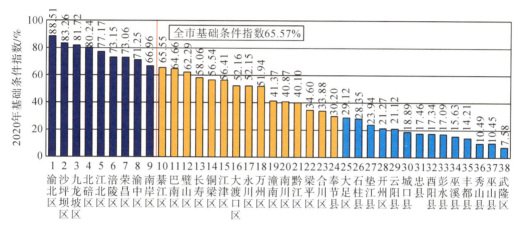

图 2-16　各区县基础条件指数排序

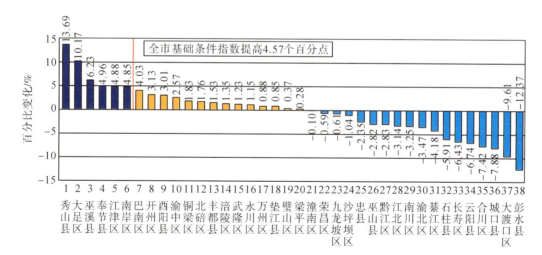

图 2-17　各区县基础条件指数提高百分点排序

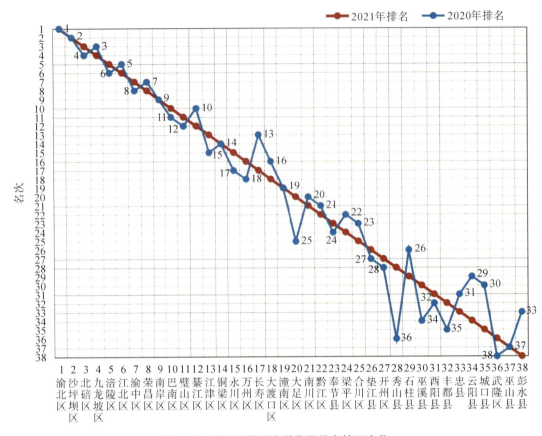

图2-18 各区县基础条件指数排名情况变化

（二）科技意识

2021年，全市科技意识指数达到45.79%，比上年提高3.64个百分点，27个区县的科技意识指数有不同幅度的提高，18个区县的位次有不同幅度的提升（见图2-19至图2-21）。

根据全市科技意识指数排名，38个区县的科技意识水平可分为三个梯队：

第一梯队：科技意识指数高于全市平均水平45.79%的区县，共有九龙坡区、綦江区、璧山区、永川区、南岸区、铜梁区等16个。

第二梯队：科技意识指数位于30%~45.79%的区县，共有奉节县、南川区、江津区、巫山县、巫溪县、潼南区等18个。

第三梯队：科技意识指数低于30%的区县，共有秀山县、武隆区、云阳县、城口县4个。

与上年相比，九龙坡区、綦江区、璧山区、永川区、南岸区、涪陵区、垫江县、荣昌区、渝北区、北碚区、大渡口区和长寿区12个区县的科技意识指数仍位列第一梯队，渝中区、潼南区、南川区、奉节县下降至第二梯队，其中渝中区下降22位降至第23位，主要原因在于其有R&D活动的企业占比排名大幅下降。铜梁区、梁平区的位次均提升13位，大足区、巫山县的位次均提升10位。沙坪坝区、彭水县由第三梯队跃升至第二梯队。第二梯队区县中，巫山县位次上升较快，上升10位升至第20位，主要原因在于其有R&D活动的企业占比排名大幅上升，由23位上升至3位。合川区比上年下降14位降至第31位，主要原因在于其开展创新活动的企业占比、有R&D活动的企业占比排名大幅下降。第三梯队区县中，秀山县上升3位升至第35位，其余区县排名变化相对较小。

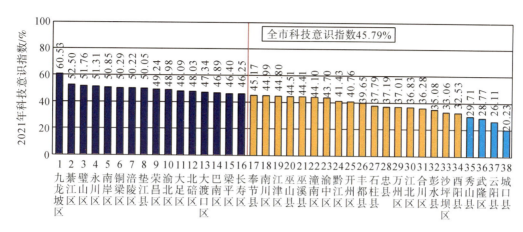

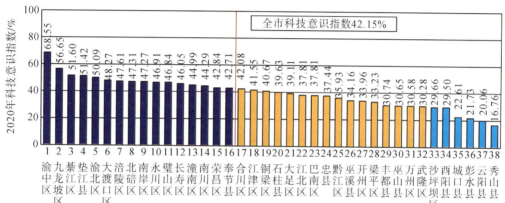

图 2-19 各区县科技意识指数排序

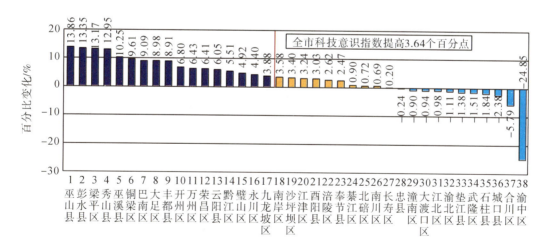

图 2-20 各区县科技意识指数提高百分点排序

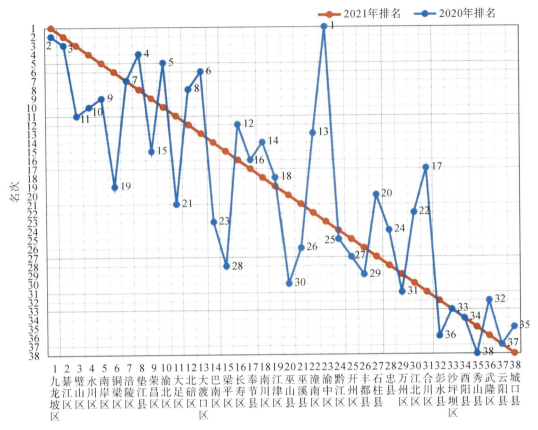

图 2-21　各区县科技意识指数排名情况变化

（三）人力投入

2021 年全市人力投入水平有较大提升，人力投入指数为 78.90%，比上年提高 25.23 个百分点。与上年相比，38 个区县的人力投入指数都有不同幅度的提高（见图 2-22 至图 2-24）。

根据全市人力投入指数排名，38 个区县的人力投入水平可分为三个梯队：

第一梯队：人力投入指数高于全市平均水平 78.90% 的区县，共有长寿区、巴南区、涪陵区、江北区、永川区、渝北区 6 个。

第二梯队：人力投入指数位于 30%~78.90% 的区县，共有璧山区、江津区、九龙坡区、北碚区等 27 个。

第三梯队：人力投入指数低于 30% 的区县，共有武隆区、云阳县、巫山县等 5 个。

与上年相比，长寿区、巴南区、涪陵区、江北区、永川区、渝北区 6 个区县的人力投入水平位列第一梯队。沙坪坝区、南岸区、北碚区下降至第二梯队；南岸区比上年下降 6 位降至第 13 位，主要原因在于其企业 R&D 研究人员占比排名下降较多。巫溪县、垫江县、璧山区、巴南区位次提升较快，分别提高了 11 位、9 位、7 位、6 位。铜梁区、忠县、彭水县、开州区等由第三梯队上升到第二梯队。第二梯队区县中，巫溪县比上年上升 11 位升至第 25 位，主要原因在于其企业 R&D 研究人员占比排名大幅提升。南川区相比上年下降 5 位降至第 21 位，主要原因在于万人硕士研究生及以上学历 R&D 人员数和企业 R&D 研究人员占比排名大幅下降。第三梯队区县中，巫山县位次下降 3 位降至第 36 位，其他区县位次变化不大。

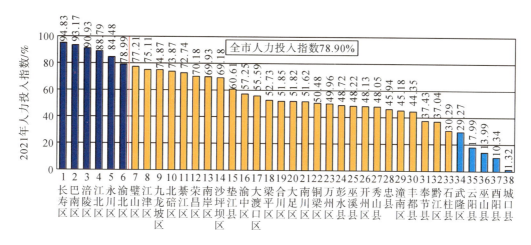

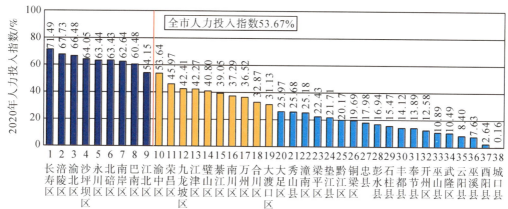

图 2-22　各区县人力投入指数排序

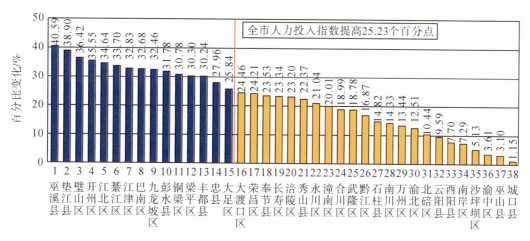

图 2-23　各区县人力投入指数提高百分点排序

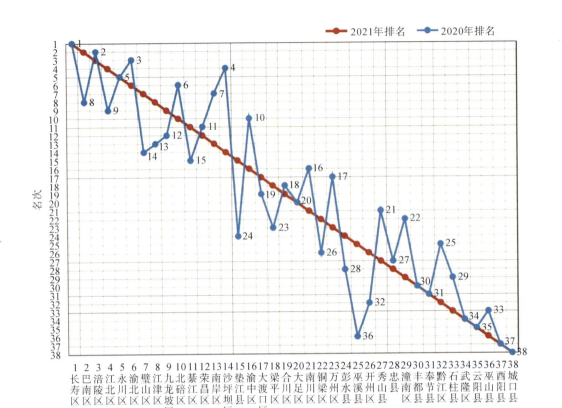

图 2-24　各区县人力投入指数排名情况变化

（四）财力投入

2021 年全市财力投入水平有所提升，财力投入指数为 56.00%，比上年提高 0.72 个百分点。与上年相比，18 个区县的财力投入指数有不同幅度的提高，11 个区县的位次有不同幅度的提升（见图 2-25 至图 2-27）。

根据全市财力投入指数排名，38 个区县的科技创新财力投入水平可分为三个梯队：

第一梯队：财力投入指数高于全市平均水平 56.00% 的区县，共有江北区、巴南区、九龙坡区、大渡口区、璧山区、长寿区、渝北区、北碚区 8 个。

第二梯队：财力投入指数位于 30%~56.00% 的区县，共有南岸区、铜梁区、永川区、綦江区等 15 个。

第三梯队：财力投入指数低于 30% 的区县，有垫江县、合川区、开州区、石柱县、忠县等 15 个。

与上年相比，江北区、巴南区、九龙坡区、大渡口区、璧山区、长寿区、渝北区、北碚区 8 个区县的财力投入水平仍位列第一梯队。綦江区、永川区下降至第二梯队；綦江区比上年下降 2 位降至第 12 位，主要原因在于其 R&D 经费支出占 GDP 比重、规模以上工业企业创新费用支出占主营业务收入比重排名下降较多。秀山县、开州区、铜梁区、巴南区位次提升较快，分别提高了 6 位、4 位、4 位、4 位。第二梯队区县中，铜梁区比上年上升 4 位升至第 10 位，主要原因在于其 R&D 经费支出占 GDP 比重、规模以上工业企业创新费用支出占主营业务收入比重、规模以上工业企业 R&D 经费支出占主营业务收入比重、企业技术获取和技术改造经费支出占主营业务收入比重排名大幅提升。在第三梯队区县中，秀山县位次上升较快，上升 6 位升至第 31 位，主要原因在于其规模以上工业企业创新费用支出占主营业务收入比重、规模以上工业企业 R&D 经费支出占主营业务收入比重、企业技术获取和技术改造经费支出占主营业务收入比重排名上升。

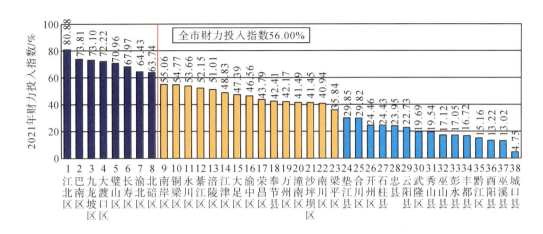

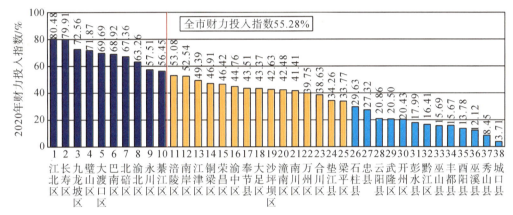

图 2-25　各区县财力投入指数排序

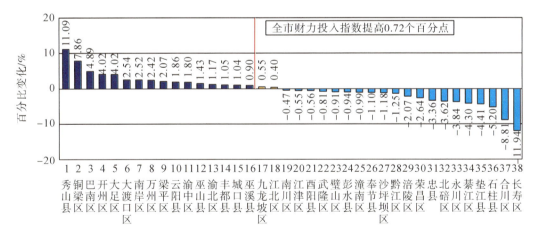

图 2-26　各区县财力投入指数提高百分点排序

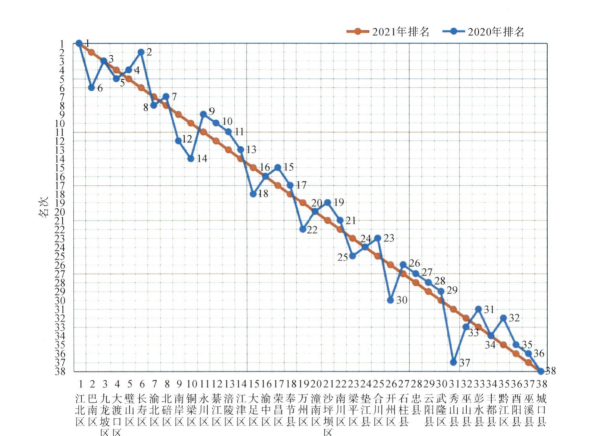

图 2-27　各区县财力投入指数排名情况变化

（五）知识产出

2021 年，全市知识产出指数为 63.60%，比上年下降 10.97 个百分点，5 个区县的知识产出指数有不同幅度的提高，15 个区县位次有不同幅度的提升（见图 2-28 至图 2-30）。

根据全市知识产出指数排名，38 个区县的知识产出水平可分为三个梯队：

第一梯队：知识产出指数高于全市平均水平 63.60% 的区县，共有沙坪坝区、南岸区、北碚区、渝中区、渝北区、江北区、九龙坡区 7 个。

第二梯队：知识产出指数位于 30%~63.60% 的区县，共有大渡口区、江津区、巴南区、长寿区、合川区、永川区、璧山区等 10 个。

第三梯队：知识产出指数低于 30% 的区县，共有黔江区、铜梁区、酉阳县、潼南区等 21 个。

与上年相比，渝中区、沙坪坝区、南岸区、北碚区 4 个区的知识产出水平仍位列第一梯队。渝北区、江北区和九龙坡区上升至第一梯队。第二梯队区县中，江津区比上年上升 5 位升至第 9 位，大渡口区比上年上升 4 位升至第 8 位。合川区比上年下降 6 位降至第 12 位，主要原因在于其万人高价值发明专利拥有量排名不高。永川区比上年下降 3 位降至第 13 位，主要原因在于其万人有效发明专利拥有量排名大幅下降。第三梯队区县中，丰都县位次上升较快，上升 4 位升至第 33 位，其次是开州区，位次上升 3 位升至第 31 位。忠县比上年下降 7 位降至第 34 位，主要原因在于其万名 R&D 人员发表科技论文数排名大幅下降。巫山县比上年下降 5 位降至第 38 位，主要原因在于其万人有效发明专利拥有量排名大幅下降。

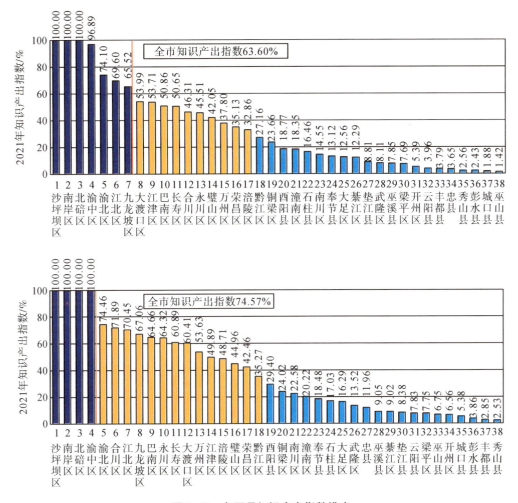

图 2-28 各区县知识产出指数排序

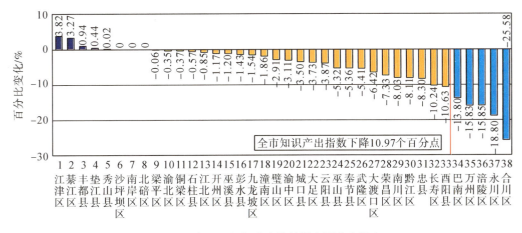

图 2-29 各区县知识产出指数提高百分点排序

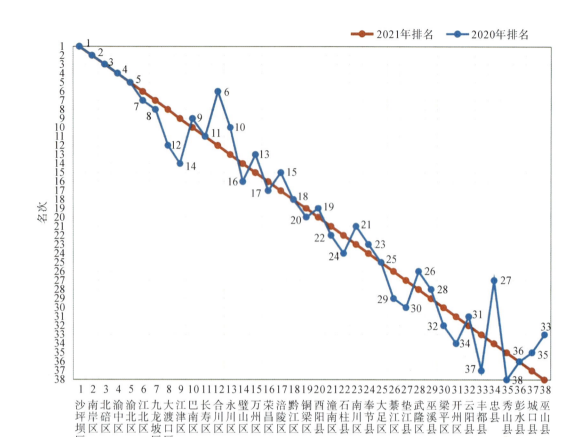

图 2-30　各区县知识产出指数排名情况变化

（六）效益产出

2021 年，全市效益产出指数达到 70.45%，与上年相比提高 4.32 个百分点，23 个区县的效益产出指数有不同幅度的提高，16 个区县的位次有不同幅度的提升（见图 2-31 至图 2-33）。

根据全市效益产出指数排名，38 个区县的效益产出水平可分为三个梯队：

第一梯队：效益产出指数高于全市平均水平 70.45% 的区县，共有沙坪坝区、九龙坡区、北碚区、南岸区、江北区、巴南区、渝北区、璧山区、大渡口区 9 个。

第二梯队：效益产出指数位于 30%~70.45% 的区县，共有涪陵区、永川区、长寿区、綦江区、荣昌区、江津区、忠县等 12 个。

第三梯队：效益产出指数低于 30% 的区县，共有万州区、梁平区、石柱县等 17 个。

与上年相比，沙坪坝区、九龙坡区、北碚区、南岸区、江北区、巴南区和渝北区 7 个区县科技创新效益产出水平仍位列第一梯队。渝北区比上年下降 6 位降至第 7 位，主要原因在于其技术合同成交额占 GDP 比重排名大幅下降。巴南区比上年下降 2 位降至第 6 位。沙坪坝区、綦江区和南川区位次均提升 4 位。大足区和南川区由第三梯队跃升至第二梯队。第二梯队区县中，潼南区比上年下降 7 位降至第 21 位，主要原因在于其规模以上工业企业新产品销售收入占主营业务收入比重、规模以上工业战略性新兴产业增加值占 GDP 比重排名大幅下降。永川区比上年下降 3 位降至第 11 位，主要原因在于其技术合同成交额占 GDP 比重排名大幅下降。第三梯队区县中，梁平区上升 2 位升至第 23 位、丰都县位次上升 2 位升至第 28 位。渝中区下降 2 位降至第 29 位，主要原因在于其技术合同成交额占 GDP 比重排名大幅下降。

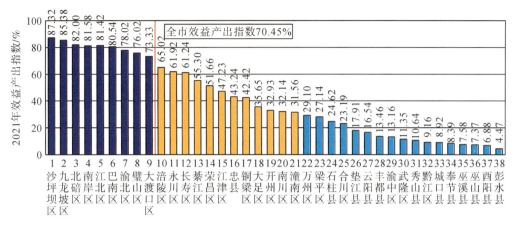

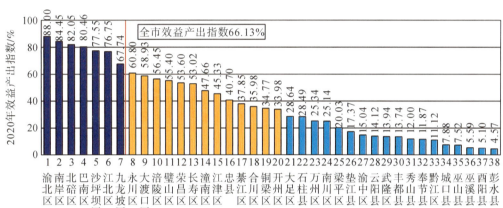

图 2-31 各区县效益产出指数排序

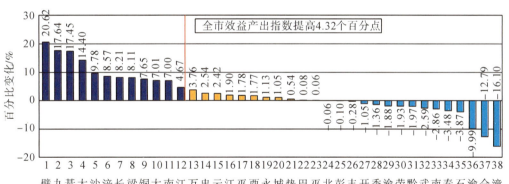

图 2-32 各区县效益产出指数提高百分点排序

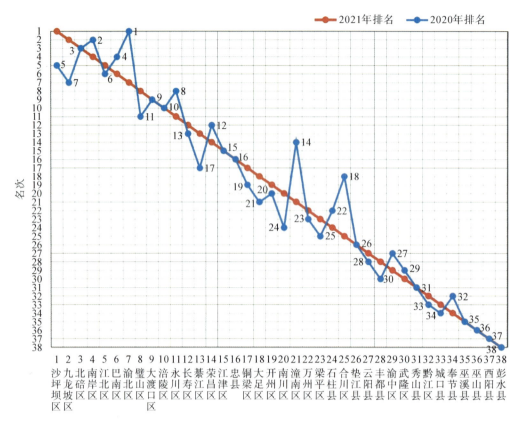

图 2-33　各区县效益产出指数排名情况变化

（七）产业化水平

2021 年全市产业化水平指数为 75.90%，比上年提高 1.51 个百分点。27 个区县的产业化水平指数有不同幅度的提高，17 个区县的位次有不同幅度的提升（见图 2-34 至图 2-36）。

根据全市产业化水平指数排名，38 个区县的产业化水平可分为三个梯队：

第一梯队：产业化水平指数高于全市平均水平 75.90% 的区县，共有璧山区、北碚区、渝北区、铜梁区、荣昌区、江津区、长寿区、巴南区、涪陵区等 13 个。

第二梯队：产业化水平指数位于 30%~75.90% 的区县，共有合川区、綦江区、大渡口区等 17 个。

第三梯队：产业化水平指数低于 30% 的区县，共有石柱县、巫溪县、奉节县、彭水县等 8 个。

与上年相比，北碚区、璧山区、渝北区、长寿区、江津区、荣昌区等 10 个区县的产业化水平指数仍位列第一梯队。合川区、大渡口区、渝中区掉至第二梯队，其中大渡口区下降最快，与上年相比下降 11 位降至第 16 位，主要原因在于其万人高新技术企业从业人员数、高新技术企业营业收入占工业主营业务收入比重、高新技术产品出口额占商品出口额比重排名下降较多。璧山区、铜梁区、荣昌区、巴南区、涪陵区、南岸区、永川区位次分别上升至第 1 位、4 位、5 位、8 位、9 位、13 位。铜梁区从第二梯队升至第一梯队，位次上升 13 位升至第 4 位，主要原因在于其高新技术企业营业收入占工业主营业务收入比重和高新技术产品出口额占商品出口额比重排名大幅提高。第二梯队区县中，黔江区比上年上升 6 位升至第 23 位，主要原因在于其万人高新技术企业从业人员数排名的提高。第三梯队区县中，石柱县排名下降最快，比上年下降 6 位降至第 31 位，主要原因在于其高新技术产品出口额占商品出口额比重排名大幅下降。彭水县上升 3 位升至第 34 位，主要原因在于其高新技术产品销售收入占主营业务收入比重排名上升。

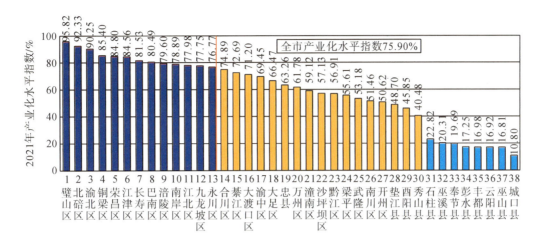

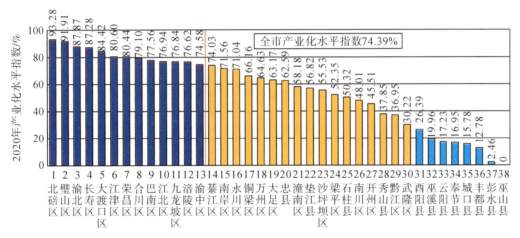

图 2-34　各区县产业化水平指数排序

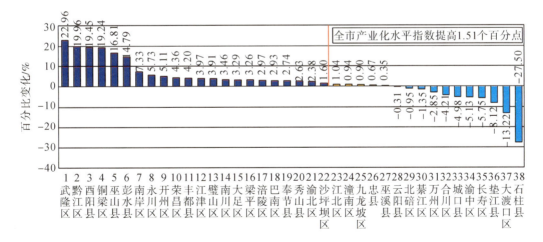

图 2-35　各区县产业化水平指数提高百分点排序

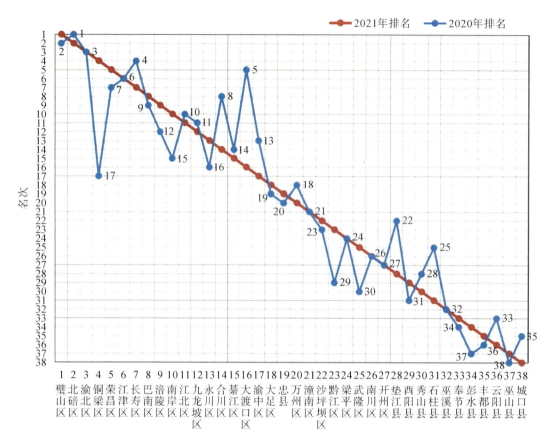

图 2-36　各区县产业化水平指数排名情况变化

（八）产业化效益

2021 年全市产业化效益指数为 71.25%，比上年提高 1.2 个百分点。25 个区县的产业化效益指数有不同幅度的提高，15 个区县的位次有不同幅度的提升（见图 2-37 至图 2-39）。

根据全市产业化效益指数排名，38 个区县的产业化效益指数可分为三个梯队：

第一梯队：产业化效益指数高于全市平均水平 71.25% 的区县，共有北碚区、涪陵区、永川区、荣昌区、忠县、大渡口区、巴南区等 11 个。

第二梯队：产业化效益指数位于 30%～71.25% 的区县，共有渝北区、南岸区、江津区、彭水县、潼南区等 24 个。

第三梯队：产业化效益指数低于 30% 的区县，共有城口县、丰都县、西阳县 3 个。

与上年相比，涪陵区、永川区、忠县、北碚区、荣昌区、大渡口区、巴南区、大足区、沙坪坝区等 9 个区县的产业化效益指数仍位列第一梯队。而大足区与上年相比下降 12 位降至第 20 位，主要原因在于其高新技术企业劳动生产率排名下降。北碚区、荣昌区、长寿区、九龙坡区、垫江县位次分别上升至第 1 位、4 位、8 位、9 位、11 位。垫江县从第二梯队升至第一梯队，与上年相比位次上升 18 位升至第 11 位，主要原因在于其高新技术企业劳动生产率排名大幅提高。第二梯队区县中，巫山县与上年相比上升 21 位升至第 17 位，主要原因在于其高新技术企业劳动生产率排名大幅上升。奉节县与上年相比上升下降 22 位降至第 35 位，主要原因在于其高新技术企业利润率排名大幅下降。第三梯队区县中，位次变化不大。

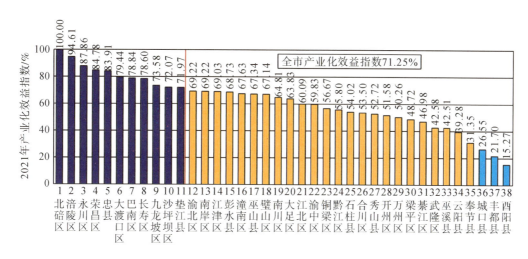

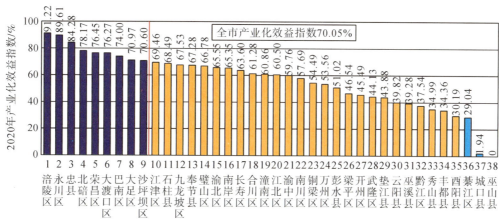

图 2-37　各区县产业化效益指数排序

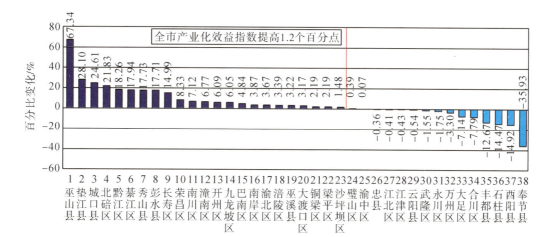

图 2-38　各区县产业化效益指数提高百分点排序

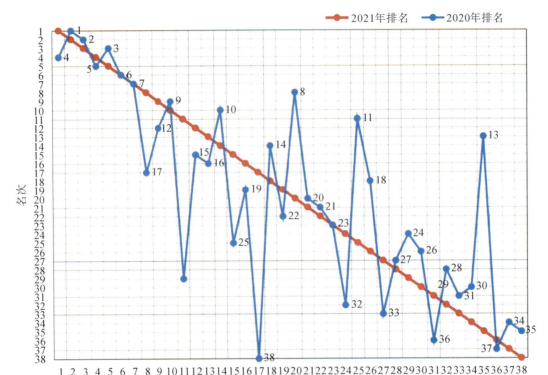

图 2-39 各区县产业化效益指数排名情况变化

（九）发展方式转变

2021 年，全市发展方式转变指数为 58.34%，比上年提高 6.12 个百分点，35 个区县的发展方式转变指数有不同幅度的提高，6 个区县的位次有不同幅度的提高（见图 2-40 至图 2-42）。

根据全市发展方式转变指数排名，38 个区县的发展方式转变水平可分为三个梯队：

第一梯队：发展方式转变指数高于全市平均水平 58.34% 的区县，共有涪陵区、九龙坡区、渝中区、长寿区、沙坪坝区等 20 个。

第二梯队：发展方式转变指数位于 30% ~ 58.34% 的区县，共有潼南区、北碚区、巴南区、云阳县、垫江县、南岸区、南川区、大渡口区、秀山县、合川区等 17 个。

第三梯队：发展方式转变指数低于 30% 的区县仅有巫溪县 1 个。

与上年相比，涪陵区、九龙坡区、渝中区、长寿区、荣昌区、忠县、江北区、黔江区等 15 个区县的发展方式转变水平仍位列第一梯队。铜梁区、南岸区位次下降较多，均下降 6 位，合川区下降 16 位至第二梯队，主要原因均在于其工业企业全员劳动生产率排名下降较多。沙坪坝区、彭水县位次均提升较快，沙坪坝区与上年相比，位次提升 24 位至第 5 位，彭水县位次提升 23 位至第 15 位。九龙坡区、綦江区、梁平区位次均提升 3 位及以上，其中綦江区由第二梯队上升至第一梯队。

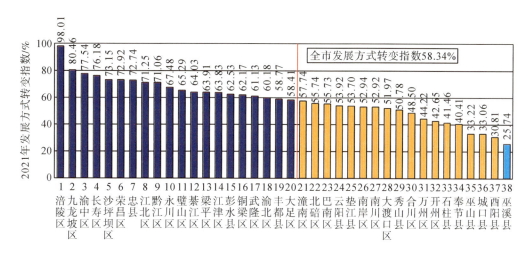

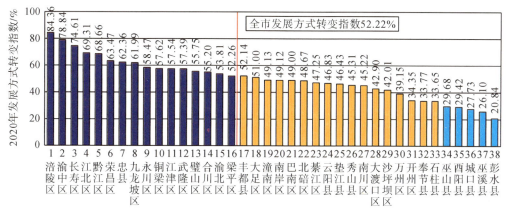

图 2-40 各区县发展方式转变指数排序

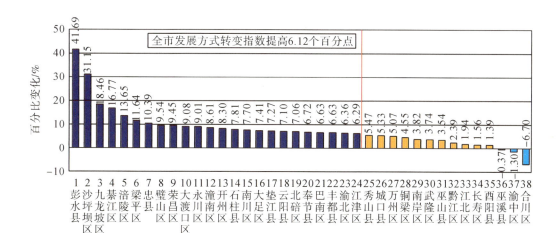

图 2-41 各区县发展方式转变指数提高百分点排序

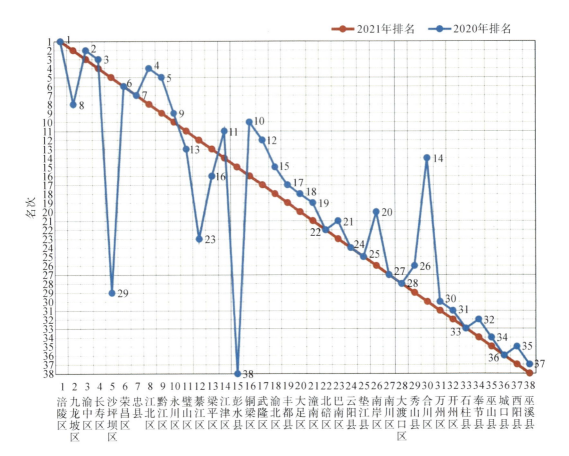

图 2-42　各区县发展方式转变指数排名情况变化

（十）环境改善

2021 年，全市环境改善指数为 81.33%，比上年提高 3.99 个百分点，29 个区县的环境改善指数有不同幅度的提高，16 个区县的位次有不同幅度的提高（见图 2-43 至图 2-45）。

根据全市环境改善指数排名，38 个区县的环境改善水平可分为三个梯队：

第一梯队：环境改善指数高于全市平均水平 81.33% 的区县，共有大足区、北碚区、渝北区、铜梁区、沙坪坝区等 18 个。

第二梯队：环境改善指数位于 30%~81.33% 的区县，共有巫溪县、涪陵区、武隆区、垫江县、忠县、开州区等 20 个。

第三梯队：暂无环境改善指数低于 30% 的区县。

与上年相比，大足区、北碚区、渝北区、铜梁区等 18 个第一梯队区县与上年一致。巴南区和渝中区位次下降最多，均下降了 7 位，主要原因在于其环境空气质量指数排名下降。北碚区、云阳县位次均提升较快，最高为北碚区，与上年相比位次提升 11 位至第 2 位，位次提升明显，环境改善较好。铜梁区、巫山县位次分别提升 5 位和 3 位。第二梯队中，江津区、綦江区、合川区位次均下降 2 位。

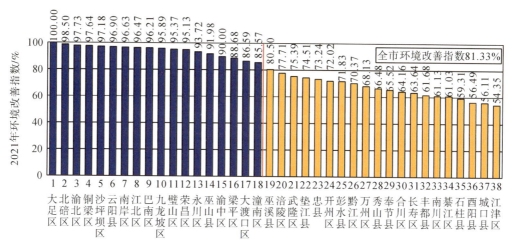

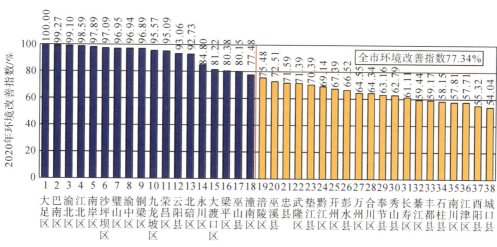

图 2-43　各区县环境改善指数排序

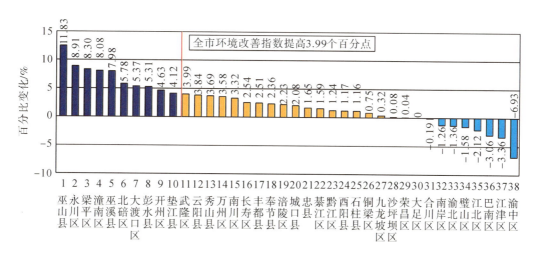

图 2-44　各区县环境改善指数提高百分点排序

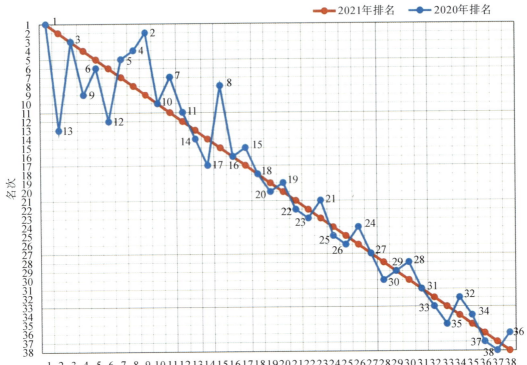

图 2-45　各区县环境改善指数排名情况变化

三、三级指标评价

三级指标评价见图 2-46 至图 2-79。

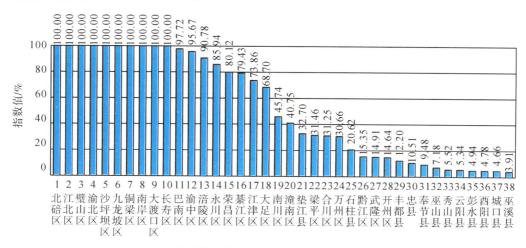

2021 年监测指标指数值（监测值/标准值×100%）

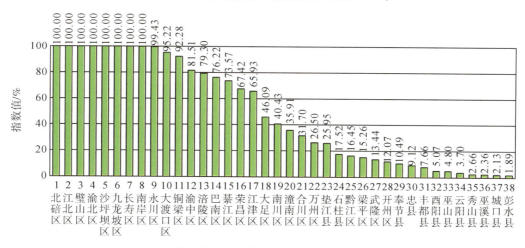

2020 年监测指标指数值（监测值/标准值×100%）

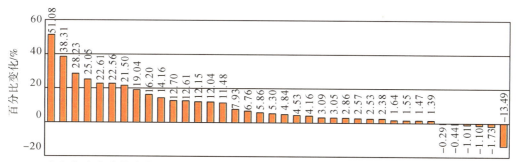

2021 年监测指标指数值提高百分点

图 2-46　万人 R&D 人员数

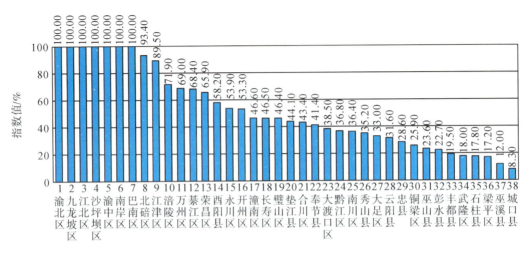

2021 年监测指标指数值（监测值/标准值×100%）

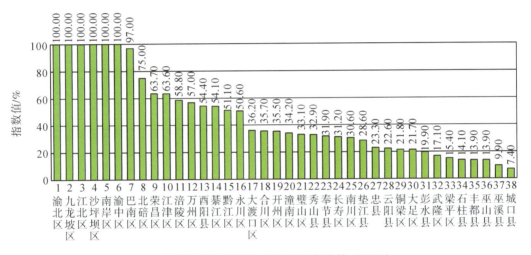

2020 年监测指标指数值（监测值/标准值×100%）

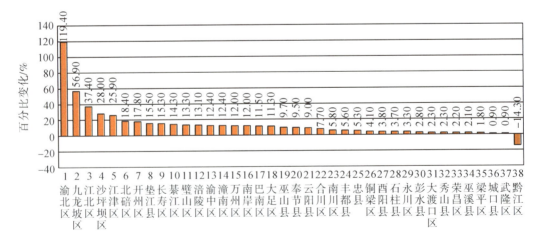

2021 年监测指标指数值提高百分点

图 2-47　科学研究和技术服务业法人单位数

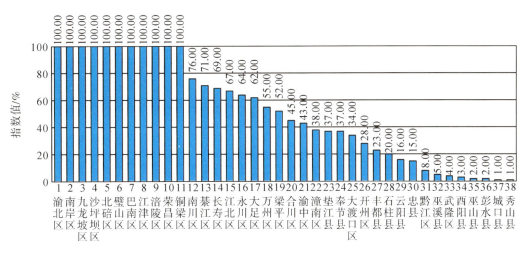

2021 年监测指标指数值（监测值/标准值×100%）

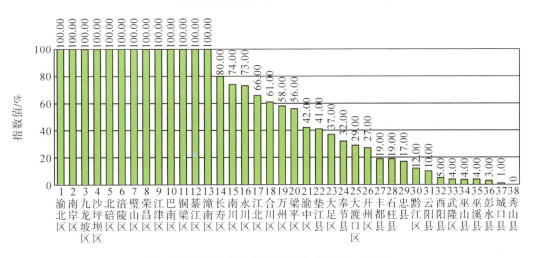

2020 年监测指标指数值（监测值/标准值×100%）

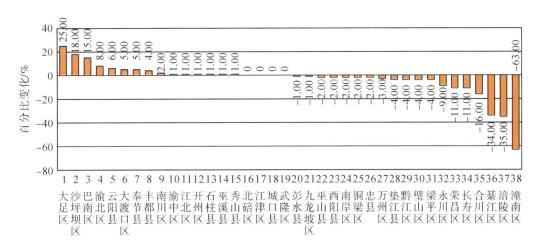

2021 年监测指标指数值提高百分点

图 2-48　研发平台数

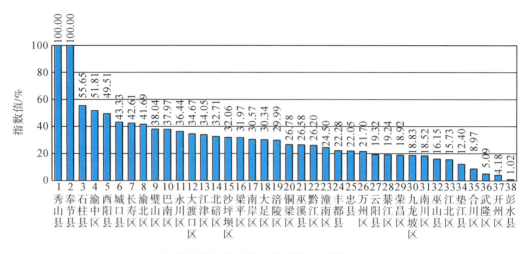

2021 年监测指标指数值（监测值/标准值×100%）

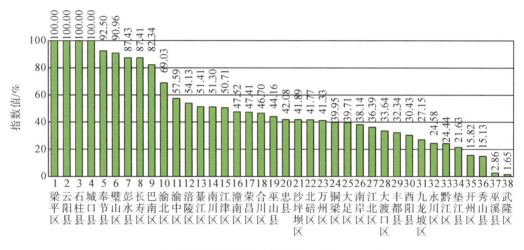

2020 年监测指标指数值（监测值/标准值×100%）

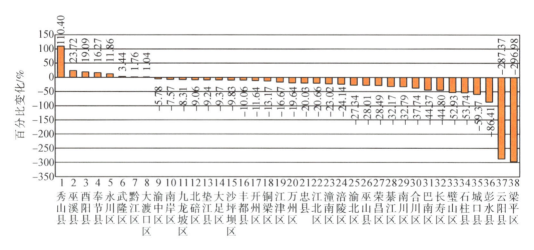

2021 年监测指标指数值提高百分点

图 2-49　每名 R&D 人员研发仪器和设备支出

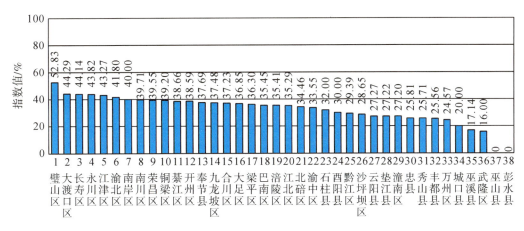

2021 年监测指标指数值（监测值/标准值×100%）

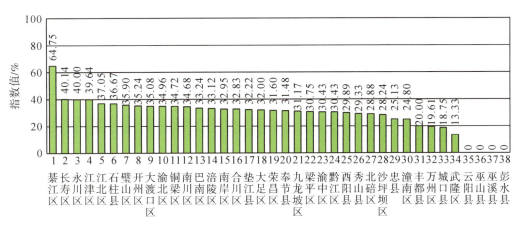

2020 年监测指标指数值（监测值/标准值×100%）

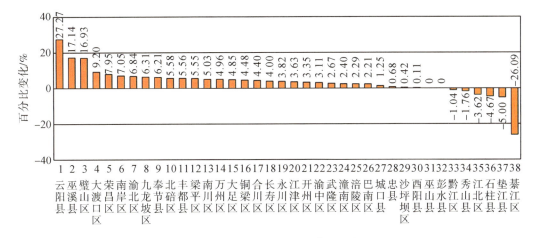

2021 年监测指标指数值提高百分点

图 2-50　知识价值信用贷款每家企业贷款规模

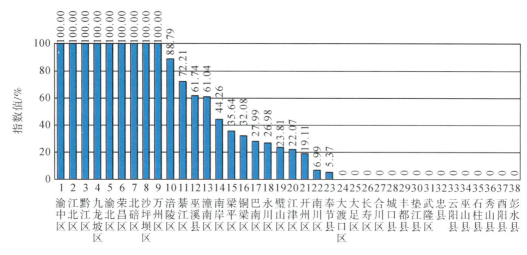

2021 年监测指标指数值（监测值/标准值×100%）

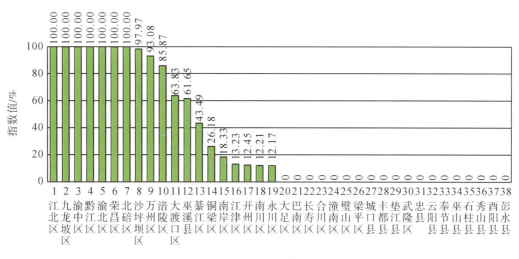

2020 年监测指标指数值（监测值/标准值×100%）

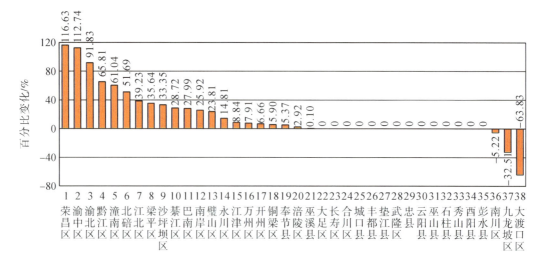

2021 年监测指标指数值提高百分点

图 2-51　万人累计孵化企业数

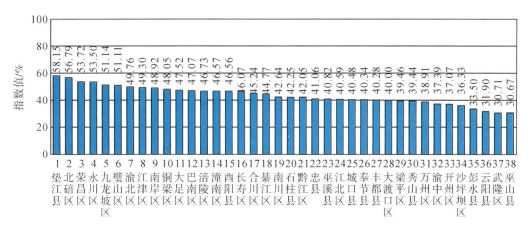

2021 年监测指标指数值（监测值/标准值×100%）

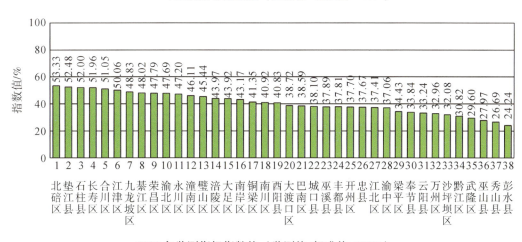

2020 年监测指标指数值（监测值/标准值×100%）

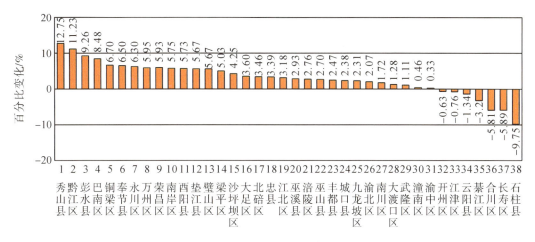

2021 年监测指标指数值提高百分点

图 2-52　开展创新活动的企业占比

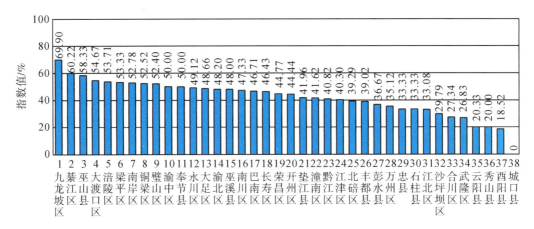

2021 年监测指标指数值（监测值/标准值×100%）

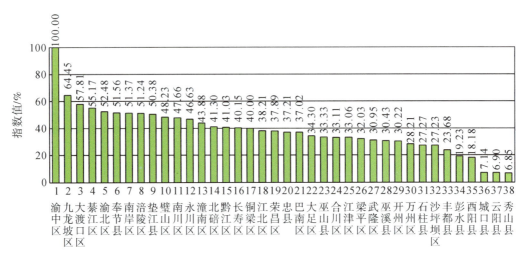

2020 年监测指标指数值（监测值/标准值×100%）

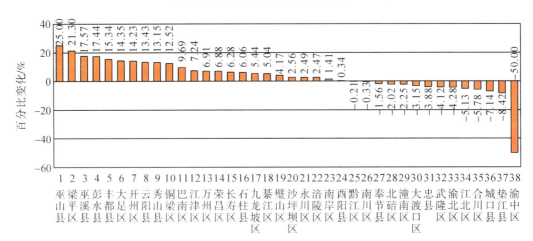

2021 年监测指标指数值提高百分点

图 2-53　有 R&D 活动的企业占比

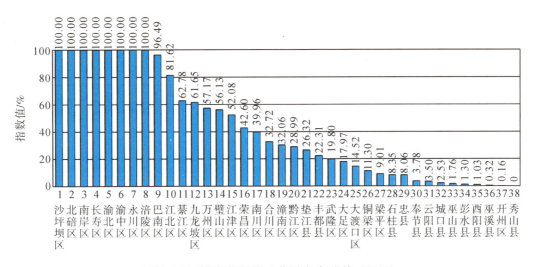

2021 年监测指标指数值（监测值/标准值×100%）

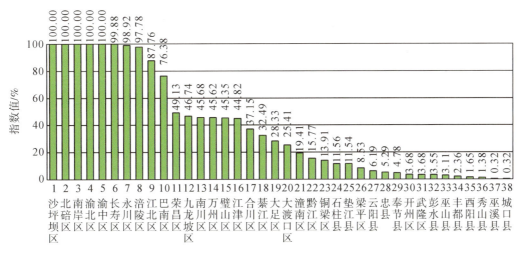

2020 年监测指标指数值（监测值/标准值×100%）

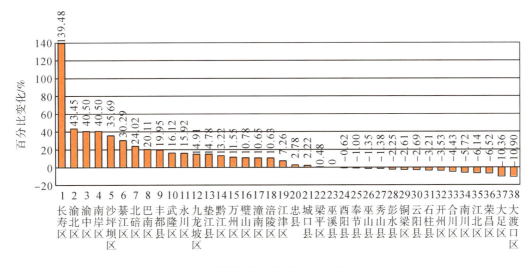

2021 年监测指标指数值提高百分点

图 2-54　万人硕士研究生及以上学历 R&D 人员数

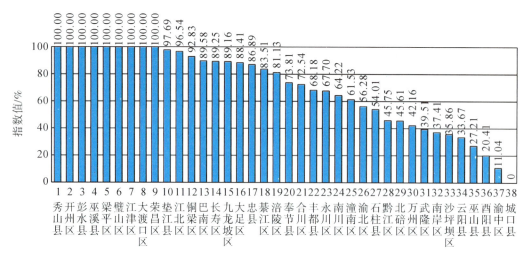

2021 年监测指标指数值（监测值/标准值×100%）

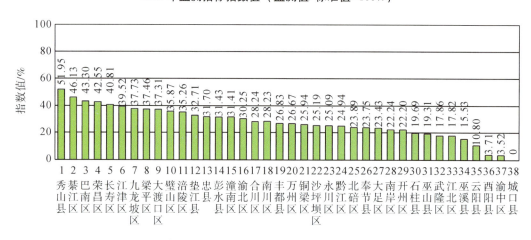

2020 年监测指标指数值（监测值/标准值×100%）

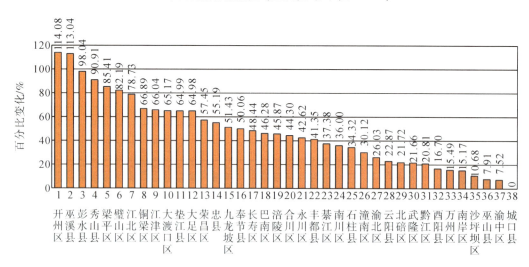

2021 年监测指标指数值提高百分点

图 2-55　企业 R&D 研究人员占比

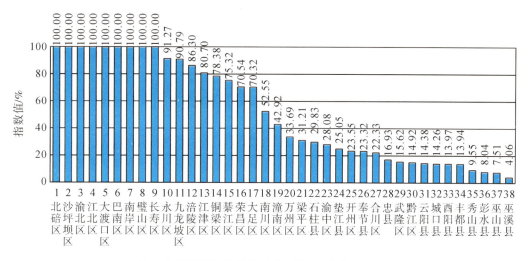

2021 年监测指标指数值（监测值/标准值×100%）

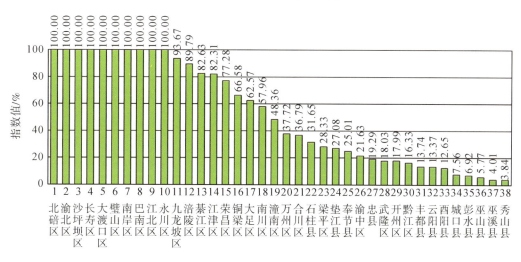

2020 年监测指标指数值（监测值/标准值×100%）

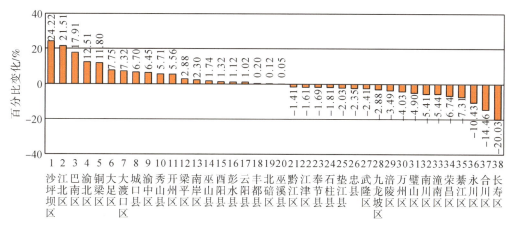

2021 年监测指标指数值提高百分点

图 2-56　R&D 经费支出占 GDP 比重

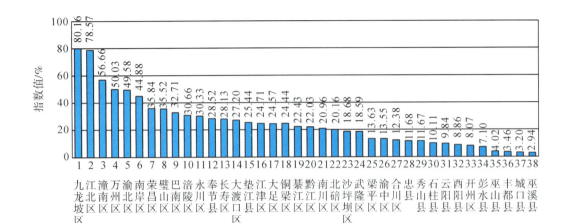

2021 年监测指标指数值（监测值/标准值×100%）

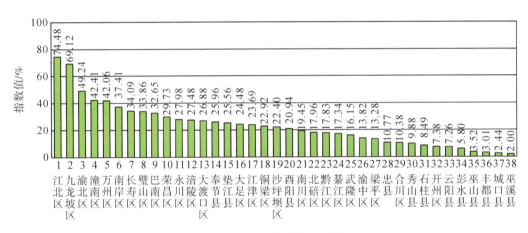

2020 年监测指标指数值（监测值/标准值×100%）

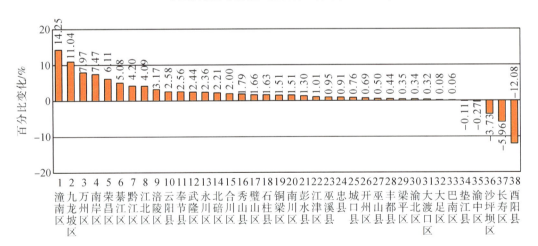

2021 年监测指标指数值提高百分点

图 2-57　地方财政科技支出占财政一般预算支出比重

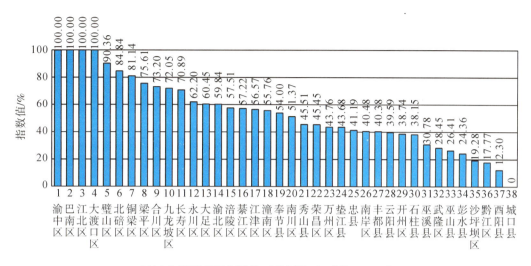

2021 年监测指标指数值（监测值/标准值×100%）

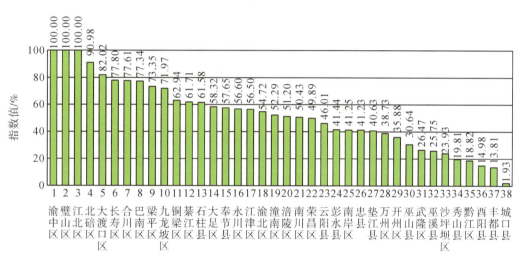

2020 年监测指标指数值（监测值/标准值×100%）

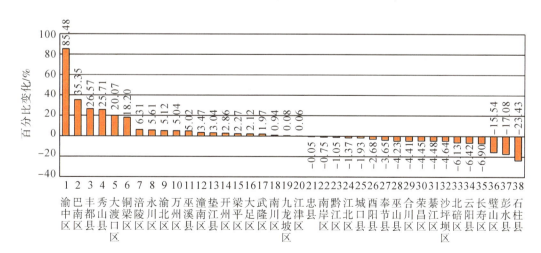

2021 年监测指标指数值提高百分点

图 2-58 规模以上工业企业创新费用支出占主营业务收入比重

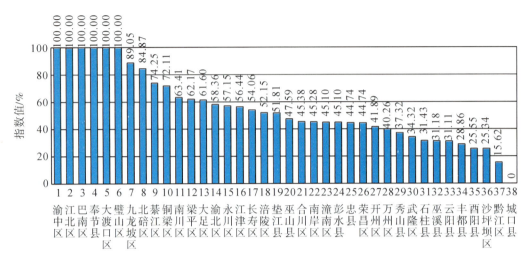

2021 年监测指标指数值（监测值/标准值×100%）

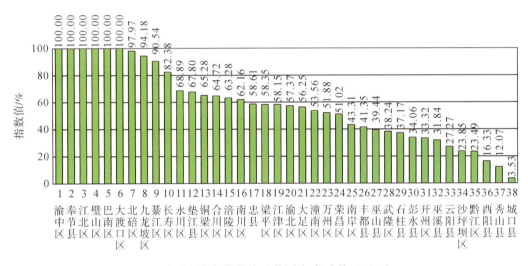

2020 年监测指标指数值（监测值/标准值×100%）

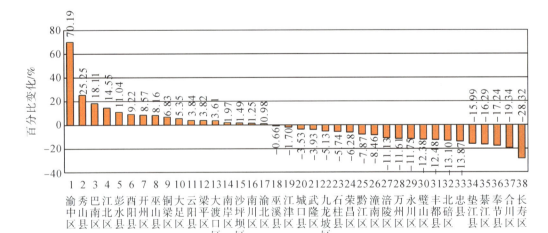

2021 年监测指标指数值提高百分点

图 2-59　规模以上工业企业 R&D 经费支出占主营业务收入比重

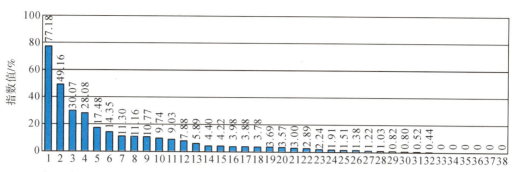

2021 年监测指标指数值（监测值/标准值×100%）

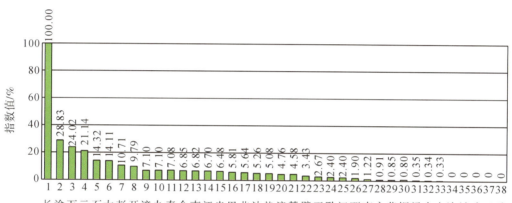

2020 年监测指标指数值（监测值/标准值×100%）

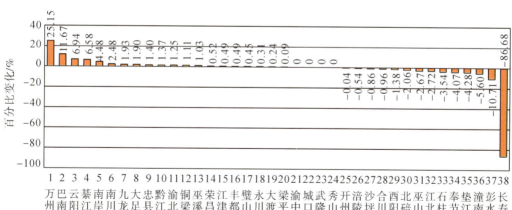

2021 年监测指标指数值提高百分点

图 2-60　企业技术获取和技术改造经费支出占主营业务收入比重

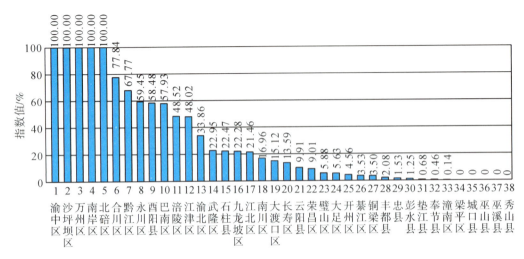

2021 年监测指标指数值（监测值/标准值×100%）

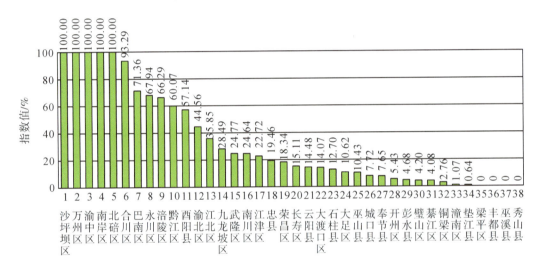

2020 年监测指标指数值（监测值/标准值×100%）

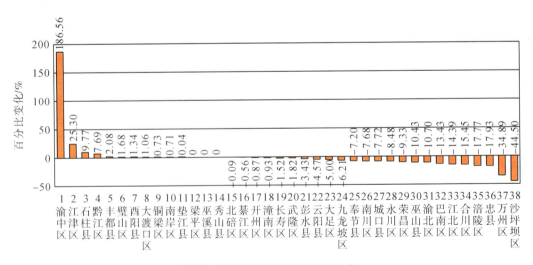

2021 年监测指标指数值提高百分点

图 2-61　万名 R&D 人员发表科技论文数

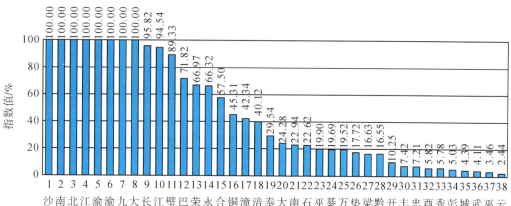

2021 年监测指标指数值（监测值/标准值×100%）

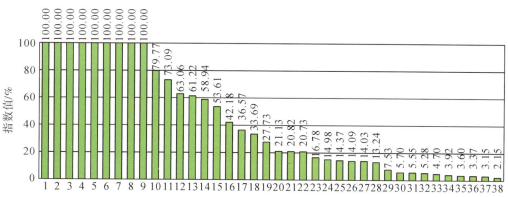

2020 年监测指标指数值（监测值/标准值×100%）

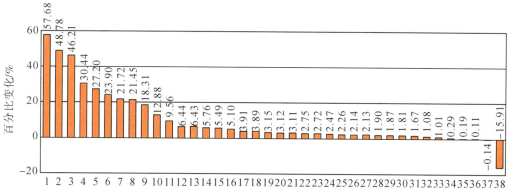

2021 年监测指标指数值提高百分点

图 2-62　万人有效发明专利拥有量

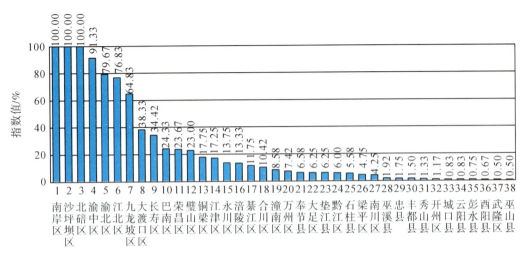

2021 年监测指标指数值（监测值/标准值×100%）

图 2-63　万人高价值发明专利拥有量

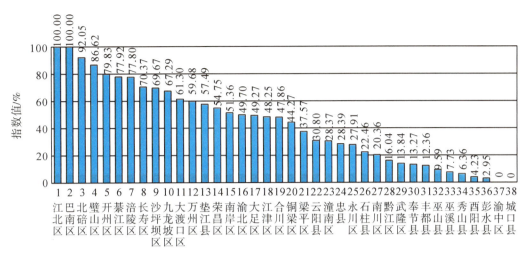

2021 年监测指标指数值（监测值/标准值×100%）

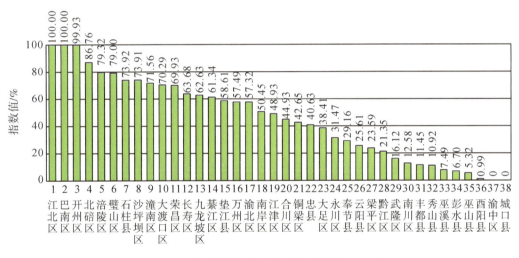

2020 年监测指标指数值（监测值/标准值×100%）

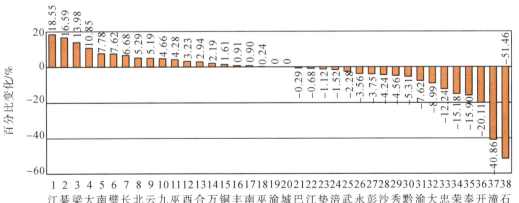

2021 年监测指标指数值提高百分点

图 2-64 规模以上工业企业新产品销售收入占主营业务收入比重

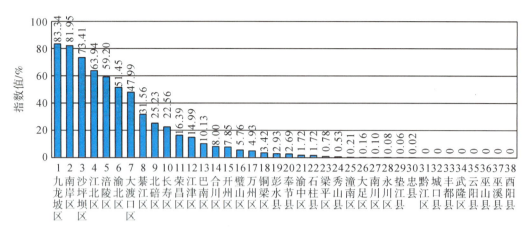

2021 年监测指标指数值（监测值/标准值×100%）

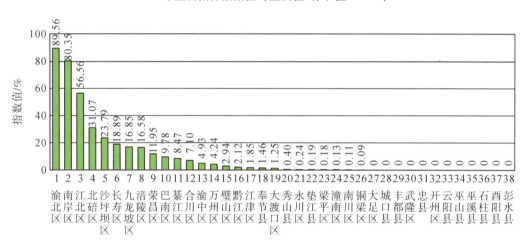

2020 年监测指标指数值（监测值/标准值×100%）

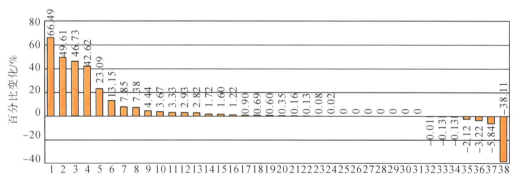

2021 年监测指标指数值提高百分点

图 2-65　技术合同成交额占 GDP 比重

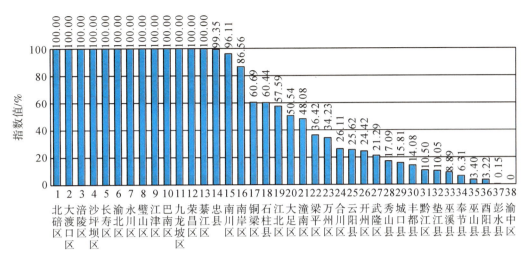

2021 年监测指标指数值（监测值/标准值×100%）

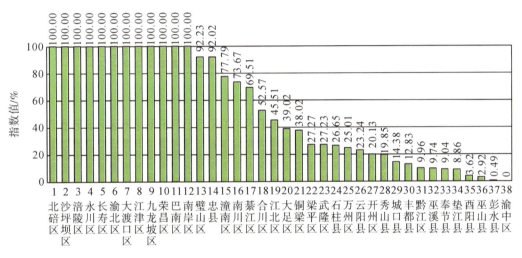

2020 年监测指标指数值（监测值/标准值×100%）

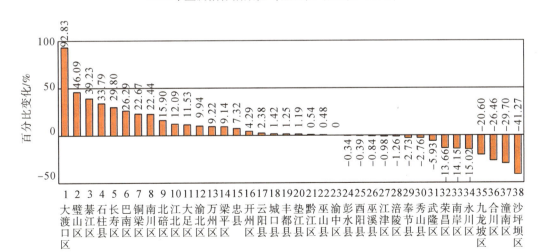

2021 年监测指标指数值提高百分点

图 2-66　规模以上工业企业战略性新兴产业增加值占 GDP 比重

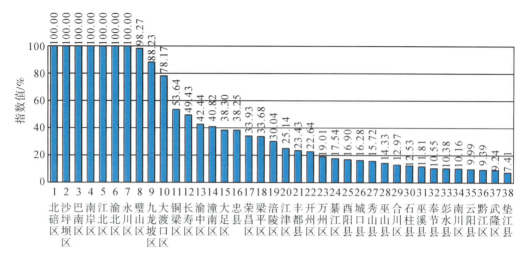

2021 年监测指标指数值（监测值/标准值×100%）

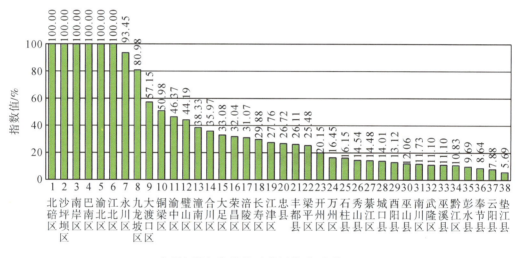

2020 年监测指标指数值（监测值/标准值×100%）

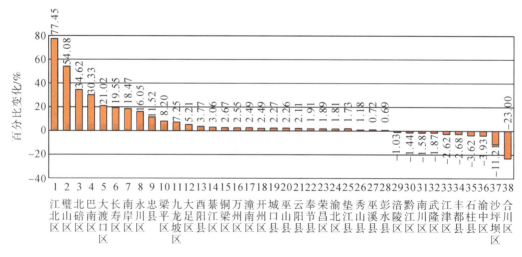

2021 年监测指标指数值提高百分点

图 2-67 数字经济核心产业增加值占 GDP 比重

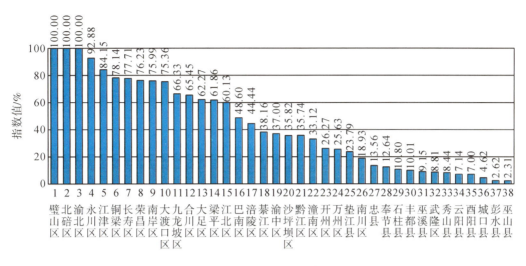

2021 年监测指标指数值（监测值/标准值×100%）

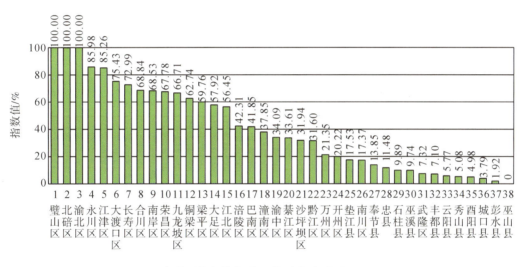

2020 年监测指标指数值（监测值/标准值×100%）

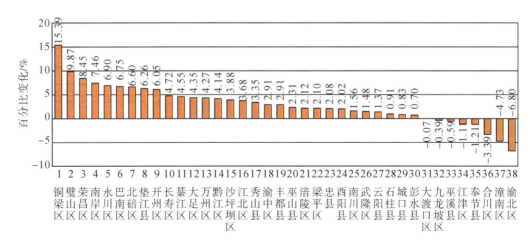

2021 年监测指标指数值提高百分点

图 2-68　每万家企业法人中高新技术企业数

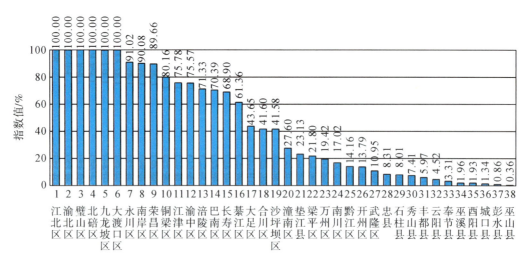

2021 年监测指标指数值（监测值/标准值×100%）

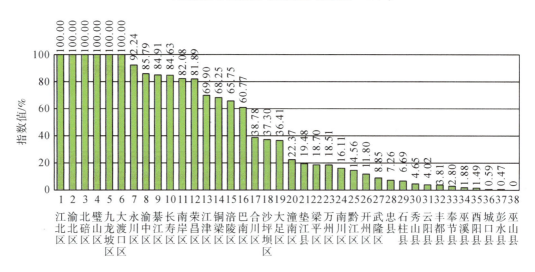

2020 年监测指标指数值（监测值/标准值×100%）

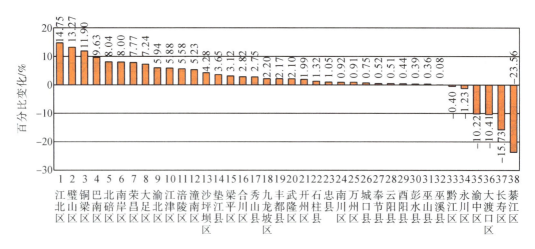

2021 年监测指标指数值提高百分点

图 2-69　万人高新技术企业从业人员数

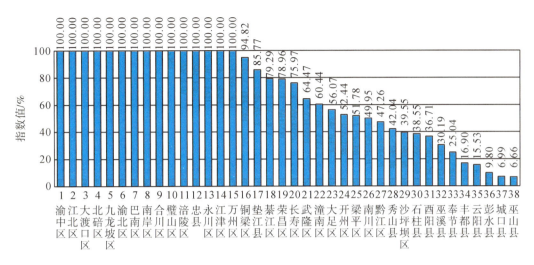

2021 年监测指标指数值（监测值／标准值×100%）

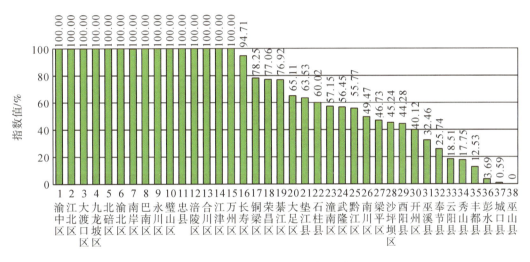

2020 年监测指标指数值（监测值／标准值×100%）

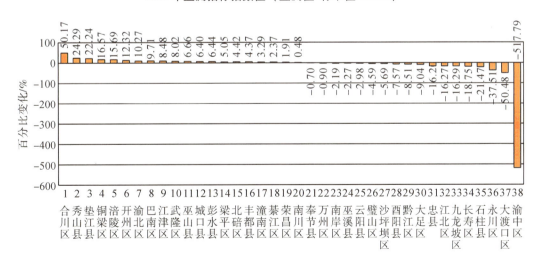

2021 年监测指标指数值提高百分点

图 2-70　高新技术企业营业收入占工业主营业务收入比重

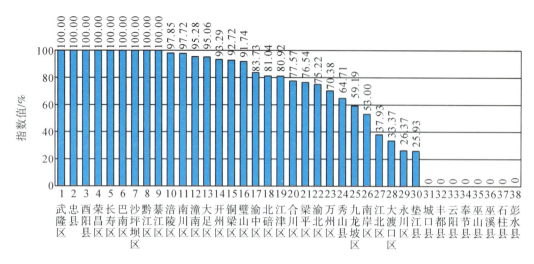

2021 年监测指标指数值（监测值/标准值×100%）

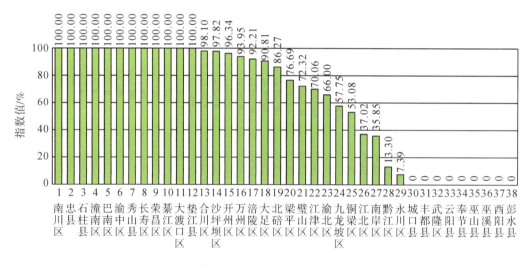

2020 年监测指标指数值（监测值/标准值×100%）

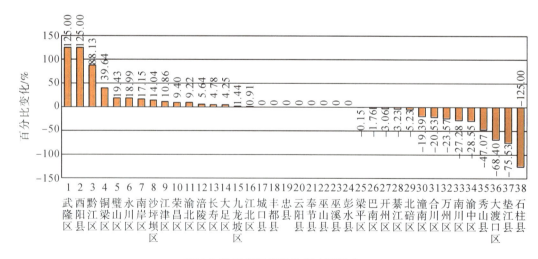

2021 年监测指标指数值提高百分点

图 2-71　高新技术产品出口额占商品出口额比重

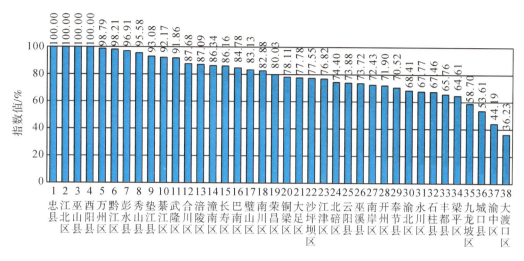

2021年监测指标指数值（监测值/标准值×100%）

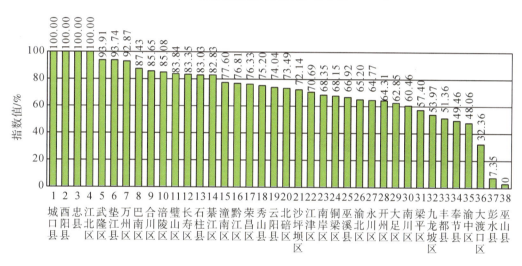

2020年监测指标指数值（监测值/标准值×100%）

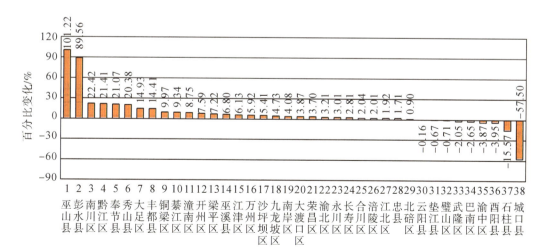

2021年监测指标指数值提高百分点

图2-72 高新技术产品销售收入占主营业务收入比重

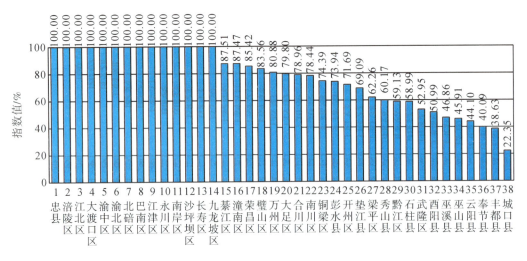

2021 年监测指标指数值（监测值/标准值×100%）

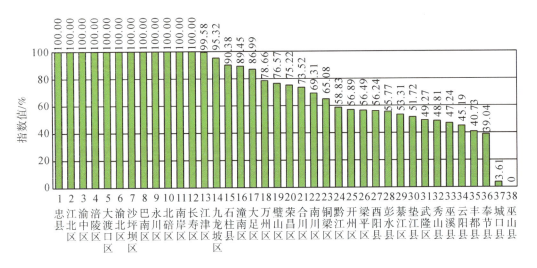

2020 年监测指标指数值（监测值/标准值×100%）

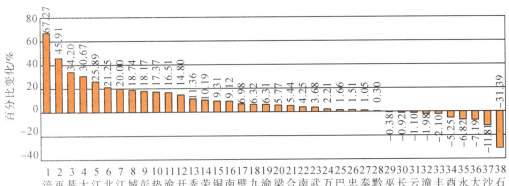

2021 年监测指标指数值提高百分点

图 2-73　高新技术企业劳动生产率

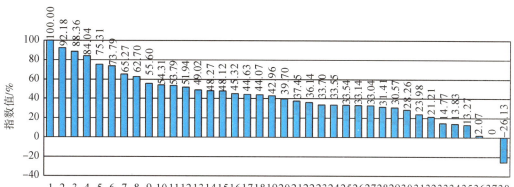

2021 年监测指标指数值（监测值/标准值×100%）

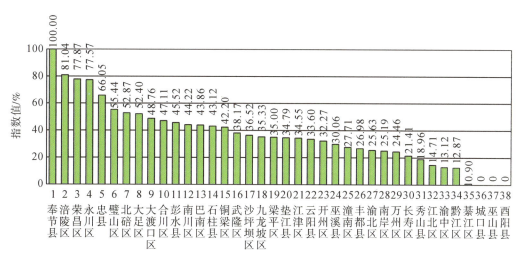

2020 年监测指标指数值（监测值/标准值×100%）

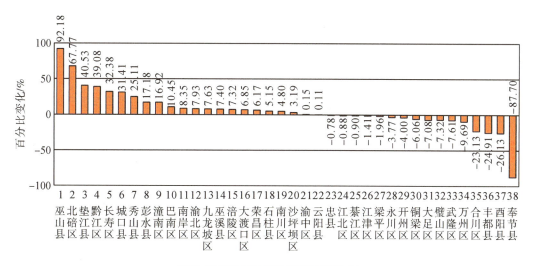

2021 年监测指标指数值提高百分点

图 2-74 高新技术企业利润率

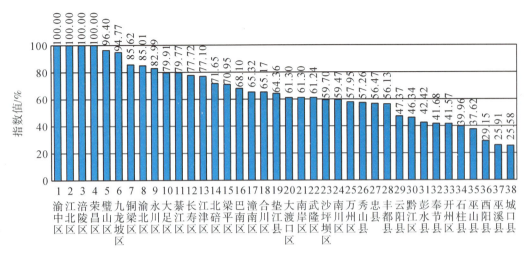

2021 年监测指标指数值（监测值/标准值×100%）

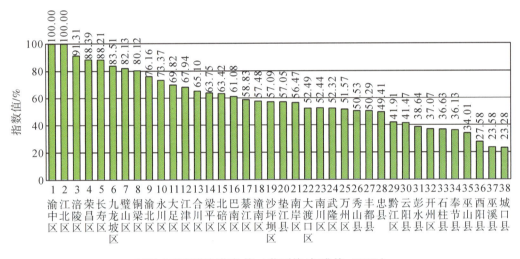

2020 年监测指标指数值（监测值/标准值×100%）

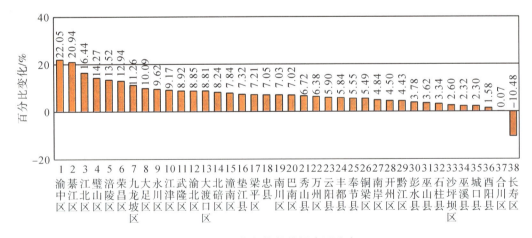

2021 年监测指标指数值提高百分点

图 2-75　人均 GDP

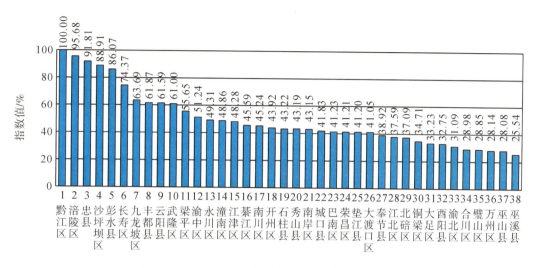

2021 年监测指标指数值（监测值/标准值×100%）

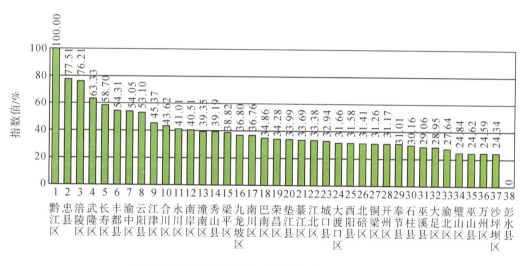

2020 年监测指标指数值（监测值/标准值×100%）

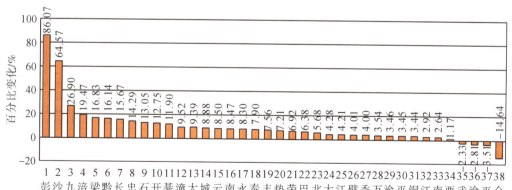

2021 年监测指标指数值提高百分点

图 2-76　工业企业全员劳动生产率

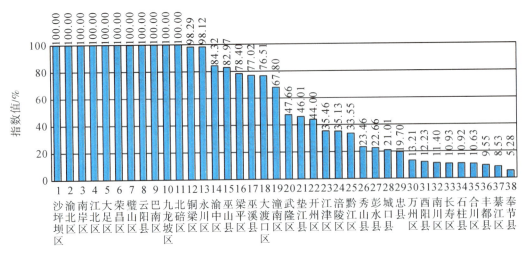

2021年监测指标指数值（监测值/标准值×100%）

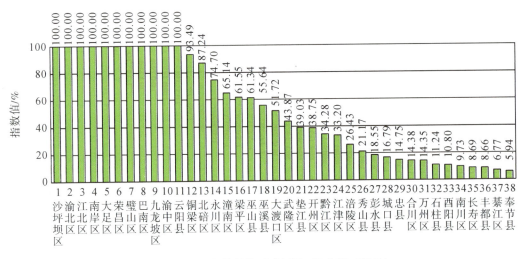

2020年监测指标指数值（监测值/标准值×100%）

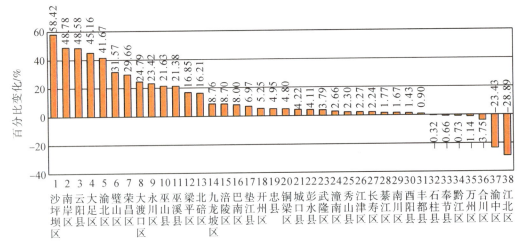

2021年监测指标指数值提高百分点

图2-77 万元主营业务收入能耗

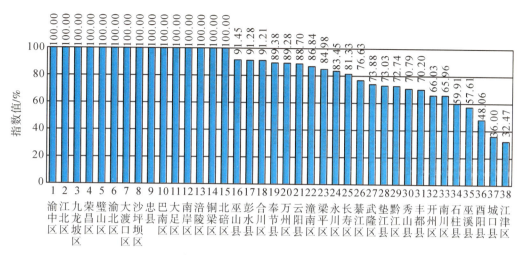

2021 年监测指标指数值（监测值/标准值×100%）

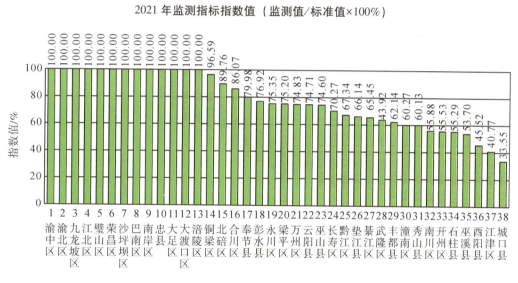

2020 年监测指标指数值（监测值/标准值×100%）

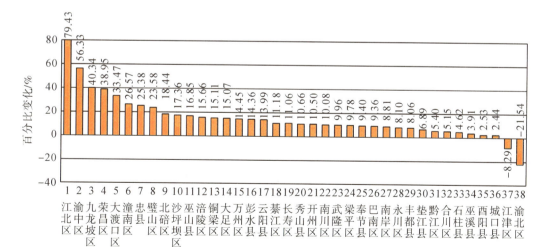

2021 年监测指标指数值提高百分点

图 2-78 万元地区生产总值用水量

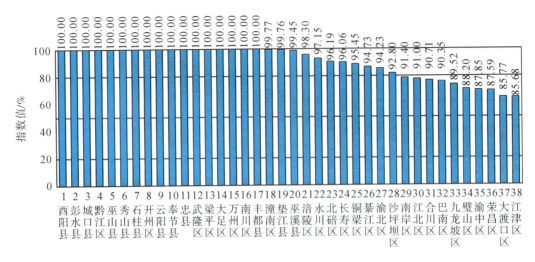

2021 年监测指标指数值（监测值/标准值×100%）

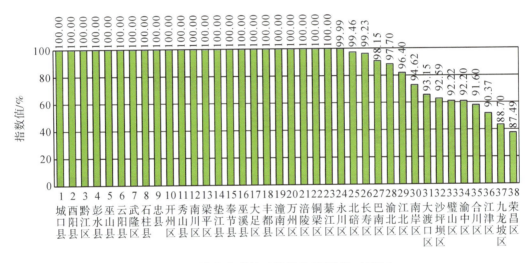

2020 年监测指标指数值（监测值/标准值×100%）

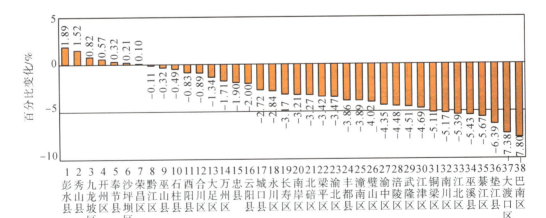

2021 年监测指标指数值提高百分点

图 2-79　环境空气质量指数

第三章　区县科技创新指标分析

万州区

万州区科技创新指数为 47.24%，在全市排名第 19 位，与上年相比位次不变。

万州区科技创新环境指数为 47.96%，排在全市第 17 位，与上年相比位次上升 1 位。其中，基础条件指数为 52.82%，排在全市第 16 位，与上年相比位次上升 2 位；科技意识指数为 37.01%，排在全市第 29 位，与上年相比位次上升 2 位。三级指标中，表现较为突出的指标为，万人累计孵化企业数为 1.01 家，排在全市第 1 位，与上年相比上升 8 位。存在不足的指标为，每名 R&D 人员研发仪器和设备支出为 1.3 万元，排在全市第 26 位，与上年相比下降 3 位；万人 R&D 人员数为 15.33 人年，排在全市第 24 位，与上年相比下降 2 位。

万州区科技创新投入指数为 44.86%，排在全市第 19 位，与上年相比位次下降 1 位。其中，人力投入指数为 49.96%，排在全市第 23 位，与上年相比位次下降 6 位；财力投入指数为 42.17%，排在全市第 19 位，与上年相比位次上升 3 位。三级指标中，表现较为突出的指标为，规模以上工业企业创新费用支出占主营业务收入比重为 1.31%，排在全市第 23 位，与上年相比上升 5 位。存在不足的指标为，企业 R&D 研究人员占比为 29.51%，排在全市第 30 位，与上年相比下降 10 位；规模以上工业企业 R&D 经费支出占主营业务收入比重为 1.01%，排在全市第 28 位，与上年相比下降 5 位。

万州区科技创新产出指数为 33.22%，排在全市第 19 位，与上年相比位次下降 2 位。其中，知识产出指数为 37.80%，排在全市第 15 位，与上年相比位次下降 2 位；效益产出指数为 29.10%，排在全市第 22 位，与上年相比位次上升 1 位。三级指标中，表现较为突出的指标为，规模以上工业企业新产品销售收入占主营业务收入比重为 23.87%，排在全市第 12 位，与上年相比上升 4 位。存在不足的指标为，技术合同成交额占 GDP 比重为 0.12%，排在全市第 17 位，与上年相比下降 3 位。

万州区高新技术产业化指数为 57.47%，排在全市第 22 位，与上年相比位次下降 2 位。其中，产业化水平指数为 61.78%，排在全市第 20 位，与上年相比位次下降 2 位；产业化效益指数为 50.26%，排在全市第 29 位，与上年相比位次下降 5 位。三级指标中，表现较为突出的指标为，高新技术产品销售收入占主营业务收入比重为 88.91%，排在全市第 5 位，与上年相比上升 2 位。存在不足的指标为，高新技术产品出口额占商品出口额比重为 56.30%，排在全市第 23 位，与上年相比下降 7 位；高新技术企业利润率为 2.22%，排在全市第 33 位，与上年相比下降 4 位。

万州区科技促进经济发展指数为 56.82%，排在全市第 32 位，与上年相比位次下降 2 位。其中，发展方式转变指数为 44.22%，排在全市第 31 位，与上年相比位次下降 1 位；环境改善指数为 68.13%，排在全市第 27 位，与上年相比位次不变。三级指标中，表现较为突出的指标为，环境空气质量指数为 60.86%，排在全市第 1 位，与上年持平；万元地区生产总值用水量为 28.00 立方米，排在全市第 20 位，与上年相比上升 1 位。存在不足的指标为，工业企业全员劳动生产率为 281 352.51 元，排在全市第 36 位，与上年持平。

具体情况如表 3-1、图 3-1 至图 3-3 所示。

表 3-1　万州区各级指标监测值、指数值和位次与上年比较

序号	指标名称	单位	监测值 2021	监测值 2020	指数值/% 2021	指数值/% 2020	位次 2021	位次 2020
	科技创新环境				**47.96**	**45.37**	**17**	**18**
	基础条件				52.82	51.94	16	18
1	万人 R&D 人员数	人年/万人	15.33	13.25	30.66	26.50	24	22
2	科学研究和技术服务业法人单位数	家	690	570	69.00	57.00	11	12
3	研发平台数	家	55	58	55.00	58.00	18	19
4	每名 R&D 人员研发仪器和设备支出	万元/人	1.30	2.48	21.70	41.33	26	23
5	知识价值信用贷款每家企业贷款规模	万元/家	122.86	98.04	24.57	19.61	33	32
6	万人累计孵化企业数	家/万人	1.01	0.93	100.00	93.08	1	9
	科技意识				37.01	30.58	29	31
7	开展创新活动的企业占比	%	38.91	32.96	38.91	32.96	31	32
8	有 R&D 活动的企业占比	%	35.12	28.21	35.12	28.21	28	30
	科技创新投入				**44.86**	**38.64**	**19**	**18**
	人力投入				49.96	36.52	23	17
9	万人硕士研究生及以上学历 R&D 人员数	人/万人	9.15	7.30	57.17	45.62	13	14
10	企业 R&D 研究人员占比	%	29.51	18.67	42.16	26.67	30	20
	财力投入				42.17	39.75	19	22
11	R&D 经费支出占 GDP 比重	%	0.88	0.98	33.69	37.72	20	20
12	地方财政科技支出占财政一般预算支出比重	%	2.50	2.10	50.03	42.06	4	5
13	规模以上工业企业创新费用支出占主营业务收入比重	%	1.31	1.16	43.76	38.73	23	28
14	规模以上工业企业 R&D 经费支出占主营业务收入比重	%	1.01	1.30	40.26	51.88	28	23
15	企业技术获取和技术改造经费支出占主营业务收入比重	%	1.23	0.60	49.16	24.02	2	3
	科技创新产出				**33.22**	**38.74**	**19**	**17**
	知识产出				37.80	53.63	15	13
16	万名 R&D 人员发表科技论文数	篇/万人	4 719.03	5 940.17	100.00	100.00	1	1
17	万人有效发明专利拥有量	件/万人	2.93	2.10	19.52	14.03	25	27
18	万人高价值发明专利拥有量	件/万人	0.89	—	7.42	—	20	—
	效益产出				29.10	25.34	22	23
19	规模以上工业企业新产品销售收入占主营业务收入比重	%	23.87	23.00	59.68	57.49	12	16
20	技术合同成交额占 GDP 比重	%	0.12	0.11	4.93	4.24	17	14
21	规模以上工业企业战略性新兴产业增加值占 GDP 比重	%	2.16	1.58	34.23	25.01	23	25
22	数字经济核心产业增加值占 GDP 比重	%	1.90	1.65	19.01	16.45	23	24
	高新技术产业化				**57.47**	**60.49**	**22**	**20**
	产业化水平				61.78	64.63	20	18
23	每万家企业法人中高新技术企业数	家/万家	35.88	29.90	25.63	21.35	24	23
24	万人高新技术企业从业人员数	人/万人	77.67	74.04	19.42	18.51	23	23
25	高新技术企业营业收入占工业主营业务收入比重	%	30.83	31.10	100.00	100.00	1	1
26	高新技术产品出口额占商品出口额比重	%	56.30	75.16	70.38	93.95	23	16
27	高新技术产品销售收入占主营业务收入比重	%	88.91	83.58	98.79	92.87	5	7
	产业化效益				50.26	53.56	29	24
28	高新技术企业劳动生产率	万元/人	97.05	94.40	80.88	78.66	19	18
29	高新技术企业利润率	%	2.22	3.67	14.77	24.46	33	29
	科技促进经济发展				**56.82**	**52.53**	**32**	**30**
	发展方式转变				44.22	39.15	31	30
30	人均 GDP	万元/人	6.95	6.19	57.95	51.57	25	25
31	工业企业全员劳动生产率	元/人年	281 352.51	245 938.00	28.14	24.59	36	36
	环境改善				68.13	64.55	27	27
32	万元主营业务收入能耗	吨标准煤/万元	0.64	0.59	13.21	14.35	30	31
33	万元地区生产总值用水量	立方米/万元	28.00	33.41	89.28	74.83	20	21
34	环境空气质量指数	%	60.86	61.89	100.00	100.00	1	1
	综合指数				**47.24**	**46.52**	**19**	**19**

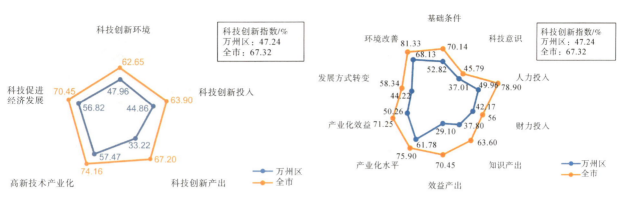

图 3-1 万州区一级指标雷达图   图 3-2 万州区二级指标雷达图

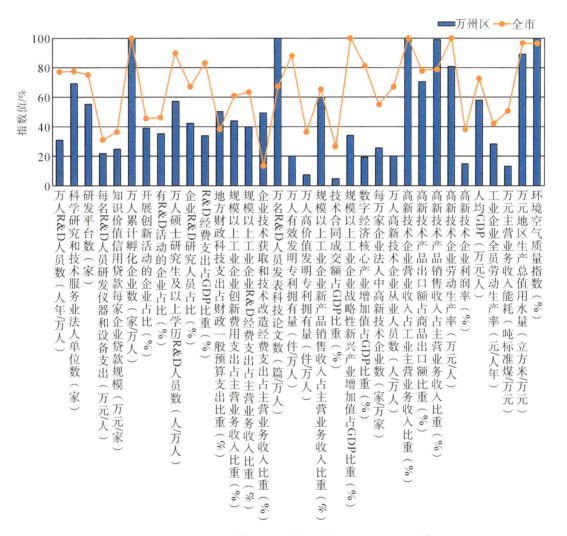

图 3-3 万州区三级指标指数值（监测值/标准值×100%）线柱图

涪陵区

涪陵区科技创新指数为69.32%，在全市排名第9位，与上年相比位次下降1位。

涪陵区科技创新环境指数为67.03%，排在全市第5位，与上年相比位次上升1位。其中，基础条件指数为74.49%，排在全市第5位，与上年相比位次上升1位；科技意识指数为50.22%，排在全市第7位，与上年相比位次不变。三级指标中，表现较为突出的指标为，有R&D活动的企业占比为53.71%，排在全市第5位，与上年相比上升3位。存在不足的指标为，每名R&D人员研发仪器和设备支出为1.80万元，排在全市第19位，与上年相比下降7位；知识价值信用贷款每家企业贷款规模为177.05万元，排在全市第19位，与上年相比下降5位。

涪陵区科技创新投入指数为64.78%，排在全市第9位，与上年相比位次不变。其中，人力投入指数为90.93%，排在全市第3位，与上年相比位次下降1位；财力投入指数为51.01%，排在全市第13位，与上年相比位次下降2位。三级指标中，表现较为突出的指标为，万人硕士研究生及以上学历R&D人员数为17.35人，排在全市第1位，与上年相比上升7位。存在不足的指标为，企业R&D研究人员占比为56.79%，排在全市第19位，与上年相比下降8位。

涪陵区科技创新产出指数为49.79%，排在全市第14位，与上年相比位次下降1位。其中，知识产出指数为32.86%，排在全市第17位，与上年相比位次下降2位；效益产出指数为65.02%，排在全市第10位，与上年相比位次不变。三级指标中，表现较为突出的指标为，技术合同成交额占GDP比重为1.48%，排在全市第5位，与上年相比上升3位；规模以上工业企业战略性新兴产业增加值占GDP比重为14.57%，排在全市第1位，与上年持平。存在不足的指标为，数字经济核心产业增加值占GDP比重为3.00%，排在全市第19位，与上年相比下降2位。

涪陵区高新技术产业化指数为85.21%，排在全市第2位，与上年相比位次上升1位。其中，产业化水平指数为79.60%，排在全市第9位，与上年相比位次上升3位；产业化效益指数为94.61%，排在全市第2位，与上年相比位次下降1位。三级指标中，表现较为突出的指标为，高新技术产品出口额占商品出口额比重为78.28%，排在全市第10位，与上年相比上升7位。存在不足的指标为，高新技术产品销售收入占主营业务收入比重为78.38%，排在全市第13位，与上年相比下降3位。

涪陵区科技促进经济发展指数为87.32%，排在全市第2位，与上年相比位次上升2位。其中，发展方式转变指数为98.01%，排在全市第1位，与上年相比位次不变；环境改善指数为77.71%，排在全市第20位，与上年相比位次下降1位。三级指标中，表现较为突出的指标为，人均GDP达到12.58万元，排在全市第1位，与上年相比上升2位。存在不足的指标为，环境空气质量指数为58.98%，排在全市第21位，与上年相比下降20位。

具体情况如表3-2、图3-4至图3-6所示。

表 3-2　涪陵区各级指标监测值、指数值和位次与上年比较

序号	指标名称	单位	监测值 2021	监测值 2020	指数值/% 2021	指数值/% 2020	位次 2021	位次 2020
	科技创新环境				67.03	65.29	5	6
	基础条件				74.49	73.15	5	6
1	万人 R&D 人员数	人年/万人	45.39	39.65	90.78	79.30	13	13
2	科学研究和技术服务业法人单位数	家	719	588	71.90	58.80	10	11
3	研发平台数	家	133	168	100.00	100.00	1	1
4	每名 R&D 人员研发仪器和设备支出	万元/人	1.80	3.25	29.99	54.13	19	12
5	知识价值信用贷款每家企业贷款规模	万元/家	177.05	165.59	35.41	33.12	19	14
6	万人累计孵化企业数	家/万人	0.89	0.86	88.79	85.87	10	10
	科技意识				50.22	47.61	7	7
7	开展创新活动的企业占比	%	46.73	43.97	46.73	43.97	13	14
8	有 R&D 活动的企业占比	%	53.71	51.24	53.71	51.24	5	8
	科技创新投入				64.78	58.13	9	9
	人力投入				90.93	67.73	3	2
9	万人硕士研究生及以上学历 R&D 人员数	人/万人	17.35	15.64	100.00	97.78	1	8
10	企业 R&D 研究人员占比	%	56.79	24.68	81.13	35.26	19	11
	财力投入				51.01	53.08	13	11
11	R&D 经费支出占 GDP 比重	%	2.24	2.33	86.30	89.79	12	12
12	地方财政科技支出占财政一般预算支出比重	%	1.53	1.37	30.66	27.48	10	12
13	规模以上工业企业创新费用支出占主营业务收入比重	%	1.73	1.54	57.51	51.20	15	20
14	规模以上工业企业 R&D 经费支出占主营业务收入比重	%	1.30	1.58	52.15	63.28	18	15
15	企业技术获取和技术改造经费支出占主营业务收入比重	%	0.11	0.12	4.22	4.76	15	20
	科技创新产出				49.79	52.78	14	13
	知识产出				32.86	48.71	17	15
16	万名 R&D 人员发表科技论文数	篇/万人	1 698.21	2 320.25	48.52	66.29	11	9
17	万人有效发明专利拥有量	件/万人	6.02	5.05	40.12	33.69	18	18
18	万人高价值发明专利拥有量	件/万人	1.60	—	13.33	—	16	—
	效益产出				65.02	56.45	10	10
19	规模以上工业企业新产品销售收入占主营业务收入比重	%	31.12	31.73	77.80	79.32	7	5
20	技术合同成交额占 GDP 比重	%	1.48	0.41	59.20	16.58	5	8
21	规模以上工业企业战略性新兴产业增加值占 GDP 比重	%	14.57	14.65	100.00	100.00	1	1
22	数字经济核心产业增加值占 GDP 比重	%	3.00	3.11	30.04	31.07	19	17
	高新技术产业化				85.21	82.08	2	3
	产业化水平				79.60	76.62	9	12
23	每万家企业法人中高新技术企业数	家/万家	62.21	59.24	44.44	42.31	17	16
24	万人高新技术企业从业人员数	人/万人	285.33	263.01	71.33	65.75	13	15
25	高新技术企业营业收入占工业主营业务收入比重	%	39.93	35.22	100.00	100.00	1	1
26	高新技术产品出口额占商品出口额比重	%	78.28	73.77	97.85	92.21	10	17
27	高新技术产品销售收入占主营业务收入比重	%	78.38	76.57	87.09	85.08	13	10
	产业化效益				94.61	91.22	2	2
28	高新技术企业劳动生产率	万元/人	266.67	185.94	100.00	100.00	1	1
29	高新技术企业利润率	%	13.25	12.16	88.36	81.04	3	2
	科技促进经济发展				87.32	79.68	2	4
	发展方式转变				98.01	84.36	1	1
30	人均 GDP	万元/人	12.58	10.96	100.00	91.31	1	3
31	工业企业全员劳动生产率	元/人年	956 849.08	762 128.00	95.68	76.21	2	3
	环境改善				77.71	75.48	20	19
32	万元主营业务收入能耗	吨标准煤/万元	0.24	0.32	35.13	26.43	24	25
33	万元地区生产总值用水量	立方米/万元	20.23	23.16	100.00	100.00	1	1
34	环境空气质量指数	%	58.98	61.67	98.30	100.00	21	1
	综合指数				69.32	66.46	9	8

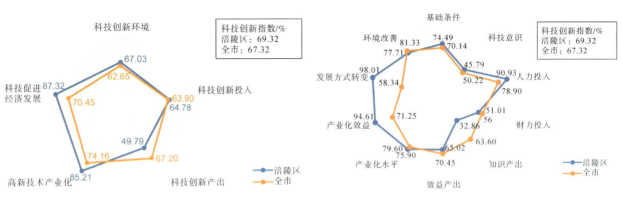

图 3-4 涪陵区一级指标雷达图　　　　图 3-5 涪陵区二级指标雷达图

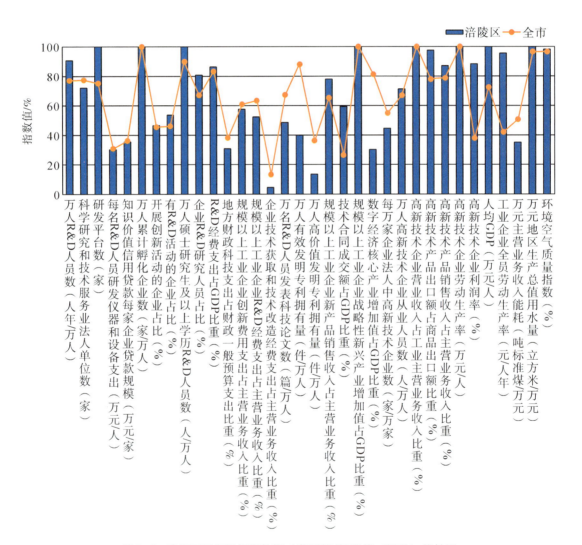

图 3-6 涪陵区三级指标指数值（监测值/标准值×100%）线柱图

渝中区

渝中区科技创新指数为62.14%，在全市排名第14位，与上年相比位次下降4位。

渝中区科技创新环境指数为64.56%，排在全市第8位，与上年相比位次下降5位。其中，基础条件指数为73.82%，排在全市第7位，与上年相比位次上升1位；科技意识指数为43.70%，排在全市第23位，与上年相比位次下降22位。三级指标中，表现较为突出的指标为，每名R&D人员研发仪器和设备支出为3.11万元，排在全市第4位，与上年相比上升7位。存在不足的指标为，有R&D活动的企业占比为50%，排在全市第10位，与上年相比下降9位。

渝中区科技创新投入指数为50.25%，排在全市第17位，与上年相比位次下降3位。其中，人力投入指数为57.25%，排在全市第16位，与上年相比位次下降6位；财力投入指数为46.56%，排在全市第16位，与上年相比位次不变。三级指标中，表现较为突出的指标为，R&D经费支出占GDP比重为0.73%，排在全市第23位，与上年相比上升3位；万人硕士研究生及以上学历R&D人员数为23.08人，规模以上工业企业创新费用支出占主营业务收入比重为11.34%，规模以上工业企业R&D经费支出占主营业务收入比重为11.48%，均排在全市第1位，与上年持平。存在不足的指标为，地方财政科技支出占财政一般预算支出比重为0.68%，排在全市第26位，与上年持平。

渝中区科技创新产出指数为52.82%，排在全市第12位，与上年相比位次下降1位。其中，知识产出指数为96.89%，排在全市第4位，与上年相比位次下降3位；效益产出指数为13.16%，排在全市第29位，与上年相比位次下降2位。三级指标中，表现较为突出的指标为，万名R&D人员发表科技论文数为12 014.02篇，万人有效发明专利拥有量为24.72件，均排在全市第1位，位次与上年持平。存在不足的指标为，技术合同成交额占GDP比重为0.04%，排在全市第21位，与上年相比下降8位。

渝中区高新技术产业化指数为65.85%，排在全市第17位，与上年相比位次下降1位。其中，产业化水平指数为69.45%，排在全市第17位，与上年相比位次下降4位；产业化效益指数为59.83%，排在全市第22位，与上年相比位次下降1位。三级指标中，表现较为突出的指标为，高新技术企业营业收入占工业主营业务收入比重为1 987.38%，高新技术企业劳动生产率为208.09万元/人，均排在全市第1位，与上年持平。存在不足的指标为，高新技术产品出口额占商品出口额比重为66.98%，排在全市第17位，与上年相比下降16位。

渝中区科技促进经济发展指数为84.11%，排在全市第6位，与上年相比位次下降5位。其中，发展方式转变指数为77.54%，排在全市第3位，与上年相比位次下降1位；环境改善指数为90%，排在全市第15位，与上年相比位次下降7位。三级指标中，表现较为突出的指标为，人均GDP达到25.78万元，万元地区生产总值用水量为4.55立方米，均排在全市第1位，与上年持平。存在不足的指标为，万元主营业务收入能耗为0.1吨标准煤，排在全市第14位，与上年相比下降13位。

具体情况如表3-3、图3-7至图3-9所示。

表 3-3　渝中区各级指标监测值、指数值和位次与上年比较

序号	指标名称	单位	监测值 2021	监测值 2020	指数值/% 2021	指数值/% 2020	位次 2021	位次 2020
	科技创新环境				**64.56**	**70.42**	**8**	**3**
	基础条件				73.82	71.25	7	8
1	万人 R&D 人员数	人年/万人	47.83	40.75	95.67	81.51	12	12
2	科学研究和技术服务业法人单位数	家	1 610	1 486	100.00	100.00	1	1
3	研发平台数	家	43	42	43.00	42.00	21	21
4	每名 R&D 人员研发仪器和设备支出	万元/人	3.11	3.46	51.81	57.59	4	11
5	知识价值信用贷款每家企业贷款规模	万元/家	167.74	152.17	33.55	30.43	22	23
6	万人累计孵化企业数	家/万人	5.32	4.19	100.00	100.00	1	1
	科技意识				43.70	68.55	23	
7	开展创新活动的企业占比	%	37.39	37.06	37.39	37.06	32	28
8	有 R&D 活动的企业占比	%	50.00	100.00	50.00	100.00	10	1
	科技创新投入				**50.25**	**47.82**	**17**	**14**
	人力投入				57.25	53.64	16	10
9	万人硕士研究生及以上学历 R&D 人员数	人/万人	23.08	16.60	100.00	100.00	1	1
10	企业 R&D 研究人员占比	%	7.73	2.47	11.04	3.52	37	37
	财力投入				46.56	44.76	16	16
11	R&D 经费支出占 GDP 比重	%	0.73	0.56	28.08	21.63	23	26
12	地方财政科技支出占财政一般预算支出比重	%	0.68	0.69	13.55	13.82	26	26
13	规模以上工业企业创新费用支出占主营业务收入比重	%	11.34	8.77	100.00	100.00	1	1
14	规模以上工业企业 R&D 经费支出占主营业务收入比重	%	11.48	9.72	100.00	100.00	1	1
15	企业技术获取和技术改造经费支出占主营业务收入比重	%	0	0	0	0	33	34
	科技创新产出				**52.82**	**55.29**	**12**	**11**
	知识产出				96.89	100.00	4	1
16	万名 R&D 人员发表科技论文数	篇/万人	12 014.02	5 484.57	100.00	100.00	1	1
17	万人有效发明专利拥有量	件/万人	24.72	21.46	100.00	100.00	1	1
18	万人高价值发明专利拥有量	件/万人	10.96	—	91.33	—	4	—
	效益产出				13.16	15.04	29	27
19	规模以上工业企业新产品销售收入占主营业务收入比重	%	0	0	0	0	37	37
20	技术合同成交额占 GDP 比重	%	0.04	0.12	1.72	4.93	21	13
21	规模以上工业企业战略性新兴产业增加值占 GDP 比重	%	0	0	0	0	38	38
22	数字经济核心产业增加值占 GDP 比重	%	4.24	4.64	42.44	46.37	13	11
	高新技术产业化				**65.85**	**69.04**	**17**	**16**
	产业化水平				69.45	74.58	17	13
23	每万家企业法人中高新技术企业数	家/万家	51.80	47.73	37.00	34.09	19	19
24	万人高新技术企业从业人员数	人/万人	302.29	343.17	75.57	85.79	12	8
25	高新技术企业营业收入占工业主营业务收入比重	%	1 987.38	2 142.71	100.00	100.00	1	1
26	高新技术产品出口额占商品出口额比重	%	66.98	89.82	83.73	100.00	17	1
27	高新技术产品销售收入占主营业务收入比重	%	39.77	43.25	44.19	48.06	37	35
	产业化效益				59.83	59.76	22	21
28	高新技术企业劳动生产率	万元/人	208.09	200.52	100.00	100.00	1	1
29	高新技术企业利润率	%	1.99	1.97	13.27	13.12	35	33
	科技促进经济发展				**84.11**	**88.37**	**6**	**1**
	发展方式转变				77.54	78.84	3	2
30	人均 GDP	万元/人	25.78	23.13	100.00	100.00	1	1
31	工业企业全员劳动生产率	元/人年	512 360.90	540 489.00	51.24	54.05	12	7
	环境改善				90.00	96.94	15	8
32	万元主营业务收入能耗	吨标准煤/万元	0.10	0.08	84.32	100.00	14	1
33	万元地区生产总值用水量	立方米/万元	4.55	5.07	100.00	100.00	1	1
34	环境空气质量指数	%	52.71	55.32	87.85	92.20	35	34
	综合指数				**62.14**	**64.77**	**14**	**10**

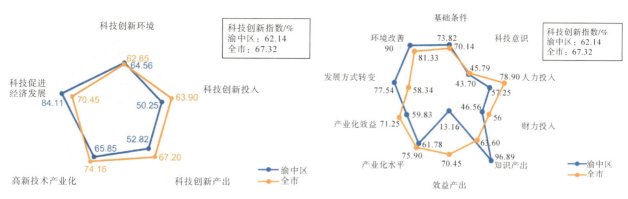

图 3-7　渝中区一级指标雷达图　　　　　　　　图 3-8　渝中区二级指标雷达图

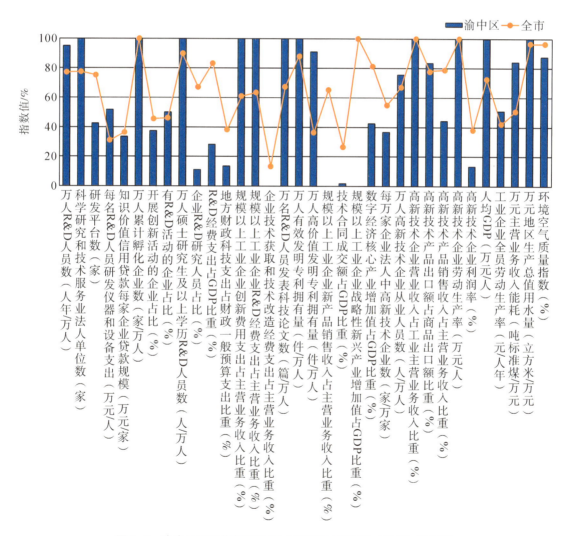

图 3-9　渝中区三级指标指数值（监测值/标准值×100%）线柱图

大渡口区

大渡口区科技创新指数为 62.93%，在全市排名第 13 位，与上年相比位次上升 1 位。

大渡口区科技创新环境指数为 44.03%，排在全市第 18 位，与上年相比位次下降 2 位。其中，基础条件指数为 42.56%，排在全市第 18 位，与上年相比位次下降 2 位；科技意识指数为 47.34%，排在全市第 13 位，与上年相比位次下降 7 位。三级指标中，表现较为突出的指标为，每名 R&D 人员研发仪器和设备支出为 2.08 万元，排在全市第 12 位，与上年相比上升 16 位；万人 R&D 人员数为 53.69 人年，排在全市第 1 位，与上年相比上升 9 位。存在不足的指标为，万人累计孵化企业数 0 家，排在全市第 24 位，与上年相比下降 13 位。

大渡口区科技创新投入指数为 66.49%，排在全市第 8 位，与上年相比位次上升 2 位。其中，人力投入指数为 55.59%，排在全市第 17 位，与上年相比位次上升 2 位；财力投入指数为 72.22%，排在全市第 4 位，与上年相比位次上升 1 位。三级指标中，表现较为突出的指标为，企业 R&D 研究人员占比为 71.74%，排在全市第 1 位，与上年相比上升 8 位。存在不足的指标为，地方财政科技支出占财政一般预算支出比重为 1.36%，排在全市第 14 位，与上年相比下降 1 位。

大渡口区科技创新产出指数为 64.17%，排在全市第 8 位，与上年相比位次上升 1 位。其中，知识产出指数为 53.99%，排在全市第 8 位，与上年相比位次上升 4 位；效益产出指数为 73.33%，排在全市第 9 位，与上年相比位次不变。三级指标中，表现较为突出的指标为，技术合同成交额占 GDP 比重为 1.20%，排在全市第 7 位，与上年相比上升 12 位。存在不足的指标为，规模以上工业企业新产品销售收入占主营业务收入比重为 24.52%，排在全市第 11 位，与上年相比下降 1 位；数字经济核心产业增加值占 GDP 比重为 7.82%，排在全市第 10 位，与上年相比下降 1 位。

大渡口区高新技术产业化指数为 74.28%，排在全市第 13 位，与上年相比位次下降 9 位。其中，产业化水平指数为 71.20%，排在全市第 16 位，与上年相比位次下降 11 位；产业化效益指数为 79.44%，排在全市第 6 位，与上年相比位次不变。三级指标中，表现较为突出的指标为，万人高新技术企业从业人员数为 450.72 人，高新技术企业营业收入占工业主营业务收入比重为 137.51%，高新技术企业劳动生产率为 222.27 万元/人，均排在全市第 1 位，与上年持平。存在不足的指标为，高新技术产品出口额占商品出口额比重为 26.70%，排在全市第 28 位，与上年相比下降 27 位。

大渡口区科技促进经济发展指数为 70.21%，排在全市第 20 位，与上年相比位次上升 2 位。其中，发展方式转变指数为 51.97%，排在全市第 28 位，与上年相比位次不变；环境改善指数为 86.59%，排在全市第 17 位，与上年相比位次下降 2 位。三级指标中，表现较为突出的指标为，人均 GDP 达到 7.36 万元，排在全市第 20 位，与上年相比上升 2 位。存在不足的指标为，环境空气质量指数为 51.46%，排在全市第 37 位，与上年相比下降 6 位；工业企业全员劳动生产率为 410 496.17 元/人年，排在全市第 26 位，与上年相比下降 2 位。

具体情况如表 3-4、图 3-10 至图 3-12 所示。

表 3-4 大渡口区各级指标监测值、指数值和位次与上年比较

序号	指标名称	单位	监测值		指数值/%		位次	
			2021	2020	2021	2020	2021	2020
	科技创新环境				44.03	50.97	18	16
	基础条件				42.56	52.16	18	16
1	万人 R&D 人员数	人年/万人	53.69	47.61	100.00	95.22	1	10
2	科学研究和技术服务业法人单位数	家	385	362	38.50	36.20	23	17
3	研发平台数	家	34	29	34.00	29.00	25	25
4	每名 R&D 人员研发仪器和设备支出	万元/人	2.08	2.02	34.67	33.64	12	28
5	知识价值信用贷款每家企业贷款规模	万元/家	221.43	175.41	44.29	35.08	2	9
6	万人累计孵化企业数	家/万人	0	0.64	0	63.83	24	11
	科技意识				47.34	48.27	13	6
7	开展创新活动的企业占比	%	40.00	38.72	40.00	38.72	28	20
8	有 R&D 活动的企业占比	%	54.67	57.81	54.67	57.81	4	3
	科技创新投入				66.49	56.39	8	10
	人力投入				55.59	31.13	17	19
9	万人硕士研究生及以上学历 R&D 人员数	人/万人	2.32	4.07	14.52	25.41	25	20
10	企业 R&D 研究人员占比	%	71.74	26.12	100.00	37.31	1	9
	财力投入				72.22	69.69	4	5
11	R&D 经费支出占 GDP 比重	%	3.47	3.28	100.00	100.00	1	1
12	地方财政科技支出占财政一般预算支出比重	%	1.36	1.34	27.20	26.88	14	13
13	规模以上工业企业创新费用支出占主营业务收入比重	%	3.06	2.46	100.00	82.02	1	5
14	规模以上工业企业 R&D 经费支出占主营业务收入比重	%	2.69	2.60	100.00	100.00	1	1
15	企业技术获取和技术改造经费支出占主营业务收入比重	%	0.36	0.35	14.35	14.11	6	6
	科技创新产出				64.17	59.63	8	9
	知识产出				53.99	60.41	8	12
16	万名 R&D 人员发表科技论文数	篇/万人	529.31	492.38	15.12	14.07	19	22
17	万人有效发明专利拥有量	件/万人	19.60	16.86	100.00	100.00	1	1
18	万人高价值发明专利拥有量	件/万人	4.60	—	38.33	—	8	—
	效益产出				73.33	58.93	9	9
19	规模以上工业企业新产品销售收入占主营业务收入比重	%	24.52	28.12	61.30	70.29	11	10
20	技术合同成交额占 GDP 比重	%	1.20	0.03	47.99	1.25	7	19
21	规模以上工业企业战略性新兴产业增加值占 GDP 比重	%	14.86	9.01	100.00	100.00	1	1
22	数字经济核心产业增加值占 GDP 比重	%	7.82	5.71	78.17	57.15	10	9
	高新技术产业化				74.28	81.37	13	4
	产业化水平				71.20	84.42	16	5
23	每万家企业法人中高新技术企业数	家/万家	105.50	105.60	75.36	75.43	10	6
24	万人高新技术企业从业人员数	人/万人	450.72	492.36	100.00	100.00	1	1
25	高新技术企业营业收入占工业主营业务收入比重	%	137.51	152.65	100.00	100.00	1	1
26	高新技术产品出口额占商品出口额比重	%	26.70	81.42	33.37	100.00	28	1
27	高新技术产品销售收入占主营业务收入比重	%	32.61	29.12	36.23	32.36	38	36
	产业化效益				79.44	76.27	6	6
28	高新技术企业劳动生产率	万元/人	222.27	185.47	100.00	100.00	1	1
29	高新技术企业利润率	%	8.34	7.31	55.60	48.76	9	9
	科技促进经济发展				70.21	63.08	20	22
	发展方式转变				51.97	42.90	28	28
30	人均 GDP	万元/人	7.36	6.30	61.30	52.49	20	22
31	工业企业全员劳动生产率	元/人年	410 496.17	316 574.00	41.05	31.66	26	24
	环境改善				86.59	81.22	17	15
32	万元主营业务收入能耗	吨标准煤/万元	0.11	0.16	76.51	51.72	18	19
33	万元地区生产总值用水量	立方米/万元	16.45	21.09	100.00	100.00	1	1
34	环境空气质量指数	%	51.46	55.89	85.77	93.15	37	31
	综合指数				62.93	61.74	13	14

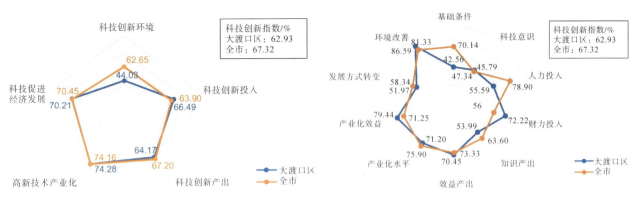

图 3-10　大渡口区一级指标雷达图　　　　　图 3-11　大渡口区二级指标雷达图

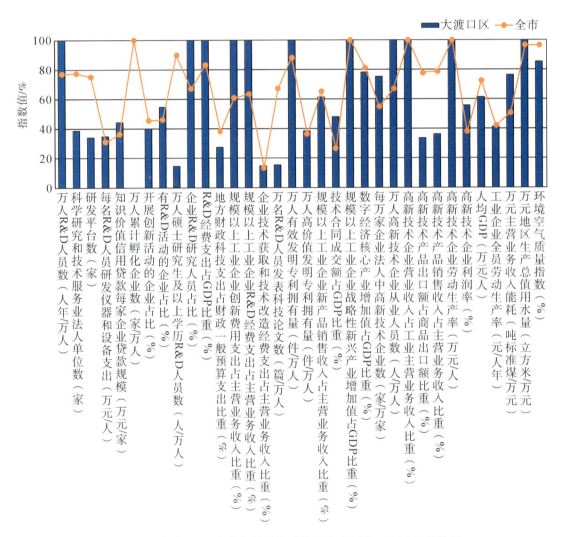

图 3-12　大渡口区三级指标指数值（监测值/标准值×100%）线柱图

江北区

江北区科技创新指数为 74.83%，在全市排名第 4 位，与上年相比位次下降 1 位。

江北区科技创新环境指数为 62.59%，排在全市第 9 位，与上年相比位次下降 2 位。其中，基础条件指数为 74.03%，排在全市第 6 位，与上年相比位次下降 1 位；科技意识指数为 36.83%，排在全市第 30 位，与上年相比位次下降 8 位。三级指标中，表现较为突出的指标为，万人 R&D 人员数为 91.92 人年，科学研究和技术服务业法人单位数为 2 335 家，万人累计孵化企业数为 4.9 家，均排在全市第 1 位，与上年持平。存在不足的指标为，知识价值信用贷款每家企业贷款规模为 176.47 万元，排在全市第 20 位，与上年相比下降 15 位；有 R&D 活动的企业占比为 33.08%，排在全市第 31 位，与上年相比下降 13 位。

江北区科技创新投入指数为 83.61%，排在全市第 1 位，与上年相比位次上升 1 位。其中，人力投入指数为 88.79%，排在全市第 4 位，与上年相比位次上升 5 位；财力投入指数为 80.88%，排在全市第 1 位，与上年相比位次不变。三级指标中，表现较为突出的指标为，企业 R&D 研究人员占比为 67.58%，排在全市第 11 位，与上年相比上升 22 位。存在不足的指标为，企业技术获取和技术改造经费支出占主营业务收入比重为 0.10%，排在全市第 16 位，与上年相比下降 2 位。

江北区科技创新产出指数为 75.82%，排在全市第 6 位，与上年相比位次下降 1 位。其中，知识产出指数为 69.6%，排在全市第 6 位，与上年相比位次上升 1 位；效益产出指数为 81.42%，排在全市第 5 位，与上年相比位次上升 1 位。三级指标中，表现较为突出的指标为，万人有效发明专利拥有量为 28.57 件，规模以上工业企业新产品销售收入占主营业务收入比重为 69.96%，数字经济核心产业增加值占 GDP 比重为 18.39%，均排在全市第 1 位，与上年持平。存在不足的指标为，万名 R&D 人员发表科技论文数为 751.19 篇，排在全市第 17 位，与上年相比下降 4 位。

江北区高新技术产业化指数为 71.29%，排在全市第 14 位，与上年相比位次下降 1 位。其中，产业化水平指数为 77.98%，排在全市第 11 位，与上年相比位次下降 1 位；产业化效益指数为 60.09%，排在全市第 21 位，与上年相比位次下降 1 位。三级指标中，表现较为突出的指标为，万人高新技术企业从业人员数为 1 140.17 人，高新技术企业营业收入占工业主营业务收入比重为 190.53%，高新技术产品销售收入占主营业务收入比重为 95.09%，高新技术企业劳动生产率为 250.73 万元/人，均排在全市第 1 位，与上年持平。存在不足的指标为，高新技术企业利润率为 2.07%，排在全市第 34 位，与上年相比下降 2 位。

江北区科技促进经济发展指数为 84.54%，排在全市第 5 位，与上年相比位次下降 3 位。其中，发展方式转变指数为 71.25%，排在全市第 8 位，与上年相比位次下降 4 位；环境改善指数为 96.47%，排在全市第 8 位，与上年相比位次下降 4 位。三级指标中，表现较为突出的指标为，人均 GDP 达到 16.28 万元，万元主营业务收入能耗为 0.02 吨标准煤，万元地区生产总值用水量为 9.8 立方米，均排在全市第 1 位，与上年持平。存在不足的指标为，工业企业全员劳动生产率为 375 876.26 元/人年，排在全市第 28 位，与上年相比下降 6 位。

具体情况如表 3-5、图 3-13 至图 3-15 所示。

表 3-5　江北区各级指标监测值、指数值和位次与上年比较

序号	指标名称	单位	监测值		指数值/%		位次	
			2021	2020	2021	2020	2021	2020
	科技创新环境				62.59	65.07	9	7
	基础条件				74.03	77.17	6	5
1	万人 R&D 人员数	人年/万人	91.92	66.38	100.00	100.00	1	1
2	科学研究和技术服务业法人单位数	家	2 335	1 961	100.00	100.00	1	1
3	研发平台数	家	67	66	67.00	66.00	15	17
4	每名 R&D 人员研发仪器和设备支出	万元/人	0.94	2.18	15.73	36.39	33	27
5	知识价值信用贷款每家企业贷款规模	万元/家	176.47	185.26	35.29	37.05	20	5
6	万人累计孵化企业数	家/万人	4.90	4.51	100.00	100.00	1	1
	科技意识				36.83	37.81	30	22
7	开展创新活动的企业占比	%	40.59	37.41	40.59	37.41	24	27
8	有 R&D 活动的企业占比	%	33.08	38.21	33.08	38.21	31	18
	科技创新投入				83.61	71.41	1	2
	人力投入				88.79	54.15	4	9
9	万人硕士研究生及以上学历 R&D 人员数	人/万人	13.06	14.04	81.62	87.76	10	9
10	企业 R&D 研究人员占比	%	67.58	12.47	96.54	17.82	11	33
	财力投入				80.88	80.48	1	1
11	R&D 经费支出占 GDP 比重	%	3.48	2.92	100.00	100.00	1	1
12	地方财政科技支出占财政一般预算支出比重	%	3.93	3.72	78.57	74.48	2	1
13	规模以上工业企业创新费用支出占主营业务收入比重	%	3.13	3.17	100.00	100.00	1	1
14	规模以上工业企业 R&D 经费支出占主营业务收入比重	%	3.45	3.08	100.00	100.00	1	1
15	企业技术获取和技术改造经费支出占主营业务收入比重	%	0.10	0.17	3.98	6.70	16	14
	科技创新产出				75.82	73.77	6	5
	知识产出				69.60	70.45	6	7
16	万名 R&D 人员发表科技论文数	篇/万人	751.19	1 254.73	21.46	35.85	17	13
17	万人有效发明专利拥有量	件/万人	28.57	24.49	100.00	100.00	1	1
18	万人高价值发明专利拥有量	件/万人	9.22	—	76.83	—	6	—
	效益产出				81.42	76.75	5	6
19	规模以上工业企业新产品销售收入占主营业务收入比重	%	69.96	62.54	100.00	100.00	1	1
20	技术合同成交额占 GDP 比重	%	1.60	1.41	63.94	56.56	4	3
21	规模以上工业企业战略性新兴产业增加值占 GDP 比重	%	3.63	2.87	57.59	45.51	19	19
22	数字经济核心产业增加值占 GDP 比重	%	18.39	10.64	100.00	100.00	1	1
	高新技术产业化				71.29	70.79	14	13
	产业化水平				77.98	76.94	11	10
23	每万家企业法人中高新技术企业数	家/万家	84.18	79.02	60.13	56.45	15	15
24	万人高新技术企业从业人员数	人/万人	1 140.17	1 081.19	100.00	100.00	1	1
25	高新技术企业营收收入占工业主营业务收入比重	%	190.53	195.42	100.00	100.00	1	1
26	高新技术产品出口额占商品出口额比重	%	30.34	29.62	37.93	37.02	27	26
27	高新技术产品销售收入占主营业务收入比重	%	95.09	93.36	100.00	100.00	1	1
	产业化效益				60.09	60.50	21	20
28	高新技术企业劳动生产率	万元/人	250.73	219.67	100.00	100.00	1	1
29	高新技术企业利润率	%	2.07	2.21	13.83	14.71	34	32
	科技促进经济发展				84.54	84.73	5	2
	发展方式转变				71.25	69.31	8	4
30	人均 GDP	万元/人	16.28	14.31	100.00	100.00	1	1
31	工业企业全员劳动生产率	元/人年	375 876.26	333 758.00	37.59	33.38	28	22
	环境改善				96.47	98.59	8	4
32	万元主营业务收入能耗	吨标准煤/万元	0.02	0.02	100.00	100.00	1	1
33	万元地区生产总值用水量	立方米/万元	9.80	14.24	100.00	100.00	1	1
34	环境空气质量指数	%	54.60	57.84	91.00	96.40	30	29
	综合指数				74.83	72.33	4	3

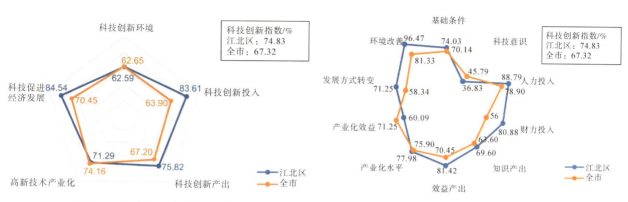

图 3-13 江北区一级指标雷达图   图 3-14 江北区二级指标雷达图

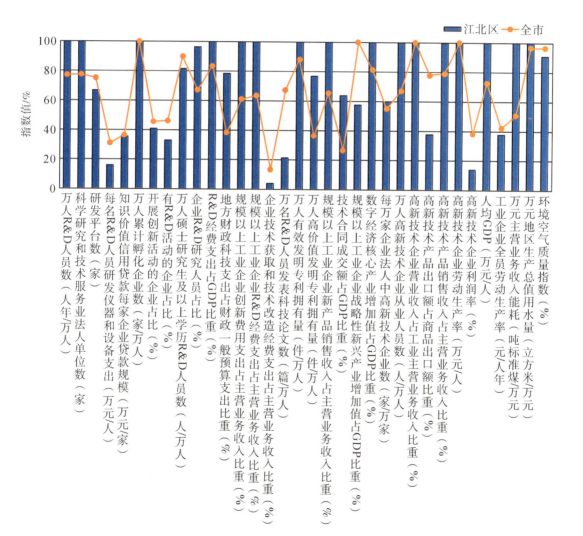

图 3-15 江北区三级指标指数值（监测值/标准值×100%）线柱图

沙坪坝区

沙坪坝区科技创新指数为 71.44%，在全市排名第 7 位，与上年相比位次不变。

沙坪坝区科技创新环境指数为 67.10%，排在全市第 4 位，与上年相比位次上升 1 位。其中，基础条件指数为 82.21%，排在全市 2 位，与上年相比位次不变；科技意识指数为 33.06%，排在全市第 33 位，与上年相比位次不变。三级指标中，表现较为突出的指标为，万人累计孵化企业数为 1.31 家，排在全市第 1 位，与上年相比上升 7 位。存在不足的指标为，开展创新活动的企业占比为 36.33%，排在全市第 34 位，与上年相比下降 1 位。

沙坪坝区科技创新投入指数为 51.01%，排在全市第 16 位，与上年相比位次下降 3 位。其中，人力投入指数为 69.18%，排在全市第 14 位，与上年相比位次下降 10 位；财力投入指数为 41.45%，排在全市第 21 位，与上年相比位次下降 2 位。三级指标中，表现较为突出的指标为，企业技术获取和技术改造经费支出占主营业务收入比重为 0.11%，排在全市第 14 位，与上年相比上升 4 位；万人硕士研究生及以上学历 R&D 人员数为 63.68 人，R&D 经费支出占 GDP 比重为 4.44%，均排在全市第 1 位，与上年持平。存在不足的指标为，企业 R&D 研究人员占比为 25.10%，排在全市第 33 位，与上年相比下降 11 位。

沙坪坝区科技创新产出指数为 93.33%，排在全市第 1 位，与上年相比位次上升 2 位。其中，知识产出指数为 100%，排在全市第 1 位，与上年相比位次不变；效益产出指数为 87.32%，排在全市第 1 位，与上年相比位次上升 4 位。三级指标中，表现较为突出的指标为，技术合同成交额占 GDP 比重为 1.84%，排在全市第 3 位，与上年相比上升 2 位；万名 R&D 人员发表科技论文数为 7 790.33 篇，万人有效发明专利拥有量为 47.99 件，规模以上工业企业战略性新兴产业增加值占 GDP 比重为 13.01%，数字经济核心产业增加值占 GDP 比重为 20.97%，均排在全市第 1 位，与上年持平。存在不足的指标为，规模以上工业企业新产品销售收入占主营业务收入比重为 27.87%，排在全市第 9 位，与上年相比下降 1 位。

沙坪坝区高新技术产业化指数为 62.72%，排在全市第 20 位，与上年相比位次下降 1 位。其中，产业化水平指数为 57.13%，排在全市第 22 位，与上年相比位次上升 1 位；产业化效益指数为 72.07%，排在全市第 10 位，与上年相比位次下降 1 位。三级指标中，表现较为突出的指标为，高新技术产品出口额占商品出口额比重为 89.48%，排在全市第 1 位，与上年相比上升 13 位。存在不足的指标为，高新技术企业利润率为 5.96%，排在全市第 20 位，与上年相比下降 3 位。

沙坪坝区科技促进经济发展指数为 85.81%，排在全市第 3 位，与上年相比位次上升 12 位。其中，发展方式转变指数为 73.15%，排在全市第 5 位，与上年相比位次上升 24 位；环境改善指数为 97.18%，排在全市第 5 位，与上年相比位次上升 1 位。三级指标中，表现较为突出的指标为，工业企业全员劳动生产率为 889 122.54 元/人年，排在全市第 4 位，与上年相比上升 33 位。存在不足的指标为，人均 GDP 为 7.16 万元，排在全市第 23 位，与上年相比下降 4 位。

具体情况如表 3-6、图 3-16 至图 3-18 所示。

表 3-6　沙坪坝区各级指标监测值、指数值和位次与上年比较

序号	指标名称	单位	监测值 2021	监测值 2020	指数值/% 2021	指数值/% 2020	位次 2021	位次 2020
	科技创新环境				67.10	66.78	4	5
	基础条件				82.21	83.26	2	2
1	万人 R&D 人员数	人年/万人	70.04	63.74	100.00	100.00	1	1
2	科学研究和技术服务业法人单位数	家	1 871	1 591	100.00	100.00	1	1
3	研发平台数	家	216	198	100.00	100.00	1	1
4	每名 R&D 人员研发仪器和设备支出	万元/人	1.92	2.51	32.06	41.89	15	21
5	知识价值信用贷款每家企业贷款规模	万元/家	143.27	141.18	28.65	28.24	26	28
6	万人累计孵化企业数	家/万人	1.31	0.98	100.00	97.97	1	8
	科技意识				33.06	29.66	33	33
7	开展创新活动的企业占比	%	36.33	32.08	36.33	32.08	34	33
8	有 R&D 活动的企业占比	%	29.79	27.23	29.79	27.23	32	32
	科技创新投入				51.01	50.02	16	13
	人力投入				69.18	64.05	14	4
9	万人硕士研究生及以上学历 R&D 人员数	人/万人	63.68	57.97	100.00	100.00	1	1
10	企业 R&D 研究人员占比	%	25.10	17.63	35.86	25.19	33	22
	财力投入				41.45	42.63	21	19
11	R&D 经费支出占 GDP 比重	%	4.44	3.81	100.00	100.00	1	1
12	地方财政科技支出占财政一般预算支出比重	%	0.93	1.12	18.68	22.40	23	19
13	规模以上工业企业创新费用支出占主营业务收入比重	%	0.58	0.72	19.28	23.93	35	33
14	规模以上工业企业 R&D 经费支出占主营业务收入比重	%	0.63	0.60	25.34	23.85	36	34
15	企业技术获取和技术改造经费支出占主营业务收入比重	%	0.11	0.13	4.40	5.26	14	18
	科技创新产出				93.33	88.18	1	3
	知识产出				100.00	100.00	1	1
16	万名 R&D 人员发表科技论文数	篇/万人	7 790.33	9 347.99	100.00	100.00	1	1
17	万人有效发明专利拥有量	件/万人	47.99	40.67	100.00	100.00	1	1
18	万人高价值发明专利拥有量	件/万人	16.72	—	100.00	—	1	—
	效益产出				87.32	77.55	1	5
19	规模以上工业企业新产品销售收入占主营业务收入比重	%	27.87	29.56	69.67	73.91	9	8
20	技术合同成交额占 GDP 比重	%	1.84	0.59	73.41	23.79	3	5
21	规模以上工业企业战略性新兴产业增加值占 GDP 比重	%	13.01	15.61	100.00	100.00	1	1
22	数字经济核心产业增加值占 GDP 比重	%	20.97	22.09	100.00	100.00	1	1
	高新技术产业化				62.72	61.16	20	19
	产业化水平				57.13	55.53	22	23
23	每万家企业法人中高新技术企业数	家/万家	50.14	44.71	35.82	31.94	20	21
24	万人高新技术企业从业人员数	人/万人	166.34	149.20	41.58	37.30	19	18
25	高新技术企业营业收入占工业主营业务收入比重	%	11.86	13.57	39.55	45.24	29	28
26	高新技术产品出口额占商品出口额比重	%	89.48	78.25	100.00	97.82	1	14
27	高新技术产品销售收入占主营业务收入比重	%	69.79	64.93	77.55	72.14	22	21
	产业化效益				72.07	70.60	1	9
28	高新技术企业劳动生产率	万元/人	141.59	155.76	100.00	100.00	1	1
29	高新技术企业利润率	%	5.96	5.48	39.70	36.52	20	17
	科技促进经济发展				85.81	71.02	3	15
	发展方式转变				73.15	42.01	5	29
30	人均 GDP	万元/人	7.16	6.85	59.70	57.09	23	19
31	工业企业全员劳动生产率	元/人年	889 122.54	243 375.00	88.91	24.34	4	37
	环境改善				97.18	97.09	5	6
32	万元主营业务收入能耗	吨标准煤/万元	0.01	0.01	100.00	100.00	1	1
33	万元地区生产总值用水量	立方米/万元	16.68	18.86	100.00	100.00	1	1
34	环境空气质量指数	%	55.68	55.55	92.80	92.59	28	32
	综合指数				71.44	67.53	7	7

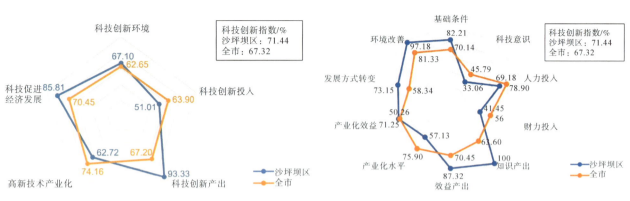

图 3-16 沙坪坝区一级指标雷达图　　　　　　图 3-17 沙坪坝区二级指标雷达图

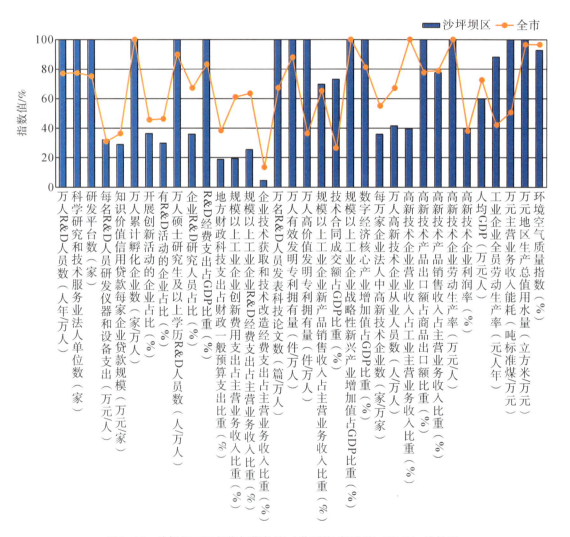

图 3-18 沙坪坝区三级指标指数值（监测值/标准值×100%）线柱图

九龙坡区

九龙坡区科技创新指数为77.14%，在全市排名第2位，与上年相比位次上升2位。

九龙坡区科技创新环境指数为74.78%，排在全市第1位，与上年相比位次上升1位。其中，基础条件指数为81.11%，排在全市第4位，与上年相比位次下降1位；科技意识指数为60.53%，排在全市第1位，与上年相比位次上升1位。三级指标中，表现较为突出的指标为，万人R&D人员数为63人年，科学研究和技术服务业法人单位数为3 142家，均排在全市第1位；知识价值信用贷款每家企业贷款规模为187.38万元，排在全市第14位，与上年相比上升7位。存在不足的指标为，每名R&D人员研发仪器和设备支出为1.13万元，排在全市第30位，与上年相比上升1位。

九龙坡区科技创新投入指数为73.71%，排在全市第4位，与上年相比位次上升2位。其中，人力投入指数为74.87%，排在全市第9位，与上年相比位次上升3位；财力投入指数为73.10%，排在全市第3位，与上年相比位次保持不变。三级指标中，表现较为突出的指标为，地方财政科技支出占财政一般预算支出比重为4.01%，排在全市第1位，与上年相比上升1位。存在不足的指标为，企业技术获取和技术改造经费支出占主营业务收入比重为0.23%，排在全市第11位，与上年相比下降1位。

九龙坡区科技创新产出指数为75.98%，排在全市第5位，与上年相比位次上升2位。其中，知识产出指数为65.52%，排在全市第7位，与上年相比位次上升1位；效益产出指数为85.38%，排在全市第2位，与上年相比位次上升5位。三级指标中，表现较为突出的指标为，技术合同成交额占GDP比重为2.08%，排在全市第1位，与上年相比上升6位。存在不足的指标为，万名R&D人员发表科技论文数为779.69篇，排在全市第16位，与上年相比下降2位。

九龙坡区高新技术产业化指数为76.19%，排在全市第10位，与上年相比位次上升1位。其中，产业化水平指数为77.75%，排在全市第12位，与上年相比位次下降1位；产业化效益指数为73.58%，排在全市第9位，与上年相比位次上升3位。三级指标中，表现较为突出的指标为，高新技术企业劳动生产率为121.97万元/人，排在全市第1位，与上年相比上升13位；万人高新技术企业从业人员数为528.35万人，排在全市第1位，与上年持平。存在不足的指标为，高新技术产品销售收入占主营业务收入比重为52.83%，排在全市第35位，与上年相比下降3位。

九龙坡区科技促进经济发展指数为88.59%，排在全市第1位，与上年相比位次上升4位。其中，发展方式转变指数为80.46%，排在全市第2位，与上年相比位次上升6位；环境改善指数为95.89%，排在全市第10位，与上年相比位次保持不变。三级指标中，表现较为突出的指标为，工业企业全员劳动生产率为636 949.16万元/人年，排在全市第7位，与上年相比上升9位；万元主营业务收入能耗和万元地区生产总值用水量均排在全市第1位。存在不足的指标为，环境空气质量指数为53.71%，排在全市第33位。

具体情况如表3-7、图3-19至图3-21所示。

表 3-7　九龙坡区各级指标监测值、指数值和位次与上年比较

序号	指标名称	单位	监测值		指数值/%		位次	
			2021	2020	2021	2020	2021	2020
	科技创新环境				74.78	74.01	1	2
	基础条件				81.11	81.72	4	3
1	万人 R&D 人员数	人年/万人	63.00	53.48	100.00	100.00	1	1
2	科学研究和技术服务业法人单位数	家	3 142	2 573	100.00	100.00	1	1
3	研发平台数	家	226	227	100.00	100.00	1	1
4	每名 R&D 人员研发仪器和设备支出	万元/人	1.13	1.63	18.83	27.15	30	31
5	知识价值信用贷款每家企业贷款规模	万元/家	187.38	155.85	37.48	31.17	14	21
6	万人累计孵化企业数	家/万人	4.06	4.39	100.00	100.00	1	1
	科技意识				60.53	56.65	1	2
7	开展创新活动的企业占比	%	51.14	48.83	51.14	48.83	5	7
8	有 R&D 活动的企业占比	%	69.90	64.45	69.90	64.45	1	2
	科技创新投入				73.71	62.16	4	6
	人力投入				74.87	42.41	9	12
9	万人硕士研究生及以上学历 R&D 人员数	人/万人	9.86	7.48	61.65	46.74	12	12
10	企业 R&D 研究人员占比	%	62.41	26.41	89.16	37.73	15	7
	财力投入				73.10	72.56	3	3
11	R&D 经费支出占 GDP 比重	%	2.36	2.44	90.79	93.67	11	11
12	地方财政科技支出占财政一般预算支出比重	%	4.01	3.46	80.16	69.12	1	2
13	规模以上工业企业创新费用支出占主营业务收入比重	%	2.16	2.16	72.05	71.97	10	10
14	规模以上工业企业 R&D 经费支出占主营业务收入比重	%	2.23	2.35	89.05	94.18	7	8
15	企业技术获取和技术改造经费支出占主营业务收入比重	%	0.23	0.18	9.03	7.10	11	10
	科技创新产出				75.98	67.42	5	7
	知识产出				65.52	67.06	7	8
16	万名 R&D 人员发表科技论文数	篇/万人	779.69	997.17	22.28	28.49	16	14
17	万人有效发明专利拥有量	件/万人	24.35	20.77	100.00	100.00	1	1
18	万人高价值发明专利拥有量	件/万人	7.78	—	64.83	—	7	—
	效益产出				85.38	67.74	2	7
19	规模以上工业企业新产品销售收入占主营业务收入比重	%	26.92	25.05	67.29	62.63	10	13
20	技术合同成交额占 GDP 比重	%	2.08	0.42	83.34	16.85	1	7
21	规模以上工业企业战略性新兴产业增加值占 GDP 比重	%	7.00	8.30	100.00	100.00	1	1
22	数字经济核心产业增加值占 GDP 比重	%	8.82	8.10	88.23	80.98	9	8
	高新技术产业化				76.19	73.36	10	11
	产业化水平				77.75	76.84	12	11
23	每万家企业法人中高新技术企业数	家/万家	92.86	93.40	66.33	66.71	11	11
24	万人高新技术企业从业人员数	人/万人	528.35	519.54	100.00	100.00	1	1
25	高新技术企业营业收入占工业主营业务收入比重	%	72.73	77.62	100.00	100.00	1	1
26	高新技术产品出口额占商品出口额比重	%	47.35	46.20	59.19	57.75	25	24
27	高新技术产品销售收入占主营业务收入比重	%	52.83	48.58	58.70	53.97	35	32
	产业化效益				73.58	67.53	9	12
28	高新技术企业劳动生产率	万元/人	121.97	114.38	100.00	95.32	1	14
29	高新技术企业利润率	%	6.44	5.30	42.96	35.33	19	18
	科技促进经济发展				88.59	79.68	1	5
	发展方式转变				80.46	61.99	2	8
30	人均 GDP	万元/人	11.37	10.02	94.77	83.51	6	6
31	工业企业全员劳动生产率	元/人年	636 949.16	367 962.00	63.69	36.80	7	16
	环境改善				95.89	95.57	10	10
32	万元主营业务收入能耗	吨标准煤/万元	0.07	0.07	100.00	100.00	1	1
33	万元地区生产总值用水量	立方米/万元	11.48	14.09	100.00	100.00	1	1
34	环境空气质量指数	%	53.71	53.22	89.52	88.70	33	37
	综合指数				77.14	70.80	2	4

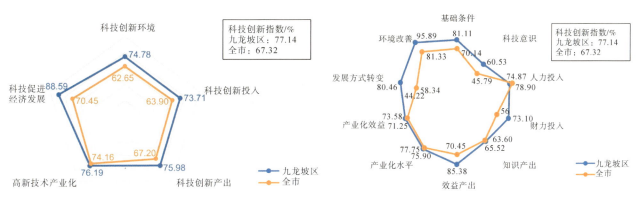

图 3-19　九龙坡区一级指标雷达图　　　　　　图 3-20　九龙坡区二级指标雷达图

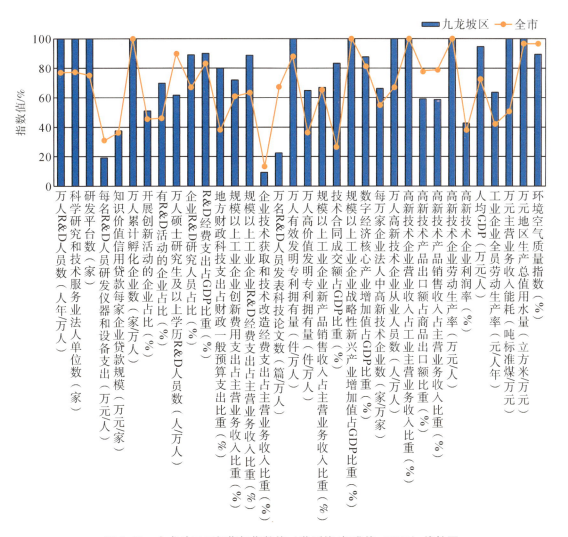

图 3-21　九龙坡区三级指标指数值（监测值/标准值×100%）线柱图

南岸区

南岸区科技创新指数为 73.29%，在全市排名第 5 位，与上年相比位次保持不变。

南岸区科技创新环境指数为 65.37%，排在全市第 6 位，与上年相比位次上升 4 位。其中，基础条件指数为 71.81%，排在全市第 9 位，与上年相比位次保持不变；科技意识指数为 50.85%，排在全市第 5 位，与上年相比位次上升 4 位。三级指标中，表现较为突出的指标为，每名 R&D 人员研发仪器和设备支出为 1.83 万元，排在全市第 17 位，与上年相比上升 9 位；万人 R&D 人员数、科学研究和技术服务业法人单位数、研发平台数均排在全市第 1 位。

南岸区科技创新投入指数为 60.19%，排在全市第 11 位，与上年相比位次不变。其中，人力投入指数为 69.93%，排在全市第 13 位，与上年相比位次下降 6 位；财力投入指数为 55.06%，排在全市第 9 位，与上年相比位次上升 3 位。三级指标中，表现较为突出的指标为，万人硕士研究生及以上学历 R&D 人员数、R&D 经费支出占 GDP 比重均排在全市第 1 位；企业技术获取和技术改造经费支出占主营业务收入比重为 0.28%，排在全市第 7 位，与上年相比上升 6 位。存在不足的指标为，企业 R&D 研究人员占比为 26.19%，排在全市第 32 位，与上年相比下降 4 位。

南岸区科技创新产出指数为 90.31%，排在全市第 3 位，与上年相比位次下降 2 位。其中，知识产出指数为 100%，排在全市第 1 位，与上年相比位次保持不变；效益产出指数为 81.58%，排在全市第 4 位，与上年相比位次下降 2 位。三级指标中，表现较为突出的指标为，万名 R&D 人员发表科技论文数和万人有效发明专利拥有量均排在全市第 1 位。存在不足的指标为，规模以上工业企业战略性新兴产业增加值占 GDP 比重为 5.45%，排在全市第 16 位，与上年相比下降 15 位。

南岸区高新技术产业化指数为 75.27%，排在全市第 11 位，与上年相比位次上升 4 位。其中，产业化水平指数为 78.89%，排在全市第 10 位，与上年相比位次上升 5 位；产业化效益指数为 69.22%，排在全市第 13 位，与上年相比位次上升 3 位。三级指标中，表现较为突出的指标为，高新技术企业营业收入占工业主营业务收入比重、高新技术企业劳动生产率均排在全市第 1 位，与上年持平。存在不足的指标为，高新技术产品销售收入占主营业务收入比重为 65.19%，排在全市第 27 位，与上年相比下降 4 位。

南岸区科技促进经济发展指数为 75.95%，排在全市第 16 位，与上年相比位次下降 5 位。其中，发展方式转变指数为 52.94%，排在全市第 26 位，与上年相比位次下降 6 位；环境改善指数为 96.63%，排在全市第 7 位，与上年相比位次下降 2 位。三级指标中，表现较为突出的指标为，万元主营业务收入能耗和万元地区生产总值用水量均排在全市第 1 名，与上一年保持持平。存在不足的指标为，工业企业全员劳动生产率为 431 467.22 元，排在全市第 21 位，与上年相比下降 9 位。

具体情况如表 3-8、图 3-22 至图 3-24 所示。

表 3-8　南岸区各级指标监测值、指数值和位次与上年比较

序号	指标名称	单位	监测值		指数值/%		位次	
			2021	2020	2021	2020	2021	2020
	科技创新环境				**65.37**	**60.90**	**6**	**10**
	基础条件				71.81	66.96	9	9
1	万人 R&D 人员数	人年/万人	56.92	50.90	100.00	100.00	1	1
2	科学研究和技术服务业法人单位数	家	1 609	1 489	100.00	100.00	1	1
3	研发平台数	家	271	273	100.00	100.00	1	1
4	每名 R&D 人员研发仪器和设备支出	万元/人	1.83	2.29	30.57	38.14	17	26
5	知识价值信用贷款每家企业贷款规模	万元/家	200.00	164.75	40.00	32.95	7	15
6	万人累计孵化企业数	家/万人	0.44	0.18	44.26	18.33	14	15
	科技意识				50.85	47.27	5	9
7	开展创新活动的企业占比	%	48.92	43.17	48.92	43.17	9	16
8	有 R&D 活动的企业占比	%	52.78	51.37	52.78	51.37	7	7
	科技创新投入				**60.19**	**56.02**	**11**	**11**
	人力投入				69.93	62.64	13	7
9	万人硕士研究生及以上学历 R&D 人员数	人/万人	52.87	46.39	100.00	100.00	1	1
10	企业 R&D 研究人员占比	%	26.19	15.57	37.41	22.24	32	28
	财力投入				55.06	52.54	9	12
11	R&D 经费支出占 GDP 比重	%	3.29	3.23	100.00	100.00	1	1
12	地方财政科技支出占财政一般预算支出比重	%	2.24	1.87	44.88	37.41	6	6
13	规模以上工业企业创新费用支出占主营业务收入比重	%	1.21	1.24	40.48	41.25	26	25
14	规模以上工业企业 R&D 经费支出占主营业务收入比重	%	1.13	1.08	45.28	43.31	22	25
15	企业技术获取和技术改造经费支出占主营业务收入比重	%	0.28	0.17	11.30	6.82	7	13
	科技创新产出				**90.31**	**91.81**	**3**	**1**
	知识产出				100.00	100.00	1	1
16	万名 R&D 人员发表科技论文数	篇/万人	4 185.52	4 160.75	100.00	100.00	1	1
17	万人有效发明专利拥有量	件/万人	44.23	35.58	100.00	100.00	1	1
18	万人高价值发明专利拥有量	件/万人	21.96	—	100.00	—	1	—
	效益产出				81.58	84.45	4	2
19	规模以上工业企业新产品销售收入占主营业务收入比重	%	20.54	20.18	51.36	50.45	15	18
20	技术合同成交额占 GDP 比重	%	2.05	2.01	81.95	80.35	2	2
21	规模以上工业企业战略性新兴产业增加值占 GDP 比重	%	5.45	6.35	86.56	100.00	16	1
22	数字经济核心产业增加值占 GDP 比重	%	20.37	18.52	100.00	100.00	1	1
	高新技术产业化				**75.27**	**69.24**	**11**	**15**
	产业化水平				78.89	71.56	10	15
23	每万家企业法人中高新技术企业数	家/万家	106.39	95.95	75.99	68.53	9	9
24	万人高新技术企业从业人员数	人/万人	360.32	328.33	90.08	82.08	8	11
25	高新技术企业营业收入占工业主营业务收入比重	%	59.38	60.04	100.00	100.00	1	1
26	高新技术产品出口额占商品出口额比重	%	42.40	28.68	53.00	35.85	26	27
27	高新技术产品销售收入占主营业务收入比重	%	65.19	61.52	72.43	68.35	27	23
	产业化效益				69.22	65.35	13	16
28	高新技术企业劳动生产率	万元/人	142.35	137.25	100.00	100.00	1	1
29	高新技术企业利润率	%	5.03	3.78	33.54	25.19	25	28
	科技促进经济发展				**75.95**	**74.81**	**16**	**11**
	发展方式转变				52.94	49.12	26	20
30	人均 GDP	万元/人	7.36	6.78	61.30	56.47	21	21
31	工业企业全员劳动生产率	元/人年	431 467.22	405 104.00	43.15	40.51	21	12
	环境改善				96.63	97.89	7	5
32	万元主营业务收入能耗	吨标准煤/万元	0.02	0.02	100.00	100.00	1	1
33	万元地区生产总值用水量	立方米/万元	18.50	19.78	100.00	100.00	1	1
34	环境空气质量指数	%	54.84	56.77	91.40	94.62	29	30
	综合指数				**73.29**	**70.38**	**5**	**5**

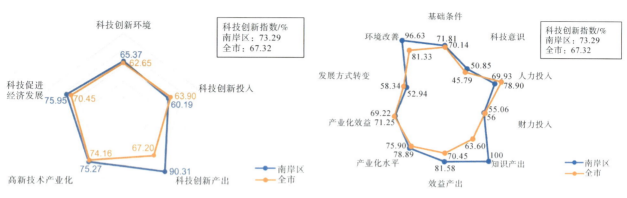

图 3-22　南岸区一级指标雷达图　　　　　　图 3-23　南岸区二级指标雷达图

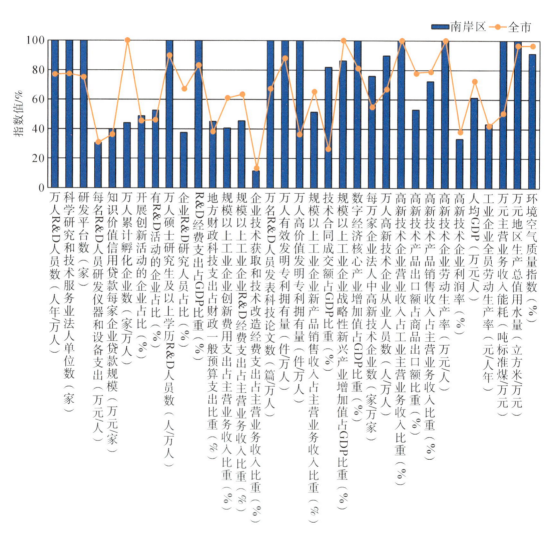

图 3-24　南岸区三级指标指数值（监测值/标准值×100%）线柱图

北碚区

北碚区科技创新指数为 80.45%，在全市排名第 1 位，与上年相比位次保持不变。

北碚区科技创新环境指数为 71.55%，排在全市第 3 位，与上年相比位次上升 1 位。其中，基础条件指数为 81.99%，排在全市第 3 位，与上年相比位次上升 1 位；科技意识指数为 48.03%，排在全市第 12 位，与上年相比位次下降 4 位。三级指标中，表现较为突出的指标为，万人 R&D 人员数、研发平台数均排在全市第 1 位，与上年持平；每名 R&D 人员研发仪器和设备支出为 1.96 万元，排在全市第 14 位，与上年相比上升 8 位。存在不足的指标为，有 R&D 活动的企业占比为 39.29%，排在全市第 25 位，与上年相比下降 11 位。

北碚区科技创新投入指数为 67.23%，排在全市第 7 位，与上年相比位次下降 3 位。其中，人力投入指数为 73.87%，排在全市第 10 位，与上年相比位次下降 4 位；财力投入指数为 63.74%，排在全市第 8 位，与上年相比位次下降 1 位。三级指标中，表现较为突出的指标为，万人硕士研究生及以上学历 R&D 人员数、R&D 经费支出占 GDP 比重均排在全市第 1 位，与上年持平。存在不足的指标为，企业 R&D 研究人员占比为 31.93%，排在全市第 29 位，与上年相比下降 4 位；企业技术获取和技术改造经费支出占主营业务收入比重为 0.09%，排在全市第 20 位，与上年相比下降 3 位。

北碚区科技创新产出指数为 90.52%，排在全市第 2 位，与上年相比位次保持不变。其中，知识产出指数为 100%，排在全市第 1 位，与上年相比位次保持不变；效益产出指数为 82.00%，排在全市第 3 位，与上年相比位次保持不变。三级指标中，表现较为突出的指标为，万名 R&D 人员发表科技论文数、万人有效发明专利拥有量、规模以上工业企业战略性新兴产业增加值占 GDP 比重、数字经济核心产业增加值占 GDP 比重均排在全市第 1 位，与上年持平。存在不足的指标为，技术合同成交额占 GDP 比重为 0.63%，排在全市第 9 位，与上年相比下降 5 位。

北碚区高新技术产业化指数为 95.20%，排在全市第 1 位，与上年相比位次保持不变。其中，产业化水平指数为 92.33%，排在全市第 2 位，与上年相比位次下降 1 位；产业化效益指数为 100%，排在全市第 1 位，与上年相比位次上升 3 位。三级指标中，表现较为突出的指标为，每万家企业法人中高新技术企业数、万人高新技术企业从业人员数、高新技术企业营业收入占工业主营业务收入比重、高新技术企业劳动生产率均排在全市第 1 位，与上年持平；高新技术企业利润率为 18.10%，排在全市第 1 位，与上年相比上升 6 位。存在不足的指标为，高新技术产品销售收入占主营业务收入比重为 66.96%，排在全市第 24 位，与上年相比下降 4 位。

北碚区科技促进经济发展指数为 78.27%，排在全市第 12 位，与上年相比位次上升 1 位。其中，发展方式转变指数为 55.74%，排在全市第 22 位，与上年相比位次保持不变；环境改善指数为 98.50%，排在全市第 2 位，与上年相比位次上升 11 位。三级指标中，表现较为突出的指标为，万元主营业务收入能耗为 0.08 吨标准煤，排在全市第 1 位，与上年相比上升 12 位；万元地区生产总值用水量为 23.10 立方米，排在全市第 1 位，与上年相比上升 14 位。存在不足的指标为，工业企业全员劳动生产率为 370 948.95 元/人年，排在全市第 29 位，与上年相比下降 3 位。

具体情况如表 3-9、图 3-25 至图 3-27 所示。

表 3-9　北碚区各级指标监测值、指数值和位次与上年比较

序号	指标名称	单位	监测值		指数值/%		位次	
			2021	2020	2021	2020	2021	2020
	科技创新环境				71.55	70.12	3	4
	基础条件				81.99	80.24	3	4
1	万人 R&D 人员数	人年/万人	101.70	87.59	100.00	100.00	1	1
2	科学研究和技术服务业法人单位数	家	934	750	93.40	75.00	8	8
3	研发平台数	家	173	173	100.00	100.00	1	1
4	每名 R&D 人员研发仪器和设备支出	万元/人	1.96	2.51	32.71	41.77	14	22
5	知识价值信用贷款每家企业贷款规模	万元/家	172.28	144.38	34.46	28.88	21	27
6	万人累计孵化企业数	家/万人	1.64	1.12	100.00	100.00	1	1
	科技意识				48.03	47.31	12	8
7	开展创新活动的企业占比	%	56.79	53.33	56.79	53.33	2	1
8	有 R&D 活动的企业占比	%	39.29	41.30	39.29	41.30	25	14
	科技创新投入				67.23	66.00	7	4
	人力投入				73.87	63.43	10	6
9	万人硕士研究生及以上学历 R&D 人员数	人/万人	59.85	56.01	100.00	100.00	1	1
10	企业 R&D 研究人员占比	%	31.93	16.72	45.61	23.89	29	25
	财力投入				63.74	67.36	8	7
11	R&D 经费支出占 GDP 比重	%	5.09	5.09	100.00	100.00	1	1
12	地方财政科技支出占财政一般预算支出比重	%	1.01	0.90	20.16	17.96	22	22
13	规模以上工业企业创新费用支出占主营业务收入比重	%	2.55	2.73	84.84	90.98	6	4
14	规模以上工业企业 R&D 经费支出占主营业务收入比重	%	2.12	2.45	84.87	97.97	8	7
15	企业技术获取和技术改造经费支出占主营业务收入比重	%	0.09	0.14	3.57	5.64	20	17
	科技创新产出				90.52	90.56	2	2
	知识产出				100.00	100.00	1	1
16	万名 R&D 人员发表科技论文数	篇/万人	3 855.16	3 858.44	100.00	100.00	1	1
17	万人有效发明专利拥有量	件/万人	34.65	30.08	100.00	100.00	1	1
18	万人高价值发明专利拥有量	件/万人	14.05	—	100.00	—	1	—
	效益产出				82.00	82.05	3	3
19	规模以上工业企业新产品销售收入占主营业务收入比重	%	36.82	34.70	92.05	86.76	3	4
20	技术合同成交额占 GDP 比重	%	0.63	0.78	25.23	31.07	9	4
21	规模以上工业企业战略性新兴产业增加值占 GDP 比重	%	27.11	26.10	100.00	100.00	1	1
22	数字经济核心产业增加值占 GDP 比重	%	28.04	24.57	100.00	100.00	1	1
	高新技术产业化				95.20	87.63	1	1
	产业化水平				92.33	93.28	2	1
23	每万家企业法人中高新技术企业数	家/万家	186.94	177.70	100.00	100.00	1	1
24	万人高新技术企业从业人员数	人/万人	578.57	546.43	100.00	100.00	1	1
25	高新技术企业营业收入占工业主营业务收入比重	%	76.56	75.23	100.00	100.00	1	1
26	高新技术产品出口额占商品出口额比重	%	64.83	69.02	81.04	86.27	18	19
27	高新技术产品销售收入占主营业务收入比重	%	66.96	66.14	74.40	73.49	24	20
	产业化效益				100.00	78.17	1	7
28	高新技术企业劳动生产率	万元/人	163.87	138.37	100.00	100.00	1	1
29	高新技术企业利润率	%	18.10	7.93	100.00	52.87	1	7
	科技促进经济发展				78.27	71.88	12	13
	发展方式转变				55.74	48.67	22	22
30	人均 GDP	万元/人	8.60	7.61	71.65	63.42	14	15
31	工业企业全员劳动生产率	元/人年	370 948.95	314 117.00	37.09	31.41	29	26
	环境改善				98.50	92.73	2	13
32	万元主营业务收入能耗	吨标准煤/万元	0.08	0.10	100.00	87.24	1	13
33	万元地区生产总值用水量	立方米/万元	23.10	27.85	100.00	89.76	1	15
34	环境空气质量指数	%	57.71	59.68	96.19	99.46	23	25
	综合指数				80.45	77.45	1	1

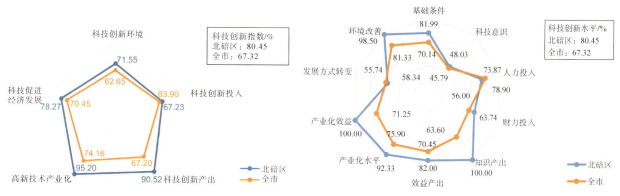

图 3-25　北碚区一级指标雷达图　　　　　　图 3-26　北碚区二级指标雷达图

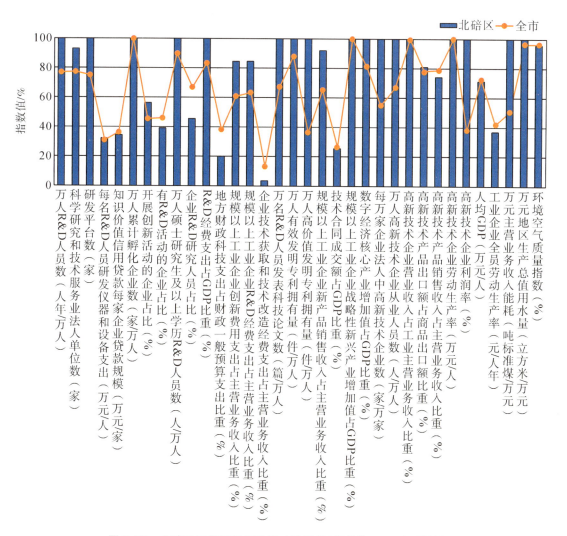

图 3-27　北碚区三级指标指数值（监测值/标准值×100%）线柱图

綦江区

綦江区科技创新指数为 54.97%，在全市排名第 17 位，与上年相比位次上升 1 位。

綦江区科技创新环境指数为 58.64%，排在全市第 12 位，与上年相比位次下降 3 位。其中，基础条件指数为 61.37%，排在全市第 12 位，与上年相比位次下降 2 位；科技意识指数为 52.50%，排在全市第 2 位，与上年相比位次上升 1 位。三级指标中，表现较为突出的指标为，有 R&D 活动的企业占比为 60.22%，排在全市第 2 位，与上年相比上升 2 位。存在不足的指标为，每名 R&D 人员研发仪器和设备支出为 1.15 万元，排在全市第 28 位，与上年相比下降 15 位。

綦江区科技创新投入指数为 59.25%，排在全市第 12 位，与上年相比位次不变。其中，人力投入指数为 72.74%，排在全市第 11 位，与上年相比位次上升 4 位；财力投入指数为 52.15%，排在全市第 12 位，与上年相比位次下降 2 位。三级指标中，表现较为突出的指标为，企业技术获取和技术改造经费支出占主营业务收入比重为 0.28%，排在全市第 8 位，与上年相比上升 13 位。存在不足的指标为，企业 R&D 研究人员占比为 58.46%，排在全市第 18 位，与上年相比下降 16 位。

綦江区科技创新产出指数为 34.93%，排在全市第 16 位，与上年相比位次上升 5 位。其中，知识产出指数为 12.29%，排在全市第 26 位，与上年相比位次上升 3 位；效益产出指数为 55.30%，排在全市第 13 位，与上年相比位次上升 4 位。三级指标中，表现较为突出的指标为，规模以上工业企业战略性新兴产业增加值占 GDP 比重为 6.85%，排在全市第 1 位，与上年相比上升 16 位。存在不足的指标为，万名 R&D 人员发表科技论文数为 123.43 篇，排在全市第 26 位。

綦江区高新技术产业化指数为 63.07%，排在全市第 19 位，与上年相比位次上升 3 位。其中，产业化水平指数为 72.69%，排在全市第 15 位，与上年相比位次下降 1 位；产业化效益指数为 46.98%，排在全市第 31 位，与上年相比位次上升 5 位。三级指标中，表现较为突出的指标为，高新技术企业劳动生产率为 105.01 万元/人，排在全市第 15 位，与上年相比上升 14 位。存在不足的指标为，万人高新技术企业从业人员数为 245.43 人，排在全市第 16 位，与上年相比下降 7 位。

綦江区科技促进经济发展指数为 62.45%，排在全市第 26 位，与上年相比位次上升 3 位。其中，发展方式转变指数为 64.03%，排在全市第 12 位，与上年相比位次上升 11 位；环境改善指数为 61.03%，排在全市第 34 位，与上年相比位次下降 2 位。三级指标中，表现较为突出的指标为，人均 GDP 为 9.57 万元，排在全市第 11 位，比上年相比上升 6 位。存在不足的指标为，环境空气质量指数为 56.84%，排在全市第 26 位，与上年相比下降 25 位；万元主营业务收入能耗为 1 吨标准煤，排在全市第 37 位。

具体情况如表 3-10、图 3-28 至图 3-30 所示。

表 3-10　綦江区各级指标监测值、指数值和位次与上年比较

序号	指标名称	单位	监测值 2021	监测值 2020	指数值/% 2021	指数值/% 2020	位次 2021	位次 2020
	科技创新环境				58.64	61.26	12	9
	基础条件				61.37	65.55	12	10
1	万人 R&D 人员数	人年/万人	39.72	36.79	79.43	73.57	16	15
2	科学研究和技术服务业法人单位数	家	684	541	68.40	54.10	12	14
3	研发平台数	家	71	105	71.00	100.00	13	1
4	每名 R&D 人员研发仪器和设备支出	万元/人	1.15	3.08	19.24	51.41	28	13
5	知识价值信用贷款每家企业贷款规模	万元/家	193.28	323.75	38.66	64.75	11	1
6	万人累计孵化企业数	家/万人	0.72	0.43	72.21	43.49	11	13
	科技意识				52.50	51.60	2	3
7	开展创新活动的企业占比	%	44.77	48.02	44.77	48.02	18	8
8	有 R&D 活动的企业占比	%	60.22	55.17	60.22	55.17	2	4
	科技创新投入				59.25	50.45	12	12
	人力投入				72.74	39.05	11	15
9	万人硕士研究生及以上学历 R&D 人员数	人/万人	10.05	5.20	62.78	32.49	11	18
10	企业 R&D 研究人员占比	%	58.46	32.29	83.51	46.13	18	2
	财力投入				52.15	56.45	12	10
11	R&D 经费支出占 GDP 比重	%	1.96	2.15	75.32	82.63	15	13
12	地方财政科技支出占财政一般预算支出比重	%	1.12	0.87	22.43	17.34	19	24
13	规模以上工业企业创新费用支出占主营业务收入比重	%	1.72	1.85	57.22	61.71	16	12
14	规模以上工业企业 R&D 经费支出占主营业务收入比重	%	1.86	2.26	74.25	90.54	9	9
15	企业技术获取和技术改造经费支出占主营业务收入比重	%	0.28	0.11	11.16	4.58	8	21
	科技创新产出				34.93	24.19	16	21
	知识产出				12.29	9.02	26	29
16	万名 R&D 人员发表科技论文数	篇/万人	123.43	142.94	3.53	4.08	26	31
17	万人有效发明专利拥有量	件/万人	2.95	1.99	19.69	13.24	24	28
18	万人高价值发明专利拥有量	件/万人	1.41	—	11.75	—	17	—
	效益产出				55.30	37.85	13	17
19	规模以上工业企业新产品销售收入占主营业务收入比重	%	31.17	24.54	77.92	61.34	6	14
20	技术合同成交额占 GDP 比重	%	0.79	0.21	31.56	8.47	8	11
21	规模以上工业企业战略性新兴产业增加值占 GDP 比重	%	6.85	4.38	100.00	69.51	1	17
22	数字经济核心产业增加值占 GDP 比重	%	1.75	1.45	17.54	14.48	24	27
	高新技术产业化				63.07	57.20	19	22
	产业化水平				72.69	74.03	15	14
23	每万家企业法人中高新技术企业数	家/万家	53.42	47.05	38.16	33.61	18	20
24	万人高新技术企业从业人员数	人/万人	245.43	339.65	61.36	84.91	16	9
25	高新技术企业营业收入占工业主营业务收入比重	%	23.79	23.08	79.29	76.92	18	19
26	高新技术产品出口额占商品出口额比重	%	80.79	83.38	100.00	100.00	1	1
27	高新技术产品销售收入占主营业务收入比重	%	82.96	74.55	92.17	82.83	10	14
	产业化效益				46.98	29.04	31	36
28	高新技术企业劳动生产率	万元/人	105.01	63.97	87.51	53.31	15	29
29	高新技术企业利润率	%	0	0.14	0	0.90	37	35
	科技促进经济发展				62.45	53.67	26	29
	发展方式转变				64.03	47.25	12	23
30	人均 GDP	万元/人	9.57	7.06	79.77	58.83	11	17
31	工业企业全员劳动生产率	元/人年	455 872.26	336 917.00	45.59	33.69	16	21
	环境改善				61.03	59.44	34	32
32	万元主营业务收入能耗	吨标准煤/万元	1.00	1.26	8.53	6.77	37	37
33	万元地区生产总值用水量	立方米/万元	32.63	38.20	76.63	65.45	26	27
34	环境空气质量指数	%	56.84	60.24	94.73	100.00	26	1
	综合指数				54.97	48.93	17	18

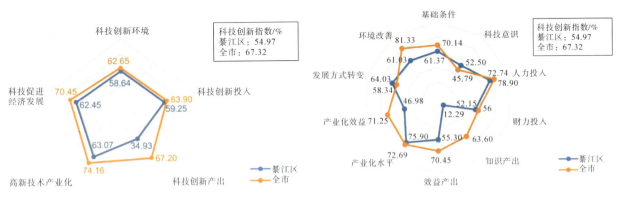

图 3-28　綦江区一级指标雷达图　　　　　图 3-29　綦江区二级指标雷达图

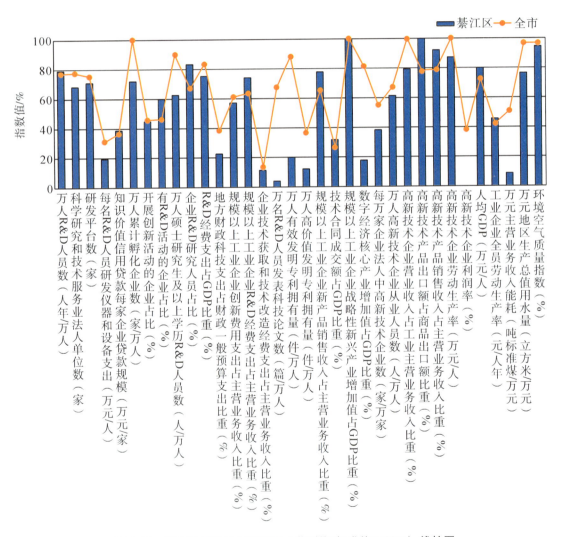

图 3-30　綦江区三级指标指数值（监测值/标准值×100%）线柱图

大足区

大足区科技创新指数为 49.90%，在全市排名第 18 位，与上年相比位次上升 3 位。

大足区科技创新环境指数为 41.99%，排在全市第 20 位，与上年相比位次上升 6 位。其中，基础条件指数为 39.28%，排在全市第 20 位，与上年相比位次上升 5 位；科技意识指数为 48.09%，排在全市第 11 位，与上年相比位次上升 10 位。三级指标中，表现较为突出的指标为，有 R&D 活动的企业占比为 48.66%，排在全市第 13 位，与上年相比上升 9 位。存在不足的指标为，万人累计孵化企业数为 0 家，排在全市第 24 位，与上年相比下降 4 位。

大足区科技创新投入指数为 48.91%，排在全市第 18 位，与上年相比位次上升 2 位。其中，人力投入指数为 51.82%，排在全市第 20 位，与上年相比位次保持不变；财力投入指数为 47.39%，排在全市第 15 位，与上年相比位次上升 3 位。三级指标中，表现较为突出的指标为，企业 R&D 研究人员占比为 61.89%，排在全市第 16 位，与上年相比上升 11 位。存在不足的指标为，万人硕士研究生及以上学历 R&D 人员数为 2.88 人，排在全市第 24 位，与上年相比下降 5 位；R&D 经费支出占 GDP 比重为 1.83%，排在全市第 17 位，与上年持平。

大足区科技创新产出指数为 24.72%，排在全市第 21 位，与上年相比位次上升 3 位。其中，知识产出指数为 12.56%，排在全市第 25 位，与上年相比位次保持不变；效益产出指数为 35.65%，排在全市第 18 位，与上年相比位次上升 3 位。三级指标中，表现较为突出的指标为，规模以上工业企业新产品销售收入占主营业务收入比重为 19.71%，排在全市第 17 位，与上年相比上升 6 位。存在不足的指标为，万名 R&D 人员发表科技论文数为 196.92 篇，排在全市第 24 位，与上年持平；万人有效发明专利拥有量 3.64 件，排在全市第 20 位，与上年持平。

大足区高新技术产业化指数为 65.48%，排在全市第 18 位，与上年相比位次下降 1 位。其中，产业化水平指数为 66.47%，排在全市第 18 位，与上年相比位次上升 1 位；产业化效益指数为 63.83%，排在全市第 20 位，与上年相比位次下降 12 位。三级指标中，表现较为突出的指标为，高新技术产品销售收入占主营业务收入比重为 70%，排在全市第 21 位，与上年相比上升 8 位；高新技术产品出口额占商品出口额比重为 76.05%，排在全市第 13 位，与上年相比上升 5 位。存在不足的指标为，高新技术企业利润率为 6.80%，排在全市第 16 位，与上年相比下降 8 位。

大足区科技促进经济发展指数为 80.32%，排在全市第 10 位，与上年相比位次下降 1 位。其中，发展方式转变指数为 58.41%，排在全市第 20 位，与上年相比位次下降 2 位；环境改善指数为 100.00%，排在全市第 1 位，与上年相比位次保持不变。三级指标中，表现较为突出的指标为，万元主营业务收入能耗、万元地区生产总值用水量、环境空气质量指数均排在全市第 1 位，与上年持平。存在不足的指标为，工业企业全员劳动生产率为 332 327.92 元/人年，排在全市第 31 位。

具体情况如表 3-11、图 3-31 至图 3-33 所示。

表 3-11　大足区各级指标监测值、指数值和位次与上年比较

序号	指标名称	单位	监测值		指数值/%		位次	
			2021	2020	2021	2020	2021	2020
	科技创新环境				41.99	32.19	20	26
	基础条件				39.28	29.12	20	25
1	万人 R&D 人员数	人年/万人	34.35	23.05	68.70	46.09	18	18
2	科学研究和技术服务业法人单位数	家	330	217	33.00	21.70	27	30
3	研发平台数	家	62	37	62.00	37.00	17	23
4	每名 R&D 人员研发仪器和设备支出	万元/人	1.82	2.38	30.34	39.71	18	25
5	知识价值信用贷款每家企业贷款规模	万元/家	184.27	160.00	36.85	32.00	16	18
6	万人累计孵化企业数	家/万人	0	0	0	0	24	20
	科技意识				48.09	39.11	11	21
7	开展创新活动的企业占比	%	47.52	43.92	47.52	43.92	11	15
8	有 R&D 活动的企业占比	%	48.66	34.30	48.66	34.30	13	22
	科技创新投入				48.91	37.37	18	20
	人力投入				51.82	25.97	20	20
9	万人硕士研究生及以上学历 R&D 人员数	人/万人	2.88	4.53	17.97	28.33	24	19
10	企业 R&D 研究人员占比	%	61.89	16.40	88.41	23.43	16	27
	财力投入				47.39	43.37	15	18
11	R&D 经费支出占 GDP 比重	%	1.83	1.63	70.32	62.57	17	17
12	地方财政科技支出占财政一般预算支出比重	%	1.23	1.22	24.57	24.48	17	16
13	规模以上工业企业创新费用支出占主营业务收入比重	%	1.81	1.75	60.45	58.32	13	14
14	规模以上工业企业 R&D 经费支出占主营业务收入比重	%	1.54	1.41	61.60	56.25	13	21
15	企业技术获取和技术改造经费支出占主营业务收入比重	%	0.06	0.01	2.24	0.34	23	32
	科技创新产出				24.72	22.79	21	24
	知识产出				12.56	16.29	25	25
16	万名 R&D 人员发表科技论文数	篇/万人	196.92	371.82	5.63	10.62	24	24
17	万人有效发明专利拥有量	件/万人	3.64	3.17	24.28	21.13	20	20
18	万人高价值发明专利拥有量	件/万人	0.75	—	6.25	—	22	—
	效益产出				35.65	28.64	18	21
19	规模以上工业企业新产品销售收入占主营业务收入比重	%	19.71	15.37	49.27	38.41	17	23
20	技术合同成交额占 GDP 比重	%	0	0	0.16	0	26	27
21	规模以上工业企业战略性新兴产业增加值占 GDP 比重	%	3.18	2.46	50.54	39.02	20	20
22	数字经济核心产业增加值占 GDP 比重	%	3.83	3.31	38.30	33.08	15	15
	高新技术产业化				65.48	66.09	18	17
	产业化水平				66.47	63.17	18	19
23	每万家企业法人中高新技术企业数	家/万家	87.17	81.08	62.27	57.92	13	14
24	万人高新技术企业从业人员数	人/万人	174.61	145.65	43.65	36.41	17	19
25	高新技术企业营业收入占工业主营业务收入比重	%	16.82	19.53	56.07	65.11	23	20
26	高新技术产品出口额占商品出口额比重	%	76.05	72.65	95.06	90.81	13	18
27	高新技术产品销售收入占主营业务收入比重	%	70.00	56.56	77.78	62.85	21	29
	产业化效益				63.83	70.97	20	8
28	高新技术企业劳动生产率	万元/人	95.76	104.39	79.80	86.99	20	17
29	高新技术企业利润率	%	6.80	7.86	45.32	52.40	16	8
	科技促进经济发展				80.32	76.81	10	9
	发展方式转变				58.41	51.00	20	18
30	人均 GDP	万元/人	9.59	8.38	79.91	69.82	10	11
31	工业企业全员劳动生产率	元/人年	332 327.93	289 481.00	33.23	28.95	31	32
	环境改善				100.00	100.00	1	1
32	万元主营业务收入能耗	吨标准煤/万元	0.04	0.05	100.00	100.00	1	1
33	万元地区生产总值用水量	立方米/万元	18.39	20.68	100.00	100.00	1	1
34	环境空气质量指数	%	61.64	62.44	100.00	100.00	1	1
	综合指数				49.90	44.44	18	21

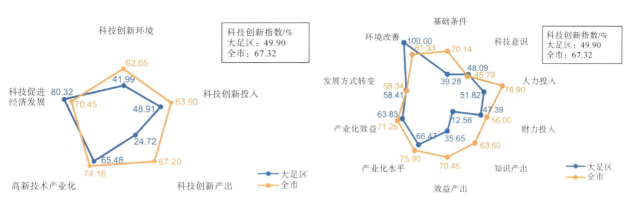

图 3-31　大足区一级指标雷达图　　　　　　图 3-32　大足区二级指标雷达图

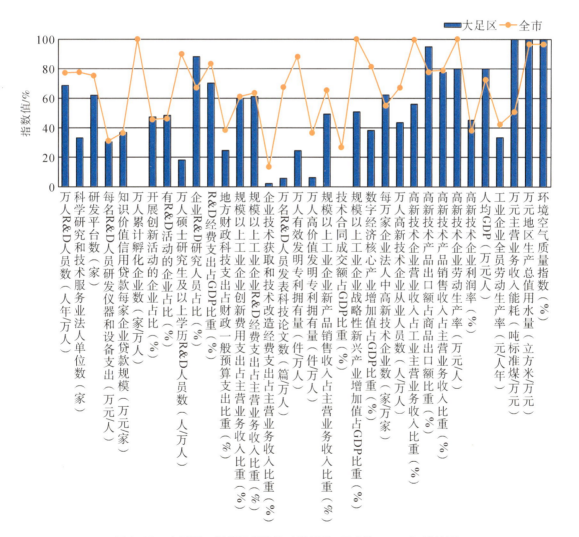

图 3-33　大足区三级指标指数值（监测值/标准值×100%）线柱图

渝北区

渝北区科技创新指数为 76.04%，在全市排名第 3 位，与上年相比位次下降 1 位。

渝北区科技创新环境指数为 73.96%，排在全市第 2 位，与上年相比位次下降 1 位。其中，基础条件指数为 85.05%，排在全市第 1 位，与上年相比位次保持不变；科技意识指数为 48.98%，排在全市第 10 位，与上年相比位次下降 5 位。三级指标中，表现较为突出的指标为，万人 R&D 人员数、科学研究和技术服务业法人单位数、研发平台数均排在全市第 1 位，与上年持平。存在不足的指标为，有 R&D 活动的企业占比为 48.20%，排在全市第 14 位，与上年相比下降 9 位。

渝北区科技创新投入指数为 69.45%，排在全市第 6 位，与上年相比下降 1 位。其中，人力投入指数为 78.99%，排在全市第 6 位，与上年相比位次下降 3 位；财力投入指数为 64.43%，排在全市第 7 位，与上年相比位次上升 1 位。三级指标中，表现较为突出的指标为，规模以上工业企业 R&D 经费支出占主营业务收入比重为 1.46%，排在全市第 14 位，与上年相比上升 6 位；万人硕士研究生及以上学历 R&D 人员数、R&D 经费支出占 GDP 比重均排在全市第 1 位，与上年持平。存在不足的指标为，企业 R&D 研究人员占比为 39.40%，排在全市第 26 位，与上年相比下降 10 位。

渝北区科技创新产出指数为 76.16%，排在全市第 4 位，与上年相比位次保持不变。其中，知识产出指数为 74.10%，排在全市第 5 位，与上年相比位次保持不变；效益产出指数为 78.02%，排在全市第 7 位，与上年相比位次下降 6 位。三级指标中，表现较为突出的指标为，万人有效发明专利拥有量、规模以上工业企业战略性新兴产业增加值占 GDP 比重、数字经济核心产业增加值占 GDP 比重均排在全市第 1 位，与上年持平。存在不足的指标为，技术合同成交额占 GDP 比重为 1.29%，排在全市第 6 位，与上年相比下降 5 位。

渝北区高新技术产业化指数为 82.38%，排在全市第 5 位，与上年相比位次保持不变。其中，产业化水平指数为 90.25%，排在全市第 3 位，与上年相比位次保持不变；产业化效益指数为 69.22%，排在全市第 12 位，与上年相比位次上升 3 位。三级指标中，表现较为突出的指标为，每万家企业法人中高新技术企业数、万人高新技术企业从业人员数、高新技术企业营业收入占工业主营业务收入比重、高新技术企业劳动生产率均排在全市第 1 位，与上年持平。存在不足的指标为，高新技术产品销售收入占主营业务收入比重为 61.57%，排在全市第 30 位，与上年相比下降 4 位。

渝北区科技促进经济发展指数为 79.96%，排在全市第 11 位，与上年相比位次下降 4 位。其中，发展方式转变指数为 60.18%，排在全市第 18 位，与上年相比位次下降 3 位；环境改善指数为 97.73%，排在全市第 3 位，与上年相比位次保持不变。三级指标中，表现较为突出的指标为，万元主营业务收入能耗、万元地区生产总值用水量均排在全市第 1 位，与上年持平。存在不足的指标为，工业企业全员劳动生产率为 310 949.08 元/人年，排在全市第 33 位，与上年持平。

具体情况如表 3-12、图 3-34 至图 3-36 所示。

表 3-12 渝北区各级指标监测值、指数值和位次与上年比较

序号	指标名称	单位	监测值		指数值/%		位次	
			2021	2020	2021	2020	2021	2020
	科技创新环境				73.96	76.70	2	1
	基础条件				85.05	88.51	1	1
1	万人 R&D 人员数	人年/万人	77.11	64.59	100.00	100.00	1	1
2	科学研究和技术服务业法人单位数	家	4 797	3 603	100.00	100.00	1	1
3	研发平台数	家	283	275	100.00	100.00	1	1
4	每名 R&D 人员研发仪器和设备支出	万元/人	2.50	4.14	41.69	69.03	8	10
5	知识价值信用贷款每家企业贷款规模	万元/家	209.00	174.78	41.80	34.96	6	10
6	万人累计孵化企业数	家/万人	2.64	1.72	100.00	100.00	1	1
	科技意识				48.98	50.09	10	5
7	开展创新活动的企业占比	%	49.76	47.69	49.76	47.69	7	10
8	有 R&D 活动的企业占比	%	48.20	52.48	48.20	52.48	14	5
	科技创新投入				69.45	64.37	6	5
	人力投入				78.99	66.48	6	3
9	万人硕士研究生及以上学历 R&D 人员数	人/万人	24.23	17.27	100.00	100.00	1	1
10	企业 R&D 研究人员占比	%	39.40	21.17	56.28	30.25	26	16
	财力投入				64.43	63.26	7	8
11	R&D 经费支出占 GDP 比重	%	4.25	3.92	100.00	100.00	1	1
12	地方财政科技支出占财政一般预算支出比重	%	2.48	2.46	49.58	49.24	5	3
13	规模以上工业企业创新费用支出占主营业务收入比重	%	1.80	1.64	59.84	54.72	14	18
14	规模以上工业企业 R&D 经费支出占主营业务收入比重	%	1.46	1.43	58.36	57.37	14	20
15	企业技术获取和技术改造经费支出占主营业务收入比重	%	0.75	0.72	30.07	28.83	3	2
	科技创新产出				76.16	81.59	4	4
	知识产出				74.10	74.46	5	5
16	万名 R&D 人员发表科技论文数	篇/万人	1 185.12	1 559.51	33.86	44.56	13	12
17	万人有效发明专利拥有量	件/万人	24.97	18.04	100.00	100.00	1	1
18	万人高价值发明专利拥有量	件/万人	9.56	—	79.67	—	5	—
	效益产出				78.02	88.00	7	1
19	规模以上工业企业新产品销售收入占主营业务收入比重	%	19.88	22.93	49.70	57.32	16	17
20	技术合同成交额占 GDP 比重	%	1.29	2.24	51.45	89.56	6	1
21	规模以上工业企业战略性新兴产业增加值占 GDP 比重	%	9.66	9.03	—	—	—	—
22	数字经济核心产业增加值占 GDP 比重	%	15.73	15.55	100.00	100.00	1	1
	高新技术产业化				82.38	79.52	5	5
	产业化水平				90.25	87.87	3	3
23	每万家企业法人中高新技术企业数	家/万家	144.17	153.69	100.00	100.00	1	1
24	万人高新技术企业从业人员数	人/万人	662.38	638.64	100.00	100.00	1	1
25	高新技术企业营业收入占工业主营业务收入比重	%	63.70	60.62	100.00	100.00	1	1
26	高新技术产品出口额占商品出口额比重	%	60.18	52.80	75.22	66.00	22	23
27	高新技术产品销售收入占主营业务收入比重	%	61.57	58.68	68.41	65.20	30	26
	产业化效益				69.22	65.55	12	15
28	高新技术企业劳动生产率	万元/人	177.60	157.80	100.00	100.00	1	1
29	高新技术企业利润率	%	5.03	3.84	33.55	25.63	24	27
	科技促进经济发展				79.96	77.67	11	7
	发展方式转变				60.18	53.81	18	15
30	人均 GDP	万元/人	10.20	9.14	85.01	76.16	8	9
31	工业企业全员劳动生产率	元/人年	310 949.08	276 379.00	31.09	27.64	33	33
	环境改善				97.73	99.10	3	3
32	万元主营业务收入能耗	吨标准煤/万元	0.01	0.01	100.00	100.00	1	1
33	万元地区生产总值用水量	立方米/万元	14.69	13.04	100.00	100.00	1	1
34	环境空气质量指数	%	56.54	58.62	94.23	97.70	27	28
	综合指数				76.04	75.90	3	2

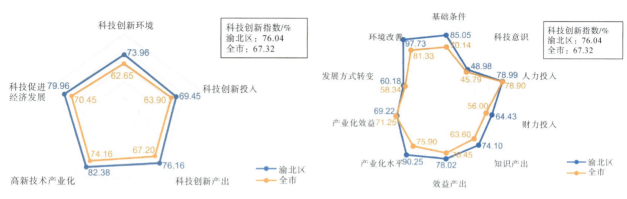

图 3-34　渝北区一级指标雷达图　　　　　　　图 3-35　渝北区二级指标雷达图

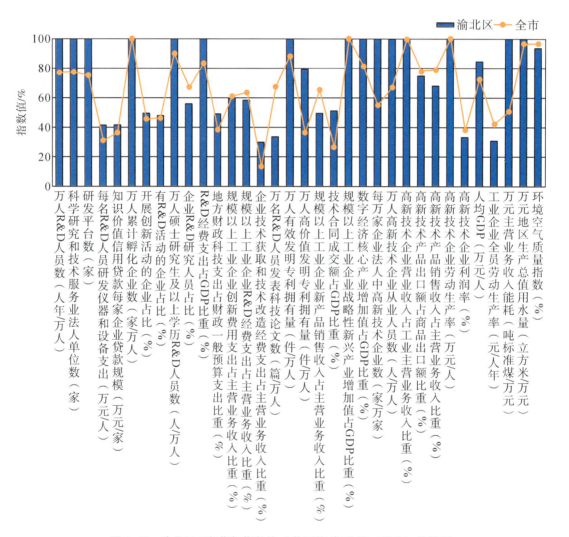

图 3-36　渝北区三级指标指数值（监测值/标准值×100%）线柱图

巴南区

巴南区科技创新指数为 72.56%，在全市排名第 6 位，与上年相比位次保持不变。

巴南区科技创新环境指数为 61.98%，排在全市第 10 位，与上年相比位次上升 2 位。其中，基础条件指数为 68.68%，排在全市第 10 位，与上年相比位次上升 1 位；科技意识指数为 46.89%，排在全市第 14 位，与上年相比位次上升 9 位。三级指标中，表现较为突出的指标为，开展创新活动的企业占比为 47.07%，排在全市第 12 位，与上年相比上升 9 位。存在不足的指标为，知识价值信用贷款每家企业贷款规模为 177.27 万元，排在全市第 18 位，与上年相比下降 5 位。

巴南区科技创新投入指数为 80.48%，排在全市第 2 位，与上年相比位次上升 1 位。其中，人力投入指数为 93.17%，排在全市第 2 位，与上年相比位次上升 6 位；财力投入指数为 73.81%，排在全市第 2 位，与上年相比位次上升 4 位。三级指标中，表现较为突出的指标为，企业技术获取和技术改造经费支出占主营业务收入比重为 0.44%，排在全市第 5 位，与上年相比位次上升 11 位；规模以上工业企业创新费用支出占主营业务收入比重为 3.38%，排在全市第 1 位，与上年相比位次上升 7 位。存在不足的指标为，企业 R&D 研究人员占比为 62.70%，排在全市第 13 位，与上年相比下降 10 位。

巴南区科技创新产出指数为 66.48%，排在全市第 7 位，与上年相比位次下降 1 位。其中，知识产出指数为 50.86%，排在全市第 10 位，与上年相比位次下降 1 位；效益产出指数为 80.54%，排在全市第 6 位，与上年相比位次下降 2 位。三级指标中，表现较为突出的指标为，万人有效发明专利拥有量为 10.77 件，排在全市第 12 位，与上年相比位次上升 2 位。存在不足的指标为，万名 R&D 人员发表科技论文数为 2 027.57 篇，排在全市第 10 位，与上年相比下降 3 位；技术合同成交额占 GDP 比重为 0.25%，排在全市第 13 位，与上年相比下降 3 位。

巴南区高新技术产业化指数为 79.87%，排在全市第 8 位，与上年相比位次上升 2 位。其中，产业化水平指数为 80.49%，排在全市第 8 位，与上年相比位次上升 1 位；产业化效益指数为 78.84%，排在全市第 7 位，与上年相比位次保持不变。三级指标中，表现较为突出的指标为，高新技术企业利润率为 8.15%，排在全市第 10 位，与上年相比位次上升 3 位；万人高新技术企业从业人员数 281.58 人，排在全市第 14 位，与上年相比位次上升 2 位。存在不足的指标为，高新技术产品销售收入占主营业务收入比重为 76.30%，排在全市第 16 位，与上年相比下降 8 位。

巴南区科技促进经济发展指数为 77.05%，排在全市第 13 位，与上年相比位次下降 3 位。其中，发展方式转变指数为 55.73%，排在全市第 23 位，与上年相比位次下降 2 位；环境改善指数为 96.21%，排在全市第 9 位，与上年相比位次下降 7 位。三级指标中，表现较为突出的指标为，万元主营业务收入能耗为 0.06 吨标准煤，万元地区生产总值用水量为 17.68 立方米，均排在全市第 1 位，与上年相比位次保持不变。存在不足的指标为，工业企业全员劳动生产率为 412 346.06 元，排在全市第 23 位，与上年相比下降 5 位；环境空气质量指数为 54.21%，排在全市第 32 位，与上年相比下降 5 位。

具体情况如表 3-13、图 3-37 至图 3-39 所示。

表 3-13　巴南区各级指标监测值、指数值和位次与上年比较

序号	指标名称	单位	监测值		指数值/%		位次	
			2021	2020	2021	2020	2021	2020
	科技创新环境				61.98	56.40	10	12
	基础条件				68.68	64.66	10	11
1	万人 R&D 人员数	人年/万人	48.86	38.11	97.72	76.22	11	14
2	科学研究和技术服务业法人单位数	家	1 085	970	100.00	97.00	1	7
3	研发平台数	家	145	130	100.00	100.00	1	1
4	每名 R&D 人员研发仪器和设备支出	万元/人	2.28	4.94	37.97	82.34	10	9
5	知识价值信用贷款每家企业贷款规模	万元/家	177.27	166.22	35.45	33.24	18	13
6	万人累计孵化企业数	家/万人	0.28	0	27.99	0	17	20
	科技意识				46.89	37.81	14	23
7	开展创新活动的企业占比	%	47.07	38.59	47.07	38.59	12	21
8	有 R&D 活动的企业占比	%	46.71	37.02	46.71	37.02	17	21
	科技创新投入				80.48	66.01	2	3
	人力投入				93.17	60.48	2	8
9	万人硕士研究生及以上学历 R&D 人员数	人/万人	15.44	12.22	96.49	76.38	9	10
10	企业 R&D 研究人员占比	%	62.70	30.31	89.58	43.30	13	3
	财力投入				73.81	68.92	2	6
11	R&D 经费支出占 GDP 比重	%	3.42	2.96	100.00	100.00	1	1
12	地方财政科技支出占财政一般预算支出比重	%	1.64	1.63	32.71	32.65	9	9
13	规模以上工业企业创新费用支出占主营业务收入比重	%	3.38	2.32	100.00	77.34	1	8
14	规模以上工业企业 R&D 经费支出占主营业务收入比重	%	3.22	2.77	100.00	100.00	1	1
15	企业技术获取和技术改造经费支出占主营业务收入比重	%	0.44	0.15	17.48	5.81	5	16
	科技创新产出				66.48	72.98	7	6
	知识产出				50.86	64.66	10	9
16	万名 R&D 人员发表科技论文数	篇/万人	2 027.57	2 497.46	57.93	71.36	10	7
17	万人有效发明专利拥有量	件/万人	10.77	8.84	71.82	58.94	12	14
18	万人高价值发明专利拥有量	件/万人	2.92	—	24.33	—	10	—
	效益产出				80.54	80.46	6	4
19	规模以上工业企业新产品销售收入占主营业务收入比重	%	41.28	41.40	100.00	100.00	1	1
20	技术合同成交额占 GDP 比重	%	0.25	0.24	10.13	9.78	13	10
21	规模以上工业企业战略性新兴产业增加值占 GDP 比重	%	8.15	6.49	100.00	100.00	1	1
22	数字经济核心产业增加值占 GDP 比重	%	20.38	17.35	100.00	100.00	1	1
	高新技术产业化				79.87	76.22	8	10
	产业化水平				80.49	77.56	8	9
23	每万家企业法人中高新技术企业数	家/万家	68.04	58.59	48.60	41.85	16	17
24	万人高新技术企业从业人员数	人/万人	281.58	243.06	70.39	60.77	14	16
25	高新技术企业营业收入占工业主营业务收入比重	%	61.52	58.61	100.00	100.00	1	1
26	高新技术产品出口额占商品出口额比重	%	90.14	91.55	100.00	100.00	1	1
27	高新技术产品销售收入占主营业务收入比重	%	76.30	78.68	84.78	87.43	16	8
	产业化效益				78.84	74.00	7	7
28	高新技术企业劳动生产率	万元/人	155.90	153.91	100.00	100.00	1	1
29	高新技术企业利润率	%	8.15	6.58	54.31	43.86	10	13
	科技促进经济发展				77.05	75.48	13	10
	发展方式转变				55.73	49.00	23	21
30	人均 GDP	万元/人	8.17	7.33	68.10	61.08	16	16
31	工业企业全员劳动生产率	元/人年	412 346.06	348 581.00	41.23	34.86	23	18
	环境改善				96.21	99.27	9	2
32	万元主营业务收入能耗	吨标准煤/万元	0.06	0.07	100.00	100.00	1	1
33	万元地区生产总值用水量	立方米/万元	17.68	18.93	100.00	100.00	1	1
34	环境空气质量指数	%	54.21	58.89	90.35	98.15	32	27
	综合指数				72.56	68.76	6	6

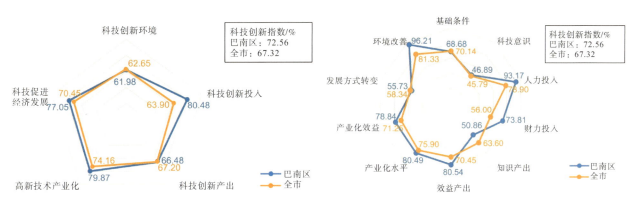

图 3-37　巴南区一级指标雷达图　　　　　　　图 3-38　巴南区二级指标雷达图

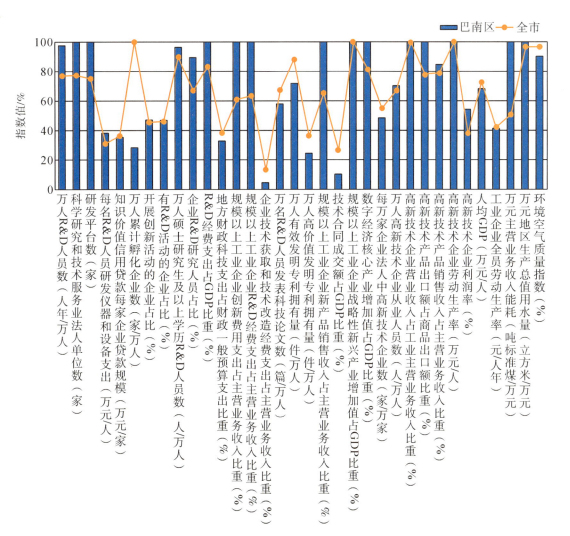

图 3-39　巴南区三级指标指数值（监测值/标准值×100%）线柱图

黔江区

黔江区科技创新指数为 38.92%，在全市排名第 26 位，与上年相比位次上升 1 位。

黔江区科技创新环境指数为 38.55%，排在全市第 22 位，与上年相比位次下降 1 位。其中，基础条件指数为 37.27%，排在全市第 22 位，与上年相比位次下降 1 位；科技意识指数为 41.43%，排在全市第 24 位，与上年相比位次上升 1 位。三级指标中，表现较为突出的指标为，开展创新活动的企业占比为 42.05%，排在全市第 21 位，与上年相比上升 13 位；万人累计孵化企业数为 4.21 家，排在全市第 1 位，与上年相比位次保持不变。存在不足的指标为，科学研究和技术服务业法人单位数为 368 家，排在全市第 24 位，与上年相比下降 9 位。

黔江区科技创新投入指数为 22.71%，排在全市第 34 位，与上年相比位次下降 5 位。其中，人力投入指数为 37.04%，排在全市第 32 位，与上年相比位次下降 7 位；财力投入指数为 15.16%，排在全市第 35 位，与上年相比位次下降 3 位。三级指标中，表现较为突出的指标为，企业技术获取和技术改造经费支出占主营业务收入比重为 0.09%，排在全市第 18 位，与上年相比上升 6 位。存在不足的指标为，企业 R&D 研究人员占比为 32.03%，排在全市 28 位，与上年相比下降 4 位。

黔江区科技创新产出指数为 17.68%，排在全市第 27 位，与上年相比位次下降 2 位。其中，知识产出指数为 27.16%，排在全市第 18 位，与上年相比位次保持不变；效益产出指数为 9.16%，排在全市第 32 位，与上年相比位次上升 1 位。三级指标中，表现较为突出的指标为，万名 R&D 人员发表科技论文数为 2 371.79 篇，排在全市第 7 位，与上年相比上升 3 位。存在不足的指标为，技术合同成交额占 GDP 比重为 0，排在全市 31 位，与上年相比下降 15 位。

黔江区高新技术产业化指数为 56.49%，排在全市第 24 位，与上年相比位次上升 4 位。其中，产业化水平指数为 56.91%，排在全市第 23 位，与上年相比位次上升 6 位；产业化效益指数为 55.80%，排在全市第 24 位，与上年相比位次上升 8 位。三级指标中，表现较为突出的指标为，高新技术产品出口额占商品出口额比重为 81.14%，排在全市第 1 位，与上年相比上升 27 位；高新技术企业利润率为 7.79%，排在全市第 12 位，与上年相比上升 22 位。存在不足的指标为，高新技术企业劳动生产率为 70.95 万元/人，排在全市第 29 位，与上年相比下降 5 位。

黔江区科技促进经济发展指数为 70.70%，排在全市第 19 位，与上年相比位次下降 3 位。其中，发展方式转变指数为 71.06%，排在全市第 9 位，与上年相比位次下降 4 位；环境改善指数为 70.37%，排在全市第 26 位，与上年相比位次下降 2 位。三级指标中，表现较为突出的指标为，工业企业全员劳动生产率为 1 343 786.30 元/人年，环境空气质量指数为 67.44%，均排在全市第 1 位，与上年持平。存在不足的指标为，万元地区生产总值用水量为 34.37 立方米，排在全市 29 位，与上年相比下降 4 位。

具体情况如表 3-14、图 3-40 至图 3-42 所示。

表 3-14　黔江区各级指标监测值、指数值和位次与上年比较

序号	指标名称	单位	监测值 2021	监测值 2020	指数值/% 2021	指数值/% 2020	位次 2021	位次 2020
	科技创新环境				38.55	38.81	22	21
	基础条件				37.27	40.10	22	21
1	万人 R&D 人员数	人年/万人	7.67	8.23	15.35	16.45	26	25
2	科学研究和技术服务业法人单位数	家	368	511	36.80	51.10	24	15
3	研发平台数	家	8	12	8.00	12.00	31	30
4	每名 R&D 人员研发仪器和设备支出	万元/人	1.57	1.47	26.20	24.44	22	33
5	知识价值信用贷款每家企业贷款规模	万元/家	146.97	152.17	29.39	30.43	25	23
6	万人累计孵化企业数	家/万人	4.21	3.55	100.00	100.00	1	1
	科技意识				41.43	35.93	24	25
7	开展创新活动的企业占比	%	42.05	30.82	42.05	30.82	21	34
8	有 R&D 活动的企业占比	%	40.82	41.03	40.82	41.03	23	15
	科技创新投入				22.71	17.71	34	29
	人力投入				37.04	20.17	32	25
9	万人硕士研究生及以上学历 R&D 人员数	人/万人	4.64	2.52	28.99	15.77	20	22
10	企业 R&D 研究人员占比	%	32.03	17.46	45.75	24.94	28	24
	财力投入				15.16	16.41	35	32
11	R&D 经费支出占 GDP 比重	%	0.39	0.42	14.92	16.33	30	30
12	地方财政科技支出占财政一般预算支出比重	%	1.10	0.89	22.03	17.83	20	23
13	规模以上工业企业创新费用支出占主营业务收入比重	%	0.53	0.56	17.77	18.82	36	35
14	规模以上工业企业 R&D 经费支出占主营业务收入比重	%	0.39	0.59	15.62	23.49	37	35
15	企业技术获取和技术改造经费支出占主营业务收入比重	%	0.09	0.06	3.78	2.40	18	24
	科技创新产出				17.68	22.56	27	25
	知识产出				27.16	35.27	18	18
16	万名 R&D 人员发表科技论文数	篇/万人	2 371.79	2 102.47	67.77	60.07	7	10
17	万人有效发明专利拥有量	件/万人	2.48	2.11	16.55	14.09	28	26
18	万人高价值发明专利拥有量	件/万人	0.72	—	6.00	—	24	—
	效益产出				9.16	11.12	32	33
19	规模以上工业企业新产品销售收入占主营业务收入比重	%	6.42	8.54	16.04	21.35	28	28
20	技术合同成交额占 GDP 比重	%	0	0.05	0	2.12	31	16
21	规模以上工业企业战略性新兴产业增加值占 GDP 比重	%	0.66	0.63	10.50	9.96	31	31
22	数字经济核心产业增加值占 GDP 比重	%	0.94	1.08	9.39	10.83	36	34
	高新技术产业化				56.49	37.17	24	28
	产业化水平				56.91	36.95	23	29
23	每万家企业法人中高新技术企业数	家/万家	50.03	44.24	35.74	31.60	21	22
24	万人高新技术企业从业人员数	人/万人	56.64	58.26	14.16	14.56	25	25
25	高新技术企业营业收入占工业主营业务收入比重	%	14.18	16.73	47.26	55.77	27	25
26	高新技术产品出口额占商品出口额比重	%	81.14	10.64	100.00	13.30	1	28
27	高新技术产品销售收入占主营业务收入比重	%	88.39	69.13	98.21	76.81	6	16
	产业化效益				55.80	37.54	24	32
28	高新技术企业劳动生产率	万元/人	70.95	70.59	59.13	58.83	29	24
29	高新技术企业利润率	%	7.79	1.93	51.94	12.87	12	34
	科技促进经济发展				70.70	68.91	19	16
	发展方式转变				71.06	68.66	9	5
30	人均 GDP	万元/人	5.56	5.03	46.34	41.91	30	29
31	工业企业全员劳动生产率	元/人年	1 343 786.30	182 361.00	100.00	100.00	1	1
	环境改善				70.37	69.14	26	24
32	万元主营业务收入能耗	吨标准煤/万元	0.25	0.25	33.55	34.28	25	23
33	万元地区生产总值用水量	立方米/万元	34.37	37.12	72.74	67.34	29	25
34	环境空气质量指数	%	67.44	67.51	100.00	100.00	1	1
	综合指数				38.92	34.97	26	27

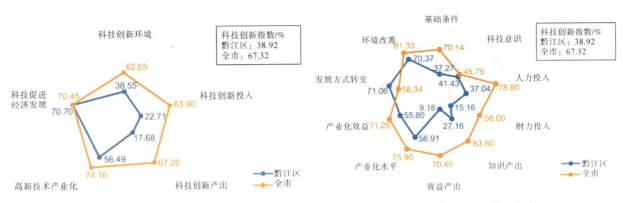

图 3-40　黔江区一级指标雷达图　　　　图 3-41　黔江区二级指标雷达图

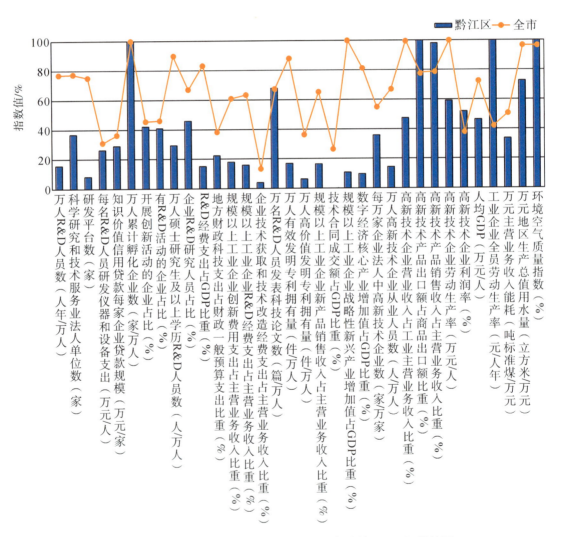

图 3-42　黔江区三级指标指数值（监测值/标准值×100%）线柱图

长寿区

长寿区科技创新指数为 65.89%，在全市排名第 10 位，与上年相比位次下降 1 位。

长寿区科技创新环境指数为 49.98%，排在全市第 16 位，与上年相比位次下降 3 位。其中，基础条件指数为 51.63%，排在全市第 17 位，与上年相比位次下降 4 位；科技意识指数为 46.25%，排在全市第 16 位，与上年相比位次下降 4 位。三级指标中，表现较为突出的指标为，科学研究和技术服务业法人单位数为 465 家，排在全市第 18 位，与上年相比上升 6 位；万人 R&D 人员数为 52.25 人年，排在全市第 1 位，与上年相比位次保持不变。存在不足的指标为，开展创新活动的企业占比为 46.07%，排在全市 16 位，与上年相比下降 12 位。

长寿区科技创新投入指数为 77.23%，排在全市第 3 位，与上年相比位次下降 2 位。其中，人力投入指数为 94.83%，排在全市第 1 位，与上年相比位次保持不变；财力投入指数为 67.97%，排在全市第 6 位，与上年相比位次下降 4 位。三级指标中，表现较为突出的指标为，万人硕士研究生及以上学历 R&D 人员数为 38.30 人，排在全市第 1 位，与上年相比上升 5 位；R&D 经费支出占 GDP 比重为 2.88%，企业技术获取和技术改造经费支出占主营业务收入比重为 1.93%，均排在全市第 1 位，与上年相比位次保持不变。存在不足的指标为，企业 R&D 研究人员占比为 62.47%，排在全市第 14 位，与上年相比下降 9 位。

长寿区科技创新产出指数为 56.22%，排在全市第 10 位，与上年相比位次保持不变。其中，知识产出指数为 50.65%，排在全市第 11 位，与上年相比位次保持不变；效益产出指数为 61.24%，排在全市第 12 位，与上年相比位次上升 1 位。三级指标中，表现较为突出的指标为，数字经济核心产业增加值占 GDP 比重为 4.94%，排在全市第 12 位，与上年相比上升 6 位；规模以上工业企业战略性新兴产业增加值占 GDP 比重为 10.94%，排在全市第 1 位，与上年相比位次保持不变。存在不足的指标为，万人有效发明专利拥有量为 14.37 件，排在全市第 9 位，与上年相比下降 8 位。

长寿区高新技术产业化指数为 80.43%，排在全市第 7 位，与上年相比位次保持不变。其中，产业化水平指数为 81.53%，排在全市第 7 位，与上年相比位次下降 3 位；产业化效益指数为 78.60%，排在全市第 8 位，与上年相比位次上升 9 位。三级指标中，表现较为突出的指标为，高新技术企业利润率为 8.07%，排在全市第 11 位，与上年相比上升 19 位；高新技术企业劳动生产率为 124.53 万元/人，排在全市第 1 位，与上年持平。存在不足的指标为，万人高新技术企业从业人员数为 275.58 人，排在全市第 15 位，与上年相比下降 5 位。

长寿区科技促进经济发展指数为 69.57%，排在全市第 21 位，与上年相比位次下降 4 位。其中，发展方式转变指数为 76.18%，排在全市第 4 位，与上年相比位次下降 1 位；环境改善指数为 63.64%，排在全市第 31 位，与上年相比位次保持不变。三级指标中，表现较为突出的指标为，万元主营业务收入能耗为 0.78 吨标准煤，排在全市第 33 位，与上年相比上升 2 位；环境空气质量指数为 57.63%，排在全市第 24 位，与上年相比上升 2 位。存在不足的指标为，人均 GDP 为 9.33 万元，排在全市第 12 位，与上年相比下降 7 位。

具体情况如表 3-15、图 3-43 至图 3-45 所示。

表 3-15　长寿区各级指标监测值、指数值和位次与上年比较

序号	指标名称	单位	监测值		指数值/%		位次	
			2021	2020	2021	2020	2021	2020
	科技创新环境				**49.98**	**54.37**	**16**	**13**
	基础条件				51.63	58.06	17	13
1	万人 R&D 人员数	人年/万人	52.25	53.11	100.00	100.00	1	1
2	科学研究和技术服务业法人单位数	家	465	312	46.50	31.20	18	24
3	研发平台数	家	69	80	69.00	80.00	14	14
4	每名 R&D 人员研发仪器和设备支出	万元/人	2.56	5.24	42.61	87.41	7	8
5	知识价值信用贷款每家企业贷款规模	万元/家	220.69	200.68	44.14	40.14	3	2
6	万人累计孵化企业数	家/万人	0	0	0	0	24	20
	科技意识				46.25	46.05	16	12
7	开展创新活动的企业占比	%	46.07	51.96	46.07	51.96	16	4
8	有 R&D 活动的企业占比	%	46.43	40.15	46.43	40.15	18	16
	科技创新投入				**77.23**	**77.01**	**3**	**1**
	人力投入				94.83	71.49	1	1
9	万人硕士研究生及以上学历 R&D 人员数	人/万人	38.30	15.98	100.00	99.88	1	6
10	企业 R&D 研究人员占比	%	62.47	28.56	89.25	40.81	14	5
	财力投入				67.97	79.91	6	2
11	R&D 经费支出占 GDP 比重	%	2.88	3.40	100.00	100.00	1	1
12	地方财政科技支出占财政一般预算支出比重	%	1.41	1.70	28.13	34.09	13	7
13	规模以上工业企业创新费用支出占主营业务收入比重	%	2.13	2.33	70.89	77.80	11	6
14	规模以上工业企业 R&D 经费支出占主营业务收入比重	%	1.35	2.06	54.06	82.38	17	10
15	企业技术获取和技术改造经费支出占主营业务收入比重	%	1.93	4.10	77.18	100.00	1	1
	科技创新产出				**56.22**	**56.75**	**10**	**10**
	知识产出				50.65	60.89	11	11
16	万名 R&D 人员发表科技论文数	篇/万人	475.61	528.69	13.59	15.11	20	20
17	万人有效发明专利拥有量	件/万人	14.37	16.76	95.82	100.00	9	1
18	万人高价值发明专利拥有量	件/万人	4.13	—	34.42	—	9	—
	效益产出				61.24	53.02	12	13
19	规模以上工业企业新产品销售收入占主营业务收入比重	%	28.15	25.47	70.37	63.68	8	12
20	技术合同成交额占 GDP 比重	%	0.56	0.47	22.56	18.89	10	6
21	规模以上工业企业战略性新兴产业增加值占 GDP 比重	%	10.94	9.06	100.00	100.00	1	1
22	数字经济核心产业增加值占 GDP 比重	%	4.94	2.99	49.43	29.88	12	18
	高新技术产业化				**80.43**	**78.42**	**7**	**7**
	产业化水平				81.53	87.28	7	4
23	每万家企业法人中高新技术企业数	家/万家	108.79	102.18	77.71	72.99	7	7
24	万人高新技术企业从业人员数	人/万人	275.58	338.52	68.90	84.63	15	10
25	高新技术企业营业收入占工业主营业务收入比重	%	22.79	28.41	75.97	94.71	20	16
26	高新技术产品出口额占商品出口额比重	%	92.00	88.18	100.00	100.00	1	1
27	高新技术产品销售收入占主营业务收入比重	%	77.54	75.01	86.16	83.35	15	12
	产业化效益				78.60	63.60	8	17
28	高新技术企业劳动生产率	万元/人	124.53	125.63	100.00	100.00	1	1
29	高新技术企业利润率	%	8.07	3.21	53.79	21.41	11	30
	科技促进经济发展				**69.57**	**67.50**	**21**	**17**
	发展方式转变				76.18	74.61	4	3
30	人均 GDP	万元/人	9.33	10.58	77.72	88.21	12	5
31	工业企业全员劳动生产率	元/人年	743 653.77	586 967.00	74.37	58.70	6	5
	环境改善				63.64	61.11	31	31
32	万元主营业务收入能耗	吨标准煤/万元	0.78	0.98	10.93	8.69	33	35
33	万元地区生产总值用水量	立方米/万元	30.74	35.58	81.33	70.27	25	24
34	环境空气质量指数	%	57.63	59.54	96.06	99.23	24	26
	综合指数				**65.89**	**66.26**	**10**	**9**

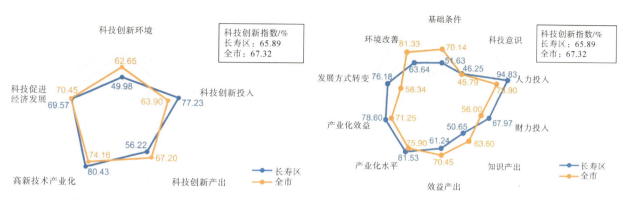

图 3-43　长寿区一级指标雷达图　　　　　图 3-44　长寿区二级指标雷达图

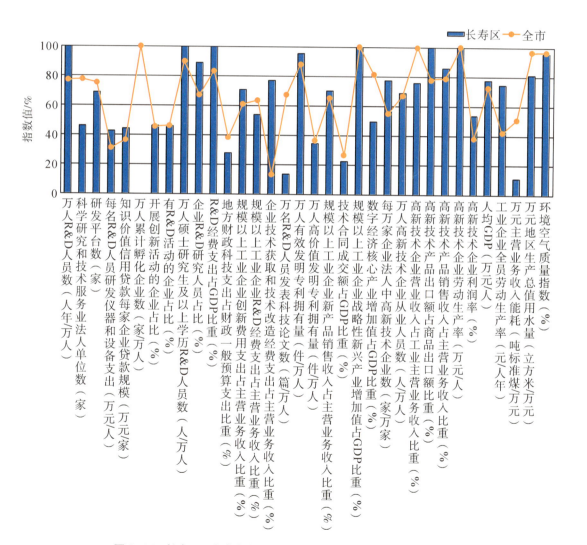

图 3-45　长寿区三级指标指数值（监测值/标准值×100%）线柱图

江津区

江津区科技创新指数为 60.06%，在全市排名第 15 位，与上年相比位次保持不变。

江津区科技创新环境指数为 56.22%，排在全市第 13 位，与上年相比位次上升 1 位。其中，基础条件指数为 61.28%，排在全市第 13 位，与上年相比位次上升 2 位；科技意识指数为 44.80%，排在全市第 19 位，与上年相比位次上下降 1 位。三级指标中，表现较为突出的指标为，研发平台数为 134 家，排在全市第 1 位，与上年相比位次保持不变。存在不足的指标为，万人累计孵化企业数为 0.22 家，排在全市第 20 位，与上年相比下降 4 位；开展创新活动的企业占比 49.30%，排在全市第 8 位，与上年相比下降 2 位。

江津区科技创新投入指数为 57.89%，排在全市第 13 位，与上年相比位次上升 2 位。其中，人力投入指数为 75.11%，排在全市第 8 位，与上年相比位次上升 5 位；财力投入指数为 48.83%，排在全市第 14 位，与上年相比位次下降 1 位。三级指标中，表现较为突出的指标为，企业 R&D 研究人员占比为 73.89%，排在全市第 1 位，与上年相比上升 5 位。存在不足的指标为，规模以上工业企业创新费用支出占主营业务收入比重为 1.70%，排在全市第 17 位，与上年相比位次保持不变。

江津区科技创新产出指数为 50.30%，排在全市第 13 位，与上年相比位次上升 3 位。其中，知识产出指数为 53.71%，排在全市第 9 位，与上年相比位次上升 5 位；效益产出指数为 47.23%，排在全市第 15 位，与上年相比位次保持不变。三级指标中，表现较为突出的指标为，万名 R&D 人员发表科技论文数为 1 680.84 篇，排在全市第 12 位，与上年相比上升 5 位；技术合同成交额占 GDP 比重为 0.37%，排在全市第 12 位，与上年相比上升 5 位。存在不足的指标为，数字经济核心产业增加值占 GDP 比重为 2.51%，排在全市第 20 位，与上年相比下降 1 位。

江津区高新技术产业化指数为 78.75%，排在全市第 9 位，与上年相比位次保持不变。其中，产业化水平指数为 84.56%，排在全市第 6 位，与上年相比位次保持不变；产业化效益指数为 69.03%，排在全市第 14 位，与上年相比位次下降 4 位。三级指标中，表现较为突出的指标为，高新技术企业劳动生产率为 143.50 万元/人，排在全市第 1 位，与上年相比上升 12 位；高新技术企业营业收入占工业主营业务收入比重为 33.96%，排在全市第 1 位，与上年相比位次保持不变。存在不足的指标为，高新技术企业利润率为 4.97%，排在全市第 26 位，与上年相比下降 5 位。

江津区科技促进经济发展指数为 58.83%，排在全市第 29 位，与上年相比位次下降 4 位。其中，发展方式转变指数为 63.83%，排在全市第 14 位，与上年相比位次下降 3 位；环境改善指数为 54.35%，排在全市第 38 位，与上年相比位次下降 2 位。三级指标中，表现较为突出的指标为，万元主营业务收入能耗为 0.24 吨标准煤，排在全市第 23 位，与上年相比上升 1 位。存在不足的指标为，工业企业全员劳动生产率为 482 824.32 元/人年，排在全市第 15 位，与上年相比下降 6 位。

具体情况如表 3-16、图 3-46 至图 3-48 所示。

表 3-16 江津区各级指标监测值、指数值和位次与上年比较

序号	指标名称	单位	监测值 2021	监测值 2020	指数值/% 2021	指数值/% 2020	位次 2021	位次 2020
	科技创新环境				56.22	51.84	13	14
	基础条件				61.28	56.41	13	15
1	万人 R&D 人员数	人年/万人	36.93	32.96	73.86	65.93	17	17
2	科学研究和技术服务业法人单位数	家	895	636	89.50	63.60	9	10
3	研发平台数	家	134	134	100.00	100.00	1	1
4	每名 R&D 人员研发仪器和设备支出	万元/人	2.04	3.04	34.05	50.71	13	15
5	知识价值信用贷款每家企业贷款规模	万元/家	216.36	198.21	43.27	39.64	5	4
6	万人累计孵化企业数	家/万人	0.22	0.13	22.07	13.23	20	16
	科技意识				44.80	41.55	19	18
7	开展创新活动的企业占比	%	49.30	50.06	49.30	50.06	8	6
8	有 R&D 活动的企业占比	%	40.30	33.06	40.30	33.06	24	25
	科技创新投入				57.89	46.93	13	15
	人力投入				75.11	42.27	8	13
9	万人硕士研究生及以上学历 R&D 人员数	人/万人	8.33	7.17	52.08	44.82	15	16
10	企业 R&D 研究人员占比	%	73.89	27.66	100.00	39.52	1	6
	财力投入				48.83	49.39	14	13
11	R&D 经费支出占 GDP 比重	%	2.10	2.14	80.70	82.31	13	14
12	地方财政科技支出占财政一般预算支出比重	%	1.24	1.18	24.71	23.69	16	17
13	规模以上工业企业创新费用支出占主营业务收入比重	%	1.70	1.70	56.57	56.50	17	17
14	规模以上工业企业 R&D 经费支出占主营业务收入比重	%	1.41	1.45	56.44	58.15	16	19
15	企业技术获取和技术改造经费支出占主营业务收入比重	%	0.07	0.06	2.89	2.40	22	25
	科技创新产出				50.30	47.49	13	16
	知识产出				53.71	49.89	9	14
16	万名 R&D 人员发表科技论文数	篇/万人	1 680.84	795.20	48.02	22.72	12	17
17	万人有效发明专利拥有量	件/万人	14.18	10.96	94.54	73.09	10	11
18	万人高价值发明专利拥有量	件/万人	2.07	—	17.25	—	14	—
	效益产出				47.23	45.33	15	15
19	规模以上工业企业新产品销售收入占主营业务收入比重	%	19.30	19.57	48.25	48.93	18	19
20	技术合同成交额占 GDP 比重	%	0.37	0.05	14.99	1.85	12	17
21	规模以上工业企业战略性新兴产业增加值占 GDP 比重	%	8.32	8.39	100.00	100.00	1	1
22	数字经济核心产业增加值占 GDP 比重	%	2.51	2.78	25.14	27.76	20	19
	高新技术产业化				78.75	76.43	9	9
	产业化水平				84.56	80.60	6	6
23	每万家企业法人中高新技术企业数	家/万家	117.81	119.37	84.15	85.26	5	5
24	万人高新技术企业从业人员数	人/万人	303.13	279.61	75.78	69.90	11	13
25	高新技术企业营业收入占工业主营业务收入比重	%	33.96	31.41	100.00	100.00	1	1
26	高新技术产品出口额占商品出口额比重	%	64.74	56.05	80.92	70.06	19	22
27	高新技术产品销售收入占主营业务收入比重	%	69.14	63.62	76.82	70.69	23	22
	产业化效益				69.03	69.46	14	10
28	高新技术企业劳动生产率	万元/人	143.50	119.50	100.00	99.58	1	13
29	高新技术企业利润率	%	4.97	5.18	33.14	34.55	26	21
	科技促进经济发展				58.83	57.63	29	25
	发展方式转变				63.83	57.54	14	11
30	人均 GDP	万元/人	9.25	8.15	77.10	67.94	13	12
31	工业企业全员劳动生产率	元/人年	482 824.32	453 650.00	48.28	45.37	15	9
	环境改善				54.35	57.71	38	36
32	万元主营业务收入能耗	吨标准煤/万元	0.24	0.26	35.46	33.20	23	24
33	万元地区生产总值用水量	立方米/万元	76.98	61.33	32.47	40.77	38	37
34	环境空气质量指数	%	51.41	54.22	85.68	90.37	38	36
	综合指数				60.06	55.53	15	15

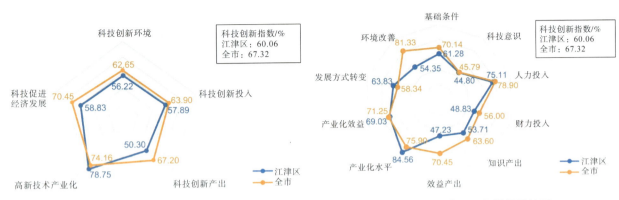

图 3-46 江津区一级指标雷达图   图 3-47 江津区二级指标雷达图

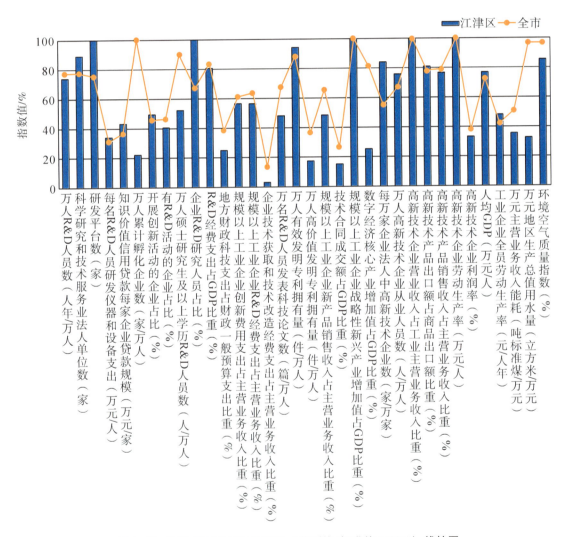

图 3-48 江津区三级指标指数值（监测值/标准值×100%）线柱图

合川区

合川区科技创新指数为 43.51%，在全市排名第 21 位，与上年相比位次下降 5 位。

合川区科技创新环境指数为 29.48%，排在全市第 26 位，与上年相比位次下降 4 位。其中，基础条件指数为 26.45%，排在全市第 25 位，与上年相比位次下降 2 位；科技意识指数为 36.28%，排在全市第 31 位，与上年相比位次下降 14 位。三级指标中，表现较为突出的指标为，知识价值信用贷款每家企业贷款规模为 186.17 万元，排在全市第 15 位，与上年相比上升 1 位。存在不足的指标为，每名 R&D 人员研发仪器和设备支出为 0.54 万元，排在全市第 35 位，与上年相比下降 17 位。

合川区科技创新投入指数为 37.42%，排在全市第 25 位，与上年相比位次下降 4 位。其中，人力投入指数为 51.85%，排在全市第 19 位，与上年相比位次下降 1 位；财力投入指数为 29.82%，排在全市第 25 位，与上年相比位次下降 2 位。三级指标中，表现较为突出的指标为，地方财政科技支出占财政一般预算支出比重为 0.62%，排在全市第 27 位，与上年相比上升 2 位。存在不足的指标为，规模以上工业企业 R&D 经费支出占主营业务收入比重为 1.13%，排在全市 21 位，与上年相比下降 7 位；R&D 经费支出占 GDP 比重为 0.58%，排在全市第 27 位，与上年相比下降 6 位。

合川区科技创新产出指数为 34.14%，排在全市第 17 位，与上年相比位次下降 5 位。其中，知识产出指数为 46.31%，排在全市第 12 位，与上年相比位次下降 6 位；效益产出指数为 23.19%，排在全市第 25 位，与上年相比位次下降 7 位。三级指标中，表现较为突出的指标为，规模以上工业企业新产品销售收入占主营业务收入比重为 19.15%，排在全市第 19 位，与上年相比上升 1 位；万名 R&D 人员发表科技论文数为 2 724.35 篇，排在全市第 6 位，与上年持平。存在不足的指标为，数字经济核心产业增加值占 GDP 比重为 1.30%，排在全市第 29 位，与上年相比下降 15 位。

合川区高新技术产业化指数为 66.88%，排在全市第 16 位，与上年相比位次下降 4 位。其中，产业化水平指数为 74.89%，排在全市第 14 位，与上年相比位次下降 6 位；产业化效益指数为 53.50%，排在全市第 26 位，与上年相比位次下降 8 位。三级指标中，表现较为突出的指标为，高新技术企业营业收入占工业主营业务收入比重为 49.25%，排在全市第 1 位，与上年相比位次保持不变。存在不足的指标为，高新技术企业利润率为 3.60%，排在全市第 31 位，与上年相比下降 21 位。

合川区科技促进经济发展指数为 56.75%，排在全市第 33 位，与上年相比位次下降 10 位。其中，发展方式转变指数为 48.50%，排在全市第 30 位，与上年相比位次下降 16 位；环境改善指数为 64.16%，排在全市第 30 位，与上年相比位次下降 2 位。三级指标中，表现较为突出的指标为，环境空气质量指数为 54.43%，排在全市第 31 位，与上年相比上升 4 位。存在不足的指标为，工业企业全员劳动生产率为 289 817.95 元/人年，排在全市第 34 位，与上年相比下降 24 位。

具体情况如表 3-17、图 3-49 至图 3-51 所示。

表3-17　合川区各级指标监测值、指数值和位次与上年比较

序号	指标名称	单位	监测值		指数值/%		位次	
			2021	2020	2021	2020	2021	2020
	科技创新环境				29.48	36.40	26	22
	基础条件				26.45	33.88	25	23
1	万人R&D人员数	人年/万人	15.63	15.85	31.25	31.70	23	21
2	科学研究和技术服务业法人单位数	家	434	357	43.40	35.70	21	18
3	研发平台数	家	45	61	45.00	61.00	20	18
4	每名R&D人员研发仪器和设备支出	万元/人	0.54	2.80	8.97	46.70	35	18
5	知识价值信用贷款每家企业贷款规模	万元/家	186.17	164.15	37.23	32.83	15	16
6	万人累计孵化企业数	家/万人	0	0	0	0	24	20
	科技意识				36.28	42.08	31	17
7	开展创新活动的企业占比	%	45.24	51.05	45.24	51.05	17	5
8	有R&D活动的企业占比	%	27.34	33.11	27.34	33.11	33	24
	科技创新投入				37.42	36.64	25	21
	人力投入				51.85	32.87	19	18
9	万人硕士研究生及以上学历R&D人员数	人/万人	5.24	5.94	32.72	37.15	18	17
10	企业R&D研究人员占比	%	50.78	19.77	72.54	28.24	21	17
	财力投入				29.82	38.63	25	23
11	R&D经费支出占GDP比重	%	0.58	0.96	22.33	36.79	27	21
12	地方财政科技支出占财政一般预算支出比重	%	0.62	0.52	12.38	10.38	27	29
13	规模以上工业企业创新费用支出占主营业务收入比重	%	2.20	2.33	73.20	77.61	9	7
14	规模以上工业企业R&D经费支出占主营业务收入比重	%	1.13	1.62	45.38	64.72	21	14
15	企业技术获取和技术改造经费支出占主营业务收入比重	%	0.15	0.17	5.89	6.85	13	12
	科技创新产出				34.14	52.99	17	12
	知识产出				46.31	71.89	12	6
16	万名R&D人员发表科技论文数	篇/万人	2 724.35	3 265.16	77.84	93.29	6	6
17	万人有效发明专利拥有量	件/万人	8.62	8.04	57.50	53.61	15	15
18	万人高价值发明专利拥有量	件/万人	1.25	—	10.42	—	18	—
	效益产出				23.19	35.98	25	18
19	规模以上工业企业新产品销售收入占主营业务收入比重	%	19.15	17.97	47.86	44.93	19	20
20	技术合同成交额占GDP比重	%	0.20	0.18	8.00	7.10	14	12
21	规模以上工业企业战略性新兴产业增加值占GDP比重	%	1.65	3.31	26.11	52.57	24	18
22	数字经济核心产业增加值占GDP比重	%	1.30	3.60	12.97	35.97	29	14
	高新技术产业化				66.88	72.43	16	12
	产业化水平				74.89	79.10	14	8
23	每万家企业法人中高新技术企业数	家/万家	91.63	96.38	65.45	68.84	12	8
24	万人高新技术企业从业人员数	人/万人	166.39	155.10	41.60	38.78	18	17
25	高新技术企业营业收入占工业主营业务收入比重	%	49.25	34.20	100.00	100.00	1	1
26	高新技术产品出口额占商品出口额比重	%	62.05	78.48	77.57	98.10	20	13
27	高新技术产品销售收入占主营业务收入比重	%	78.92	77.08	87.68	85.65	12	9
	产业化效益				53.50	61.28	26	18
28	高新技术企业劳动生产率	万元/人	94.75	88.22	78.96	73.52	21	21
29	高新技术企业利润率	%	3.60	7.07	23.98	47.11	31	10
	科技促进经济发展				56.75	60.02	33	23
	发展方式转变				48.50	55.20	30	14
30	人均GDP	万元/人	7.82	7.81	65.17	65.10	18	13
31	工业企业全员劳动生产率	元/人年	289 817.95	436 176.00	28.98	43.62	34	10
	环境改善				64.16	64.34	30	28
32	万元主营业务收入能耗	吨标准煤/万元	0.80	0.59	10.63	14.38	35	30
33	万元地区生产总值用水量	立方米/万元	27.41	29.05	91.21	86.07	18	16
34	环境空气质量指数	%	54.43	54.96	90.71	91.60	31	35
	综合指数				43.51	50.65	21	16

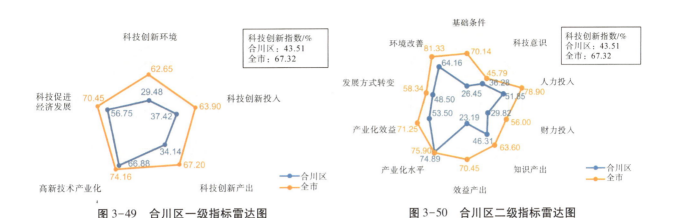

图 3-49　合川区一级指标雷达图　　　　　图 3-50　合川区二级指标雷达图

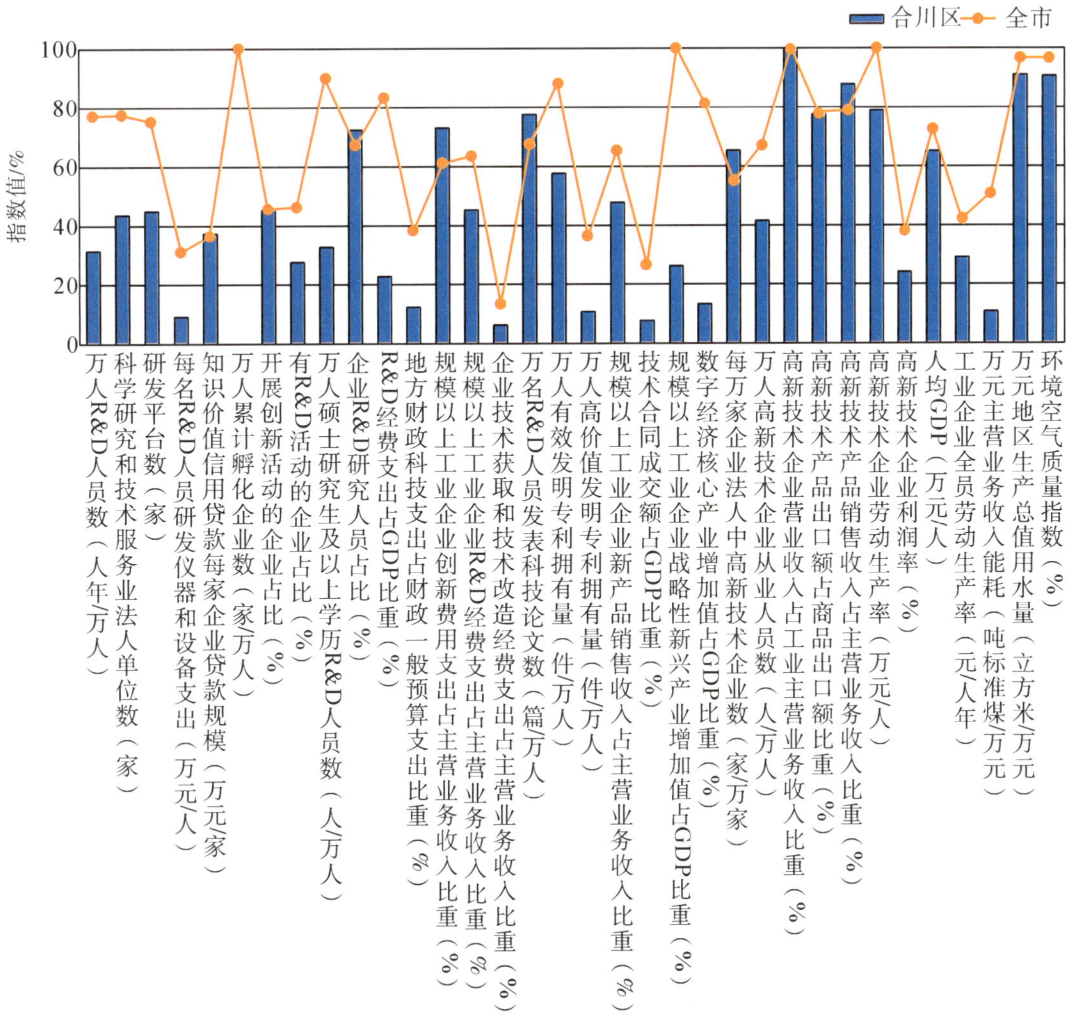

图 3-51　合川区三级指标指数值（监测值/标准值×100%）线柱图

永川区

永川区科技创新指数为 65.18%，在全市排名第 11 位，与上年相比位次上升 1 位。

永川区科技创新环境指数为 52.69%，排在全市第 15 位，与上年相比位次上升 2 位。其中，基础条件指数为 53.30%，排在全市第 15 位，与上年相比位次上升 2 位；科技意识指数为 51.31%，排在全市第 4 位，与上年相比位次上升 6 位。三级指标中，表现较为突出的指标为，每名 R&D 人员研发仪器和设备支出为 2.19 万元，排在全市第 11 位，与上年相比上升 21 位。存在不足的指标为，万人 R&D 人员数为 42.97 人年，排在全市第 14 位，与上年相比下降 5 位。

永川区科技创新投入指数为 64.29%，排在全市第 10 位，与上年相比位次下降 2 位。其中，人力投入指数为 84.48%，排在全市第 5 位，与上年相比位次保持不变；财力投入指数为 53.66%，排在全市第 11 位，与上年相比位次下降 2 位。三级指标中，表现较为突出的指标为，万人硕士研究生及以上学历 R&D 人员数为 18.37 人，排在全市第 1 位，与上年相比上升 6 位。存在不足的指标为，R&D 经费支出占 GDP 比重为 2.37%，排在全市第 10 位，与上年相比下降 9 位。

永川区科技创新产出指数为 54.15%，排在全市第 11 位，与上年相比位次下降 3 位。其中，知识产出指数为 45.51%，排在全市第 13 位，与上年相比位次下降 3 位；效益产出指数为 61.92%，排在全市第 11 位，与上年相比位次下降 3 位。三级指标中，表现较为突出的指标为，数字经济核心产业增加值占 GDP 比重为 10.95%，排在全市第 1 位，与上年相比上升 6 位；规模以上工业企业战略性新兴产业增加值占 GDP 比重为 8.90%，排在全市第 1 位，与上年持平。存在不足的指标为，技术合同成交额占 GDP 比重为 0，排在全市第 28 位，与上年相比下降 7 位。

永川区高新技术产业化指数为 80.92%，排在全市第 6 位，与上年相比位次上升 2 位。其中，产业化水平指数为 76.77%，排在全市第 13 位，与上年相比位次上升 3 位；产业化效益指数为 87.86%，排在全市第 3 位，与上年相比位次下降 1 位。三级指标中，表现较为突出的指标为，高新技术企业营业收入占工业主营业务收入比重为 37.52%，高新技术企业劳动生产率 143.30 万元/人，均排在全市第 1 位，与上年持平。存在不足的指标为，高新技术产品销售收入占主营业务收入比重为 61.00%，排在全市第 31 位，与上年相比下降 4 位。

永川区科技促进经济发展指数为 81.30%，排在全市第 7 位，与上年相比位次上升 5 位。其中，发展方式转变指数为 67.48%，排在全市第 10 位，与上年相比位次下降 1 位；环境改善指数为 93.72%，排在全市第 13 位，与上年相比位次上升 1 位。三级指标中，表现较为突出的指标为，环境空气质量指数为 58.29%，排在全市第 22 位，与上年相比上升 2 位。存在不足的指标为，万元地区生产总值用水量为 29.96 立方米，排在全市第 24 位，与上年相比下降 5 位；工业企业全员劳动生产率为 493 139.34 元/人年，排在全市第 13 位，与上年相比下降 2 位。

具体情况如表 3-18、图 3-52 至图 3-54 所示。

表 3-18　永川区各级指标监测值、指数值和位次与上年比较

序号	指标名称	单位	监测值 2021	监测值 2020	指数值/% 2021	指数值/% 2020	位次 2021	位次 2020
	科技创新环境				52.69	50.54	15	17
	基础条件				53.30	52.15	15	17
1	万人 R&D 人员数	人年/万人	42.97	49.72	85.94	99.43	14	9
2	科学研究和技术服务业法人单位数	家	539	506	53.90	50.60	15	16
3	研发平台数	家	64	73	64.00	73.00	16	16
4	每名 R&D 人员研发仪器和设备支出	万元/人	2.19	1.47	36.44	24.58	11	32
5	知识价值信用贷款每家企业贷款规模	万元/家	219.12	200.00	43.82	40.00	4	3
6	万人累计孵化企业数	家/万人	0.27	0.12	26.98	12.17	18	19
	科技意识				51.31	46.91	4	10
7	开展创新活动的企业占比	%	53.50	47.20	53.50	47.20	4	11
8	有 R&D 活动的企业占比	%	49.12	46.63	49.12	46.63	12	12
	科技创新投入				64.29	59.55	10	8
	人力投入				84.48	63.44	5	5
9	万人硕士研究生及以上学历 R&D 人员数	人/万人	18.37	15.83	100.00	98.92	1	7
10	企业 R&D 研究人员占比	%	47.39	17.56	67.70	25.09	23	23
	财力投入				53.66	57.51	11	9
11	R&D 经费支出占 GDP 比重	%	2.37	2.64	91.27	100.00	10	1
12	地方财政科技支出占财政一般预算支出比重	%	1.52	1.40	30.33	27.98	11	11
13	规模以上工业企业创新费用支出占主营业务收入比重	%	1.87	1.70	62.20	56.60	12	16
14	规模以上工业企业 R&D 经费支出占主营业务收入比重	%	1.43	1.72	57.15	68.89	15	11
15	企业技术获取和技术改造经费支出占主营业务收入比重	%	0.03	0.02	1.22	0.91	27	28
	科技创新产出				54.15	62.46	11	8
	知识产出				45.51	64.32	13	10
16	万名 R&D 人员发表科技论文数	篇/万人	2 080.87	2 377.75	59.45	67.94	8	8
17	万人有效发明专利拥有量	件/万人	9.95	9.18	66.32	61.22	14	13
18	万人高价值发明专利拥有量	件/万人	1.65	—	13.75	—	15	—
	效益产出				61.92	60.80	11	8
19	规模以上工业企业新产品销售收入占主营业务收入比重	%	11.17	12.59	27.91	31.47	25	24
20	技术合同成交额占 GDP 比重	%	0	0.01	0.08	0.24	28	21
21	规模以上工业企业战略性新兴产业增加值占 GDP 比重	%	8.90	9.85	100.00	100.00	1	1
22	数字经济核心产业增加值占 GDP 比重	%	10.95	9.35	100.00	93.45	1	7
	高新技术产业化				80.92	77.99	6	8
	产业化水平				76.77	71.04	13	16
23	每万家企业法人中高新技术企业数	家/万家	130.03	120.37	92.88	85.98	4	4
24	万人高新技术企业从业人员数	人/万人	364.07	368.98	91.02	92.24	7	7
25	高新技术企业营业收入占工业主营业务收入比重	%	37.52	48.77	100.00	100.00	1	1
26	高新技术产品出口额占商品出口额比重	%	21.10	5.91	26.37	7.39	29	29
27	高新技术产品销售收入占主营业务收入比重	%	61.00	58.29	67.77	64.77	31	27
	产业化效益				87.86	89.61	3	2
28	高新技术企业劳动生产率	万元/人	143.30	151.49	100.00	100.00	1	1
29	高新技术企业利润率	%	11.07	11.63	73.79	77.57	6	4
	科技促进经济发展				81.30	72.34	7	12
	发展方式转变				67.48	58.47	10	9
30	人均 GDP	万元/人	9.96	8.80	82.99	73.37	9	10
31	工业企业全员劳动生产率	元/人年	493 139.34	410 132.00	49.31	41.01	13	11
	环境改善				93.72	84.80	13	14
32	万元主营业务收入能耗	吨标准煤/万元	0.09	0.11	98.12	74.70	13	14
33	万元地区生产总值用水量	立方米/万元	29.96	33.18	83.45	75.35	24	19
34	环境空气质量指数	%	58.29	60.00	97.15	99.99	22	24
	综合指数				65.18	63.64	11	12

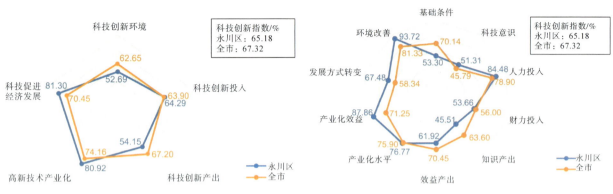

图 3-52　永川区一级指标雷达图　　　　图 3-53　永川区二级指标雷达图

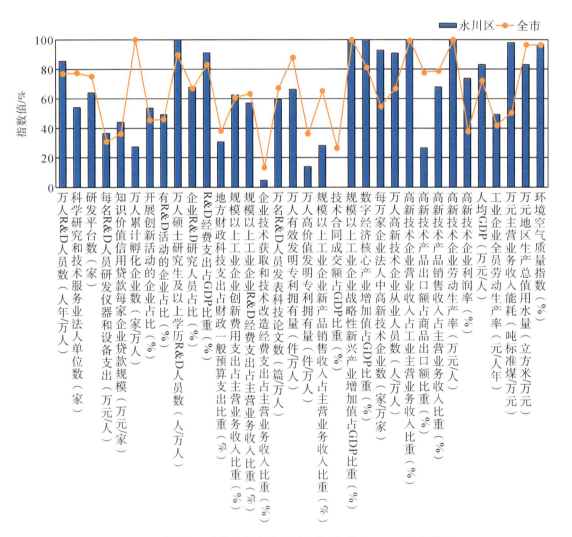

图 3-54　永川区三级指标指数值（监测值/标准值×100%）线柱图

南川区

南川区科技创新指数为 43.14%，在全市排位第 23 位，与上年相比位次下降 1 位。

南川区科技创新环境指数为 39.88%，排在全市第 21 位，与上年相比位次下降 1 位。其中，基础条件指数为 37.62%，排在全市第 21 位，与上年相比位次下降 1 位；科技意识指数为 44.99%，排在全市第 18 位，与上年相比位次下降 4 位。三级指标中，表现较为突出的指标为，知识价值信用贷款每家企业贷款规模为 198.57 万元，排在全市第 8 位，与上年相比上升 4 位。存在不足的指标为，每名 R&D 人员研发仪器和设备支出为 1.11 万元，排在全市第 31 位，与上年相比下降 17 位。

南川区科技创新投入指数为 44.62%，排在全市第 20 位，与上年相比位次下降 3 位。其中，人力投入指数为 51.62%，排在全市第 21 位，与上年相比位次下降 5 位；财力投入指数为 40.94%，排在全市第 22 位，与上年相比位次下降 1 位。三级指标中，表现较为突出的指标为，企业技术获取和技术改造经费支出占主营业务收入比重为 0.09%，排在全市第 19 位，与上年相比上升 8 位。存在不足的指标为，企业 R&D 研究人员占比为 44.96%，排在全市第 24 位，与上年相比下降 6 位。

南川区科技创新产出指数为 23.81%，排在全市第 23 位，与上年相比位次下降 1 位。其中，知识产出指数为 14.55%，排在全市第 23 位，与上年相比位次下降 2 位；效益产出指数为 32.14%，排在全市第 20 位，与上年相比位次上升 4 位。三级指标中，表现较为突出的指标为，规模以上工业企业新产品销售收入占主营业务收入比重为 8.14%，排在全市 27 位，与上年相比上升 3 位。存在不足的指标为，数字经济核心产业增加值占 GDP 比重为 1.02%，排在全市第 34 位，与上年相比下降 3 位。

南川区高新技术产业化指数为 56.46%，排在全市第 25 位，与上年相比位次保持不变。其中，产业化水平指数为 51.46%，排在全市第 26 位，与上年相比位次保持不变；产业化效益指数为 64.81%，排在全市第 19 位，与上年相比位次上升 3 位。三级指标中，表现较为突出的指标为，高新技术产品销售收入占主营业务收入比重为 74.59%，排在全市第 18 位，与上年相比上升 12 位。存在不足的指标为，高新技术产品出口额占商品出口额比重为 78.18%，排在全市第 11 位，与上年相比下降 10 位。

南川区科技促进经济发展指数为 57.24%，排在全市第 31 位，与上年相比位次保持不变。其中，发展方式转变指数为 52.92%，排在全市第 27 位，与上年相比位次保持不变；环境改善指数为 61.13%，排在全市第 33 位，与上年相比位次上升 2 位。三级指标中，表现较为突出的指标为，万元主营业务收入能耗为 0.75 吨标准煤，排在全市第 32 位，与上年相比上升 2 位。存在不足的指标为，万元地区生产总值用水量为 37.90 立方米，排在全市第 33 位，与上年相比下降 1 位。

具体情况如表 3-19、图 3-55 至图 3-57 所示。

表 3-19　南川区各级指标监测值、指数值和位次与上年比较

序号	指标名称	单位	监测值		指数值/%		位次	
			2021	2020	2021	2020	2021	2020
	科技创新环境				**39.88**	**41.92**	**21**	**20**
	基础条件				37.62	40.87	21	20
1	万人 R&D 人员数	人年/万人	22.87	20.22	45.74	40.43	19	19
2	科学研究和技术服务业法人单位数	家	364	306	36.40	30.60	25	25
3	研发平台数	家	76	74	76.00	74.00	12	15
4	每名 R&D 人员研发仪器和设备支出	万元/人	1.11	3.08	18.52	51.30	31	14
5	知识价值信用贷款每家企业贷款规模	万元/家	198.57	173.40	39.71	34.68	8	12
6	万人累计孵化企业数	家/万人	0.07	0.12	6.99	12.21	22	18
	科技意识				44.99	44.29	18	14
7	开展创新活动的企业占比	%	42.64	40.92	42.64	40.92	19	18
8	有 R&D 活动的企业占比	%	47.33	47.66	47.33	47.66	16	11
	科技创新投入				**44.62**	**39.99**	**20**	**17**
	人力投入				51.62	37.29	21	16
9	万人硕士研究生及以上学历 R&D 人员数	人/万人	6.39	7.31	39.96	45.68	17	13
10	企业 R&D 研究人员占比	%	44.96	19.76	64.22	28.23	24	18
	财力投入				40.94	41.41	22	21
11	R&D 经费支出占 GDP 比重	%	1.37	1.51	52.55	57.96	18	18
12	地方财政科技支出占财政一般预算支出比重	%	1.05	0.97	20.96	19.45	21	21
13	规模以上工业企业创新费用支出占主营业务收入比重	%	1.54	1.51	51.37	50.43	20	21
14	规模以上工业企业 R&D 经费支出占主营业务收入比重	%	1.59	1.55	63.41	62.16	11	16
15	企业技术获取和技术改造经费支出占主营业务收入比重	%	0.09	0.03	3.69	1.22	19	27
	科技创新产出				**23.81**	**23.93**	**23**	**22**
	知识产出				14.55	22.58	23	21
16	万名 R&D 人员发表科技论文数	篇/万人	593.70	862.50	16.96	24.64	18	16
17	万人有效发明专利拥有量	件/万人	3.44	3.12	22.94	20.82	21	21
18	万人高价值发明专利拥有量	件/万人	0.51	—	4.25	—	27	—
	效益产出				32.14	25.14	20	24
19	规模以上工业企业新产品销售收入占主营业务收入比重	%	8.14	5.03	20.36	12.58	27	30
20	技术合同成交额占 GDP 比重	%	0	0	0.10	0.11	27	25
21	规模以上工业企业战略性新兴产业增加值占 GDP 比重	%	6.06	4.64	96.11	73.67	15	16
22	数字经济核心产业增加值占 GDP 比重	%	1.02	1.17	10.16	11.73	34	31
	高新技术产业化				**56.46**	**51.63**	**25**	**25**
	产业化水平				51.46	48.01	26	26
23	每万家企业法人中高新技术企业数	家/万家	26.51	24.32	18.93	17.37	26	26
24	万人高新技术企业从业人员数	人/万人	68.10	64.43	17.02	16.11	24	24
25	高新技术企业营业收入占工业主营业务收入比重	%	14.98	14.84	49.95	49.47	26	26
26	高新技术产品出口额占商品出口额比重	%	78.18	100.00	97.72	100.00	11	1
27	高新技术产品销售收入占主营业务收入比重	%	74.59	54.41	82.88	60.46	18	30
	产业化效益				64.81	57.69	19	22
28	高新技术企业劳动生产率	万元/人	94.12	83.18	78.44	69.31	22	22
29	高新技术企业利润率	%	7.35	6.63	49.02	44.22	13	12
	科技促进经济发展				**57.24**	**51.85**	**31**	**31**
	发展方式转变				52.92	45.22	27	27
30	人均 GDP	万元/人	7.14	6.29	59.47	52.44	24	23
31	工业企业全员劳动生产率	元/人年	452 362.17	367 638.00	45.24	36.76	17	17
	环境改善				61.13	57.81	33	35
32	万元主营业务收入能耗	吨标准煤/万元	0.75	0.87	11.40	9.73	32	34
33	万元地区生产总值用水量	立方米/万元	37.90	44.74	65.96	55.88	33	32
34	环境空气质量指数	%	60.84	63.94	100.00	100.00	1	1
	综合指数				**43.14**	**40.93**	**23**	**22**

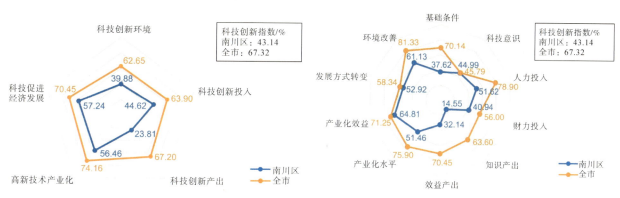

图 3-55 南川区一级指标雷达图

图 3-56 南川区二级指标雷达图

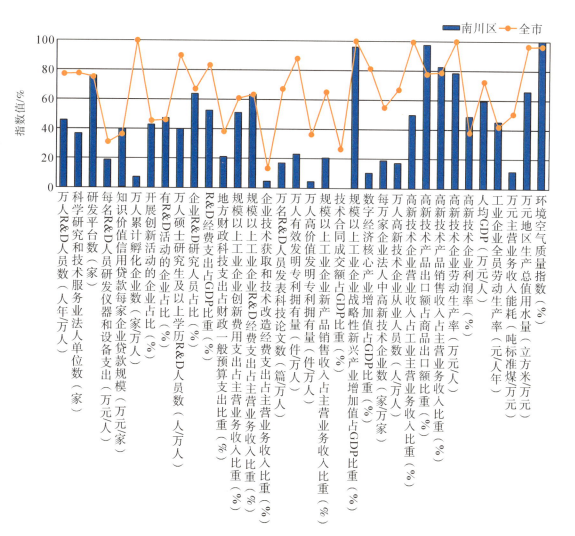

图 3-57 南川区三级指标指数值（监测值/标准值×100%）线柱图

潼南区

潼南区科技创新指数为46.99%，在全市排位第20位，与上年相比位次保持不变。

潼南区科技创新环境指数为42.14%，排在全市第19位，与上年相比位次保持不变。其中，基础条件指数为41.27%，排在全市第19位，与上年相比位次保持不变；科技意识指数为44.10%，排在全市第22位，与上年相比位次下降9位。三级指标中，表现较为突出的指标为，万人累计孵化企业数为0.61家，排在全市第13位，与上年相比上升7位。存在不足的指标为，研发平台数为38家，排在全市第22位，与上年相比下降21位。

潼南区科技创新投入指数为42.76%，排在全市第21位，与上年相比位次上升1位。其中，人力投入指数为45.18%，排在全市第29位，与上年相比位次下降7位；财力投入指数为41.49%，排在全市第20位，与上年相比位次保持不变。三级指标中，表现较为突出的指标为，万人硕士研究生及以上学历R&D人员数为4.81人，排在全市第19位，与上年相比上升2位。存在不足的指标为，企业技术获取和技术改造经费支出占主营业务收入比重为0.04%，排在全市第25位，与上年相比下降16位。

潼南区科技创新产出指数为25.31%，排在全市第20位，与上年相比位次下降2位。其中，知识产出指数为18.35%，排在全市第21位，与上年相比位次上升1位；效益产出指数为31.56%，排在全市第21位，与上年相比位次下降7位。三级指标中，表现较为突出的指标为，万名R&D人员发表科技论文数为4.91篇，万人有效发明专利拥有量为6.35件，分别排在全市第33和17位，与上年相比保持不变。存在不足的指标为，规模以上工业企业新产品销售收入占主营业务收入比重为12.28%，排在全市第23位，与上年相比下降14位。

潼南区高新技术产业化指数为62.30%，排在全市第21位，与上年相比位次保持不变。其中，产业化水平指数为59.12%，排在全市第21位，与上年相比位次保持不变；产业化效益指数为67.63%，排在全市第16位，与上年相比位次上升3位。三级指标中，表现较为突出的指标为，高新技术企业利润率为6.69%，排在全市第17位，与上年相比上升8位。存在不足的指标为，高新技术产品出口额占商品出口额比重为76.23%，排在全市第12位，与上年相比下降11位。

潼南区科技促进经济发展指数为72.40%，排在全市第18位，与上年相比位次上升3位。其中，发展方式转变指数为57.74%，排在全市第21位，与上年相比位次下降2位；环境改善指数为85.57%，排在全市第18位，与上年相比位次保持不变。三级指标中，表现较为突出的指标为，万元地区生产总值用水量为28.79立方米，排在全市第22位，与上年相比上升8位。存在不足的指标为，环境空气质量指数为59.86%。排在全市第18位，与上年相比下降17位。

具体情况如表3-20、图3-58至图3-60所示。

表 3-20　潼南区各级指标监测值、指数值和位次与上年比较

序号	指标名称	单位	监测值 2021	监测值 2020	指数值/% 2021	指数值/% 2020	位次 2021	位次 2020
	科技创新环境				42.14	42.48	19	19
	基础条件				41.27	41.37	19	19
1	万人 R&D 人员数	人年/万人	20.37	17.95	40.75	35.91	20	20
2	科学研究和技术服务业法人单位数	家	466	342	46.60	34.20	17	20
3	研发平台数	家	38	101	38.00	100.00	22	1
4	每名 R&D 人员研发仪器和设备支出	万元/人	1.47	2.85	24.50	47.52	23	16
5	知识价值信用贷款每家企业贷款规模	万元/家	136.00	124.02	27.20	24.80	29	30
6	万人累计孵化企业数	家/万人	0.61	0	61.04	0	13	20
	科技意识				44.10	44.99	22	13
7	开展创新活动的企业占比	%	46.57	46.11	46.57	46.11	14	12
8	有 R&D 活动的企业占比	%	41.62	43.88	41.62	43.88	22	13
	科技创新投入				42.76	36.52	21	22
	人力投入				45.18	25.18	29	22
9	万人硕士研究生及以上学历 R&D 人员数	人/万人	4.81	3.11	30.06	19.41	19	21
10	企业 R&D 研究人员占比	%	43.07	21.99	61.53	31.41	25	15
	财力投入				41.49	42.48	20	20
11	R&D 经费支出占 GDP 比重	%	1.12	1.26	42.92	48.36	19	19
12	地方财政科技支出占财政一般预算支出比重	%	2.83	2.12	56.66	42.41	3	4
13	规模以上工业企业创新费用支出占主营业务收入比重	%	1.67	1.57	55.76	52.29	18	19
14	规模以上工业企业 R&D 经费支出占主营业务收入比重	%	1.13	1.34	45.10	53.56	23	22
15	企业技术获取和技术改造经费支出占主营业务收入比重	%	0.04	0.18	1.51	7.10	25	9
	科技创新产出				25.31	34.66	20	18
	知识产出				18.35	20.22	21	22
16	万名 R&D 人员发表科技论文数	篇/万人	4.91	37.41	0.14	1.07	33	33
17	万人有效发明专利拥有量	件/万人	6.35	5.49	42.34	36.57	17	17
18	万人高价值发明专利拥有量	件/万人	1.03	—	8.58	—	19	—
	效益产出				31.56	47.66	21	14
19	规模以上工业企业新产品销售收入占主营业务收入比重	%	12.28	28.62	30.70	71.56	23	9
20	技术合同成交额占 GDP 比重	%	0.01	0	0.21	0.13	25	24
21	规模以上工业企业战略性新兴产业增加值占 GDP 比重	%	3.03	4.90	48.08	77.79	21	15
22	数字经济核心产业增加值占 GDP 比重	%	4.08	3.83	40.82	38.33	14	13
	高新技术产业化				62.30	59.18	21	21
	产业化水平				59.12	58.18	21	21
23	每万家企业法人中高新技术企业数	家/万家	46.37	53.00	33.12	37.85	22	18
24	万人高新技术企业从业人员数	人/万人	110.41	89.49	27.60	22.37	20	20
25	高新技术企业营业收入占工业主营业务收入比重	%	18.13	17.15	60.44	57.15	22	23
26	高新技术产品出口额占商品出口额比重	%	76.23	91.74	95.28	100.00	12	1
27	高新技术产品销售收入占主营业务收入比重	%	77.71	69.84	86.34	77.60	14	15
	产业化效益				67.63	60.86	16	19
28	高新技术企业劳动生产率	万元/人	104.97	107.35	87.47	89.45	16	16
29	高新技术企业利润率	%	6.69	4.16	44.63	27.71	17	25
	科技促进经济发展				72.40	64.06	18	21
	发展方式转变				57.74	49.13	21	19
30	人均 GDP	万元/人	7.84	6.90	65.32	57.48	17	18
31	工业企业全员劳动生产率	元/人年	488 631.08	393 480.00	48.86	39.35	14	13
	环境改善				85.57	77.48	18	18
32	万元主营业务收入能耗	吨标准煤/万元	0.13	0.13	67.80	65.14	19	15
33	万元地区生产总值用水量	立方米/万元	28.79	41.48	86.84	60.27	22	30
34	环境空气质量指数	%	59.86	62.20	99.77	100.00	18	1
	综合指数				46.99	45.98	20	20

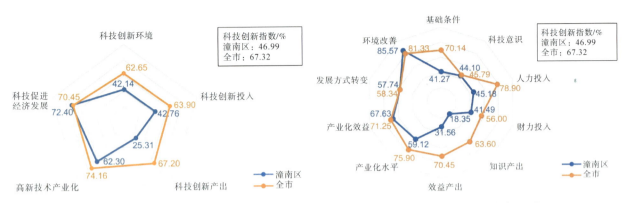

图 3-58　潼南区一级指标雷达图　　　　图 3-59　潼南区二级指标雷达图

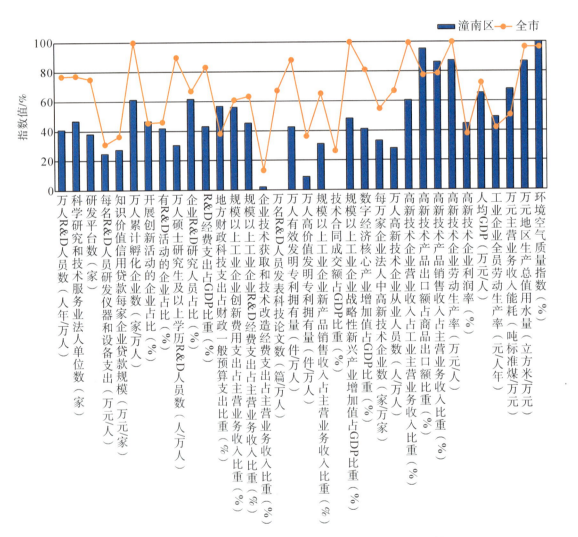

图 3-60　潼南区三级指标指数值（监测值/标准值×100%）线柱图

铜梁区

铜梁区科技创新指数为 57.79%，在全市排位第 16 位，与上年相比位次上升 1 位。

铜梁区科技创新环境指数为 55.88%，排在全市第 14 位，与上年相比位次上升 1 位。其中，基础条件指数为 58.36%，排在全市第 14 位，与上年相比位次保持不变；科技意识指数为 50.29%，排在全市第 6 位，与上年相比位次上升 13 位。三级指标中，表现较为突出的指标为，万人 R&D 人员数为 57.42 人年，排在全市第 1 位，与上年相比上升 10 位。存在不足的指标为，万人累计孵化企业数为 0.32 家，排在全市第 16 位，与上年相比下降 2 位。

铜梁区科技创新投入指数为 53.29%，排在全市第 14 位，与上年相比上升 5 位。其中，人力投入指数为 50.48%，排在全市第 22 位，与上年相比位次上升 4 位；财力投入指数为 54.77%，排在全市第 10 位，与上年相比位次上升 4 位。三级指标中，表现较为突出的指标为，企业 R&D 研究人员占比为 64.98%，排在全市第 12 位，与上年相比上升 9 位。存在不足的指标为，万人硕士研究生及以上学历 R&D 人员数为 1.81 人，排在全市第 26 位，与上年相比下降 3 位。

铜梁区科技创新产出指数为 33.53%，排在全市第 18 位，与上年相比位次上升 1 位。其中，知识产出指数为 23.66%，排在全市第 19 位，与上年相比位次上升 1 位；效益产出指数为 42.42%，排在全市第 17 位，与上年相比位次上升 2 位。三级指标中，表现较为突出的指标为，技术合同成交额占 GDP 比重为 0.09%，排在全市第 18 位，与上年相比上升 8 位。存在不足的指标为，数字经济核心产业增加值占 GDP 比重为 5.36%，排在全市第 11 位，与上年相比下降 1 位。

铜梁区高新技术产业化指数为 74.65%，排在全市第 12 位，与上年相比位次上升 6 位。其中，产业化水平指数为 85.40%，排在全市第 4 位，与上年相比位次上升 13 位；产业化效益指数为 56.67%，排在全市第 23 位，与上年相比位次保持不变。三级指标中，表现较为突出的指标为，高新技术产品出口额占商品出口额比重为 74.18%，排在全市第 15 位，与上年相比上升 10 位。存在不足的指标为，高新技术企业利润率为 5.42%，排在全市第 22 位，与上年相比下降 7 位。

铜梁区科技促进经济发展指数为 80.86%，排在全市第 9 位，与上年相比位次下降 3 位。其中，发展方式转变指数为 62.17%，排在全市第 16 位，与上年相比位次下降 6 位；环境改善指数为 97.64%，排在全市第 4 位，与上年相比位次上升 5 位。三级指标中，表现较为突出的指标为，万元地区生产总值用水量为 22.38 立方米，排在全市第 1 位，与上年相比上升 13 位。存在不足的指标为，环境空气质量指数为 57.27%，排在全市第 25 位，与上年相比下降 24 位。

具体情况如表 3-21、图 3-61 至图 3-63 所示。

表 3-21　铜梁区各级指标监测值、指数值和位次与上年比较

序号	指标名称	单位	监测值		指数值/%		位次	
			2021	2020	2021	2020	2021	2020
	科技创新环境				55.88	51.66	14	15
	基础条件				58.36	56.54	14	14
1	万人 R&D 人员数	人年/万人	57.42	46.14	100.00	92.28	1	11
2	科学研究和技术服务业法人单位数	家	259	218	25.90	21.80	30	29
3	研发平台数	家	107	109	100.00	100.00	1	1
4	每名 R&D 人员研发仪器和设备支出	万元/人	1.61	2.40	26.78	39.95	20	24
5	知识价值信用贷款每家企业贷款规模	万元/家	196.00	173.62	39.20	34.72	10	11
6	万人累计孵化企业数	家/万人	0.32	0.26	32.08	26.18	16	14
	科技意识				50.29	40.67	6	19
7	开展创新活动的企业占比	%	48.05	41.35	48.05	41.35	10	17
8	有 R&D 活动的企业占比	%	52.52	40.00	52.52	40.00	8	17
	科技创新投入				53.29	37.53	14	19
	人力投入				50.48	19.69	22	26
9	万人硕士研究生及以上学历 R&D 人员数	人/万人	1.81	2.23	11.30	13.91	26	23
10	企业 R&D 研究人员占比	%	64.98	18.16	92.83	25.94	12	21
	财力投入				54.77	46.91	10	14
11	R&D 经费支出占 GDP 比重	%	2.04	1.73	78.38	66.58	14	16
12	地方财政科技支出占财政一般预算支出比重	%	1.22	1.15	24.44	22.92	18	18
13	规模以上工业企业创新费用支出占主营业务收入比重	%	2.43	1.89	81.14	62.94	7	11
14	规模以上工业企业 R&D 经费支出占主营业务收入比重	%	1.80	1.63	72.11	65.28	10	13
15	企业技术获取和技术改造经费支出占主营业务收入比重	%	0.05	0.02	1.91	0.80	24	30
	科技创新产出				33.53	29.68	18	19
	知识产出				23.66	24.02	19	20
16	万名 R&D 人员发表科技论文数	篇/万人	122.33	96.71	3.50	2.76	27	32
17	万人有效发明专利拥有量	件/万人	6.80	6.33	45.31	42.18	16	16
18	万人高价值发明专利拥有量	件/万人	2.13	—	17.75	—	13	—
	效益产出				42.42	34.77	17	19
19	规模以上工业企业新产品销售收入占主营业务收入比重	%	17.71	17.06	44.27	42.65	20	21
20	技术合同成交额占 GDP 比重	%	0.09	0	3.42	0.09	18	26
21	规模以上工业企业战略性新兴产业增加值占 GDP 比重	%	3.82	2.40	60.69	38.02	17	21
22	数字经济核心产业增加值占 GDP 比重	%	5.36	5.10	53.64	50.98	11	10
	高新技术产业化				74.65	61.79	12	18
	产业化水平				85.40	66.16	4	17
23	每万家企业法人中高新技术企业数	家/万家	109.39	87.84	78.14	62.74	6	12
24	万人高新技术企业从业人员数	人/万人	320.62	273.00	80.16	68.25	10	14
25	高新技术企业营业收入占工业主营业务收入比重	%	28.45	23.48	94.82	78.25	16	17
26	高新技术产品出口额占商品出口额比重	%	74.18	42.47	92.72	53.08	15	25
27	高新技术产品销售收入占主营业务收入比重	%	70.30	61.33	78.11	68.15	20	24
	产业化效益				56.67	54.49	23	23
28	高新技术企业劳动生产率	万元/人	89.27	78.10	74.39	65.08	23	23
29	高新技术企业利润率	%	5.42	6.33	36.14	42.20	22	15
	科技促进经济发展				80.86	78.31	9	6
	发展方式转变				62.17	57.62	16	10
30	人均 GDP	万元/人	10.27	9.61	85.62	80.12	7	8
31	工业企业全员劳动生产率	元/人年	347 058.19	312 617.00	34.71	31.26	30	27
	环境改善				97.64	96.89	4	9
32	万元主营业务收入能耗	吨标准煤/万元	0.09	0.09	98.29	93.49	12	12
33	万元地区生产总值用水量	立方米/万元	22.38	25.88	100.00	96.59	1	14
34	环境空气质量指数	%	57.27	60.33	95.45	100.00	25	1
	综合指数				57.79	49.80	16	17

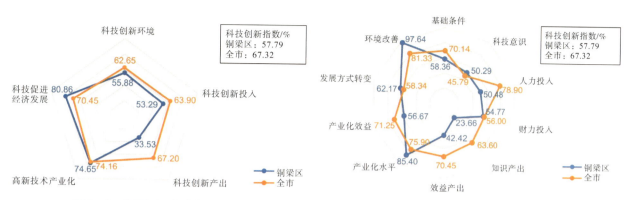

图 3-61　铜梁区一级指标雷达图　　　　　图 3-62　铜梁区二级指标雷达图

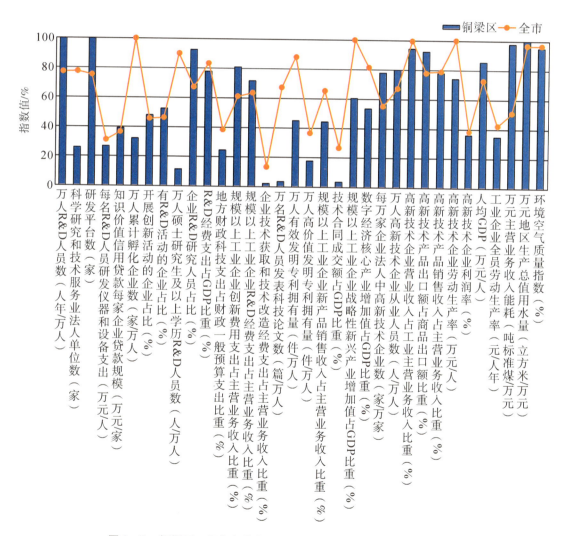

图 3-63　铜梁区三级指标指数值（监测值/标准值×100%）线柱图

荣昌区

荣昌区科技创新指数为 64.67%，在全市排名第 12 位，与上年相比位次上升 1 位。

荣昌区科技创新环境指数为 65.33%，排在全市第 7 位，与上年相比位次上升 1 位。其中，基础条件指数为 72.47%，排在全市第 8 位，与上年相比位次下降 1 位；科技意识指数为 49.24%，排在全市第 9 位，与上年相比位次上升 6 位。三级指标中，表现较为突出的指标为，知识价值信用贷款每家企业贷款规模为 197.75 万元，排在全市第 9 位，与上年相比上升 10 位。存在不足的指标为，每名 R&D 人员研发仪器和设备支出为 1.14 万元，排在全市第 29 位，与上年相比下降 12 位。

荣昌区科技创新投入指数为 52.89%，排在全市第 15 位，与上年相比位次上升 1 位。其中，人力投入指数为 70.18%，排在全市第 12 位，与上年相比位次下降 1 位；财力投入指数为 43.79%，排在全市第 17 位，与上年相比位次下降 2 位。三级指标中，表现较为突出的指标为，企业 R&D 研究人员占比为 70.00%，排在全市第 1 位，与上年相比上升 3 位；地方财政科技支出占财政一般预算支出比重为 1.79%，排在全市第 7 位，与上年相比上升 3 位；企业技术获取和技术改造经费支出占主营业务收入比重为 0.03%。排在全市第 26 位，与上年相比上升 3 位。存在不足的指标为，万人硕士研究生及以上学历 R&D 人员数为 6.82 人，排在全市第 16 位，与上年相比下降 5 位。

荣昌区科技创新产出指数为 43.83%，排在全市第 15 位，与上年相比位次保持不变。其中，知识产出指数为 35.13%，排在全市第 16 位，与上年相比位次上升 1 位；效益产出指数为 51.66%，排在全市第 14 位，与上年相比位次下降 2 位。三级指标中，表现较为突出的指标为，规模以上工业企业战略性新兴产业增加值占 GDP 比重为 6.91%，排在全市第 1 位，与上年相比保持不变。存在不足的指标为，万名 R&D 人员发表科技论文数为 315.50 篇，排在全市第 22 位，与上年相比下降 3 位。

荣昌区高新技术产业化指数为 84.79%，排在全市第 4 位，与上年相比位次上升 2 位。其中，产业化水平指数为 84.80%，排在全市第 5 位，与上年相比位次上升 2 位；产业化效益指数为 84.78%，排在全市第 4 位，与上年相比位次上升 1 位。三级指标中，表现较为突出的指标为，万人高新技术企业从业人员数为 358.65 人，排在全市第 9 位，与上年相比上升 3 位；高新技术企业劳动生产率为 102.50 万元/人，排在全市第 17 位，与上年相比上升 3 位。存在不足的指标为，高新技术产品销售收入占主营业务收入比重为 72.03%，排在全市第 19 位，与上年相比下降 2 位。

荣昌区科技促进经济发展指数为 84.62%，排在全市第 4 位，与上年相比位次下降 1 位。其中，发展方式转变指数为 72.92%，排在全市第 6 位，与上年相比位次保持不变；环境改善指数为 95.13%，排在全市第 12 位，与上年相比位次下降 1 位。三级指标中，表现较为突出的指标为，人均 GDP 为 12.16 万元，排在全市第 1 位，与上年相比上升 3 位。存在不足的指标为，工业企业全员劳动生产率为 412 057.34 元/人年，排在全市第 24 位，与上年相比下降 5 位。

具体情况如表 3-22、图 3-64 至图 3-66 所示。

表 3-22　荣昌区各级指标监测值、指数值和位次与上年比较

序号	指标名称	单位	监测值 2021	监测值 2020	指数值/% 2021	指数值/% 2020	位次 2021	位次 2020
	科技创新环境				65.33	63.77	7	8
	基础条件				72.47	73.06	8	7
1	万人 R&D 人员数	人年/万人	40.06	33.71	80.12	67.42	15	16
2	科学研究和技术服务业法人单位数	家	659	637	65.90	63.70	13	9
3	研发平台数	家	128	139	100.00	100.00	1	1
4	每名 R&D 人员研发仪器和设备支出	万元/人	1.14	2.84	18.92	47.41	29	17
5	知识价值信用贷款每家企业贷款规模	万元/家	197.75	158.01	39.55	31.60	9	19
6	万人累计孵化企业数	家/万人	2.36	1.20	100.00	100.00	1	1
	科技意识				49.24	42.84	9	15
7	开展创新活动的企业占比	%	53.72	47.79	53.72	47.79	3	9
8	有 R&D 活动的企业占比	%	44.77	37.89	44.77	37.89	19	19
	科技创新投入				52.89	46.27	15	16
	人力投入				70.18	45.97	12	11
9	万人硕士研究生及以上学历 R&D 人员数	人/万人	6.82	7.86	42.60	49.13	16	11
10	企业 R&D 研究人员占比	%	70.00	29.79	100.00	42.55	1	4
	财力投入				43.79	46.42	17	15
11	R&D 经费支出占 GDP 比重	%	1.83	2.01	70.54	77.28	16	15
12	地方财政科技支出占财政一般预算支出比重	%	1.79	1.49	35.84	29.73	7	10
13	规模以上工业企业创新费用支出占主营业务收入比重	%	1.36	1.50	45.45	49.89	22	22
14	规模以上工业企业 R&D 经费支出占主营业务收入比重	%	1.12	1.28	44.74	51.02	26	24
15	企业技术获取和技术改造经费支出占主营业务收入比重	%	0.03	0.02	1.38	0.85	26	29
	科技创新产出				43.83	48.32	15	15
	知识产出				35.13	42.46	16	17
16	万名 R&D 人员发表科技论文数	篇/万人	315.50	641.98	9.01	18.34	22	19
17	万人有效发明专利拥有量	件/万人	10.04	9.46	66.97	63.06	13	12
18	万人高价值发明专利拥有量	件/万人	2.84	—	23.67	—	11	—
	效益产出				51.66	53.60	14	12
19	规模以上工业企业新产品销售收入占主营业务收入比重	%	21.90	27.97	54.75	69.93	14	11
20	技术合同成交额占 GDP 比重	%	0.41	0.30	16.39	11.95	11	9
21	规模以上工业企业战略性新兴产业增加值占 GDP 比重	%	6.91	7.78	100.00	100.00	1	1
22	数字经济核心产业增加值占 GDP 比重	%	3.39	3.20	33.93	32.04	17	16
	高新技术产业化				84.79	78.95	4	6
	产业化水平				84.80	80.44	5	7
23	每万家企业法人中高新技术企业数	家/万家	106.72	94.89	76.23	67.78	8	10
24	万人高新技术企业从业人员数	人/万人	358.65	327.56	89.66	81.89	9	12
25	高新技术企业营业收入占工业主营业务收入比重	%	23.69	23.12	78.96	77.06	19	18
26	高新技术产品出口额占商品出口额比重	%	92.98	85.46	100.00	100.00	1	1
27	高新技术产品销售收入占主营业务收入比重	%	72.03	68.69	80.03	76.33	19	17
	产业化效益				84.78	76.45	4	5
28	高新技术企业劳动生产率	万元/人	102.50	90.27	85.42	75.22	17	20
29	高新技术企业利润率	%	12.61	11.68	84.04	77.87	4	3
	科技促进经济发展				84.62	80.13	4	3
	发展方式转变				72.92	63.47	6	6
30	人均 GDP	万元/人	12.16	10.61	100.00	88.39	1	4
31	工业企业全员劳动生产率	元/人年	412 057.34	342 832.00	41.21	34.28	24	19
	环境改善				95.13	95.09	12	11
32	万元主营业务收入能耗	吨标准煤/万元	0.05	0.06	100.00	100.00	1	1
33	万元地区生产总值用水量	立方米/万元	14.01	17.92	100.00	100.00	1	1
34	环境空气质量指数	%	52.55	52.50	87.59	87.49	36	38
	综合指数				64.67	62.11	12	13

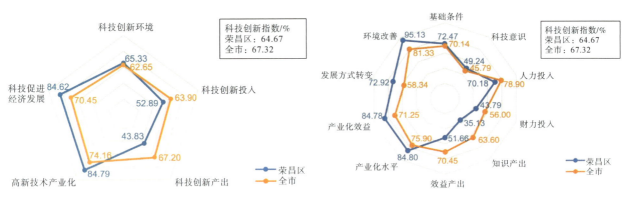

图 3-64　荣昌区一级指标雷达图　　　　　图 3-65　荣昌区二级指标雷达图

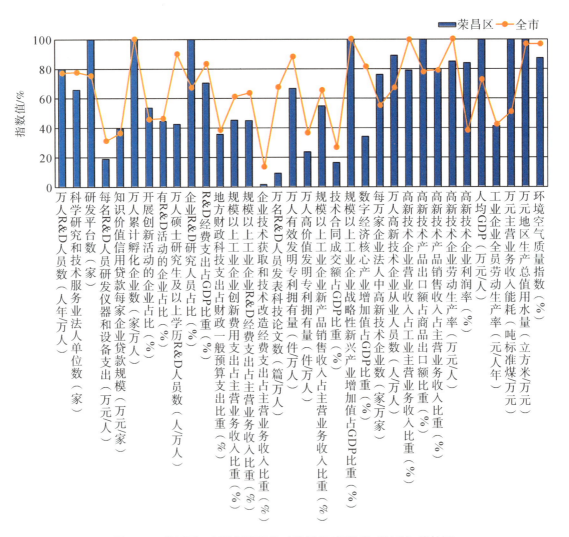

图 3-66　荣昌区三级指标指数值（监测值/标准值×100%）线柱图

璧山区

璧山区科技创新指数为 70.60%，在全市排名第 8 位，与上年相比位次上升 3 位。

璧山区科技创新环境指数为 59.31%，排在全市第 11 位，与上年相比位次保持不变。其中，基础条件指数为 62.67%，排在全市第 11 位，与上年相比位次上升 1 位；科技意识指数为 51.76%，排在全市第 3 位，与上年相比位次上升 8 位。三级指标中，表现较为突出的指标为，开展创新活动的企业占比为 51.11%，排在全市第 6 位，与上年相比上升 7 位。存在不足的指标为，每名 R&D 人员研发仪器和设备支出为 2.28 万元，排在全市第 9 位，与上年相比下降 3 位。

璧山区科技创新投入指数为 73.12%，排在全市第 5 位，与上年相比上升 2 位。其中，人力投入指数为 77.21%，排在全市第 7 位，与上年相比上升 7 位；财力投入指数为 70.96%，排在全市第 5 位，与上年相比位次下降 1 位。三级指标中，表现较为突出的指标为，企业 R&D 研究人员占比为 82.64%，排在全市第 1 位，与上年相比上升 9 位。存在不足的指标为，规模以上工业企业创新费用支出占主营业务收入比重为 2.71%，排在全市第 5 位，与上年相比下降 4 位。

璧山区科技创新产出指数为 59.93%，排在全市第 9 位，与上年相比位次上升 5 位。其中，知识产出指数为 42.05%，排在全市第 14 位，与上年相比位次上升 2 位；效益产出指数为 76.02%，排在全市第 8 位，与上年相比位次上升 3 位。三级指标中，表现较为突出的指标为，规模以上工业企业战略性新兴产业增加值占 GDP 比重为 8.71%，排在全市第 1 位，与上年相比上升 12 位。存在不足的指标为，万人有效发明专利拥有量为 13.40 件，排在全市第 11 位，与上年相比下降 1 位。

璧山区高新技术产业化指数为 85.09%，排在全市第 3 位，与上年相比位次下降 1 位。其中，产业化水平指数为 95.82%，排在全市第 1 位，与上年相比位次上升 1 位；产业化效益指数为 67.14%，排在全市第 18 位，与上年相比位次下降 4 位。三级指标中，表现较为突出的指标为，高新技术产品出口额占商品出口额比重为 73.39%，排在全市第 16 位，与上年相比上升 5 位。存在不足的指标为，高新技术企业利润率为 7.22%，排在全市第 15 位，与上年相比下降 9 位。

璧山区科技促进经济发展指数为 81.13%，排在全市第 8 位，与上年相比位次保持不变。其中，发展方式转变指数为 65.29%，排在全市第 11 位，与上年相比位次上升 2 位；环境改善指数为 95.37%，排在全市第 11 位，与上年相比位次下降 4 位。三级指标中，表现较为突出的指标为，人均 GDP 为 11.57 万元，排在全市第 5 位，与上年相比上升 2 位。存在不足的指标为，工业企业全员劳动生产率为 288 511.34 元/人年，排在全市第 35 位；环境空气质量指数为 52.92%，排在全市第 34 位。

具体情况如表 3-23、图 3-67 至图 3-69 所示。

表 3-23　璧山区各级指标监测值、指数值和位次与上年比较

序号	指标名称	单位	监测值		指数值/%		位次	
			2021	2020	2021	2020	2021	2020
	科技创新环境				59.31	57.54	11	11
	基础条件				62.67	62.29	11	12
1	万人 R&D 人员数	人年/万人	84.78	65.62	100.00	100.00	1	1
2	科学研究和技术服务业法人单位数	家	464	331	46.40	33.10	19	21
3	研发平台数	家	163	167	100.00	100.00	1	1
4	每名 R&D 人员研发仪器和设备支出	万元/人	2.28	5.46	38.04	90.96	9	6
5	知识价值信用贷款每家企业贷款规模	万元/家	264.13	179.49	52.83	35.90	1	7
6	万人累计孵化企业数	家/万人	0.24	0	23.81	0	19	20
	科技意识				51.76	46.84	3	11
7	开展创新活动的企业占比	%	51.11	45.44	51.11	45.44	6	13
8	有 R&D 活动的企业占比	%	52.40	48.23	52.40	48.23	9	10
	科技创新投入				73.12	61.15	5	7
	人力投入				77.21	40.80	7	14
9	万人硕士研究生及以上学历 R&D 人员数	人/万人	8.98	7.26	56.13	45.35	14	15
10	企业 R&D 研究人员占比	%	82.64	25.11	100.00	35.87	1	10
	财力投入				70.96	71.87	5	4
11	R&D 经费支出占 GDP 比重	%	3.10	3.23	100.00	100.00	1	1
12	地方财政科技支出占财政一般预算支出比重	%	1.78	1.69	35.52	33.86	8	8
13	规模以上工业企业创新费用支出占主营业务收入比重	%	2.71	3.18	90.36	100.00	5	1
14	规模以上工业企业 R&D 经费支出占主营业务收入比重	%	2.58	2.89	100.00	100.00	1	1
15	企业技术获取和技术改造经费支出占主营业务收入比重	%	0.10	0.09	3.88	3.43	17	22
	科技创新产出				59.93	50.45	9	14
	知识产出				42.05	44.96	14	16
16	万名 R&D 人员发表科技论文数	篇/万人	205.72	146.88	5.88	4.20	23	30
17	万人有效发明专利拥有量	件/万人	13.40	11.97	89.33	79.77	11	10
18	万人高价值发明专利拥有量	件/万人	2.76	—	23.00	—	12	—
	效益产出				76.02	55.40	8	11
19	规模以上工业企业新产品销售收入占主营业务收入比重	%	34.65	31.60	86.62	79.00	4	6
20	技术合同成交额占 GDP 比重	%	0.14	0.07	5.76	2.94	16	15
21	规模以上工业企业战略性新兴产业增加值占 GDP 比重	%	8.71	5.81	100.00	92.23	1	13
22	数字经济核心产业增加值占 GDP 比重	%	9.83	4.42	98.27	44.19	8	12
	高新技术产业化				85.09	82.51	3	2
	产业化水平				95.82	91.91	1	2
23	每万家企业法人中高新技术企业数	家/万家	197.35	183.53	100.00	100.00	1	1
24	万人高新技术企业从业人员数	人/万人	586.97	533.89	100.00	100.00	1	1
25	高新技术企业营业收入占工业主营业务收入比重	%	47.32	48.70	100.00	100.00	1	1
26	高新技术产品出口额占商品出口额比重	%	73.39	57.85	91.74	72.32	16	21
27	高新技术产品销售收入占主营业务收入比重	%	74.82	75.46	83.13	83.84	17	11
	产业化效益				67.14	66.78	18	14
28	高新技术企业劳动生产率	万元/人	100.27	91.89	83.56	76.57	18	19
29	高新技术企业利润率	%	7.22	8.32	48.12	55.44	15	6
	科技促进经济发展				81.13	77.45	8	8
	发展方式转变				65.29	55.75	11	13
30	人均 GDP	万元/人	11.57	9.86	96.40	82.13	5	7
31	工业企业全员劳动生产率	元/人年	288 511.34	248 414.00	28.85	24.84	35	34
	环境改善				95.37	96.95	11	7
32	万元主营业务收入能耗	吨标准煤/万元	0.05	0.06	100.00	100.00	1	1
33	万元地区生产总值用水量	立方米/万元	14.11	16.28	100.00	100.00	1	1
34	环境空气质量指数	%	52.92	55.33	88.20	92.22	34	33
	综合指数				70.60	64.56	8	11

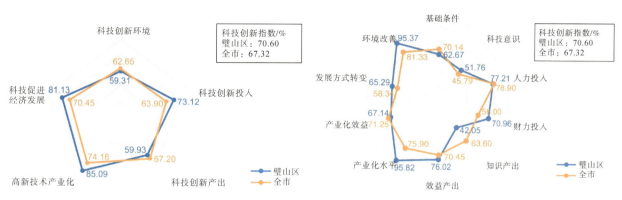

图 3-67　璧山区一级指标雷达图　　　　　图 3-68　璧山区二级指标雷达图

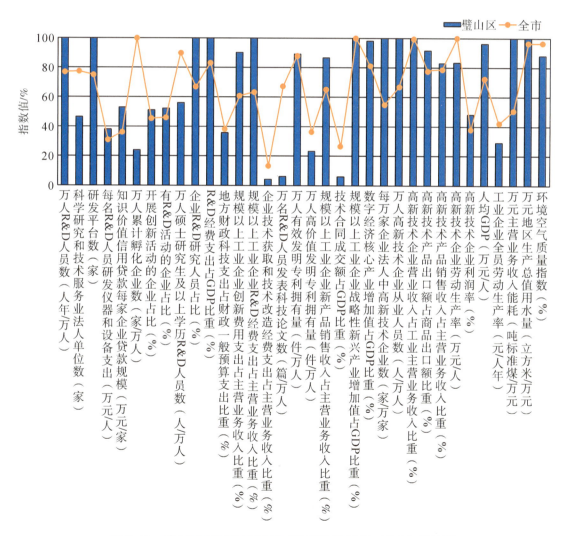

图 3-69　璧山区三级指标指数值（监测值/标准值×100%）线柱图

梁平区

梁平区科技创新指数为 43.26%，在全市排名第 22 位，与上年相比位次上升 2 位。

梁平区科技创新环境指数为 38.42%，排在全市第 23 位，与上年相比位次保持不变。其中，基础条件指数为 34.88%，排在全市第 24 位，与上年相比位次下降 2 位；科技意识指数为 46.40%，排在全市第 15 位，与上年相比位次上升 13 位。三级指标中，表现较为突出的指标为，有 R&D 活动的企业占比为 53.33%，排在全市第 6 位，与上年相比上升 20 位。存在不足的指标为，每名 R&D 人员研发仪器和设备支出为 1.92 万元，排在全市第 16 位，与上年相比下降 15 位。

梁平区科技创新投入指数为 41.67%，排在全市第 22 位，与上年相比位次上升 3 位。其中，人力投入指数为 52.73%，排在全市第 18 位，与上年相比位次上升 5 位；财力投入指数为 35.84%，排在全市第 23 位，与上年相比位次上升 2 位。三级指标中，表现较为突出的指标为，企业 R&D 研究人员占比为 86.01%，排在全市第 1 位，与上年相比上升 7 位。存在不足的指标为，万人硕士研究生及以上学历 R&D 人员数为 1.44 人，排在全市第 27 位，与上年相比下降 1 位；企业技术获取和技术改造经费支出占主营业务收入比重为 0.01%，排在全市第 32 位，与上年相比下降 1 位。

梁平区科技创新产出指数为 18.45%，排在全市第 26 位，与上年相比位次上升 3 位。其中，知识产出指数为 7.69%，排在全市第 30 位，与上年相比位次上升 2 位；效益产出指数为 28.14%，排在全市第 23 位，与上年相比位次上升 2 位。三级指标中，表现较为突出的指标为，规模以上工业企业新产品销售收入占主营业务收入比重为 15.03%，排在全市第 21 位，与上年相比上升 6 位。存在不足的指标为，万人有效发明专利拥有量为 2.49 件，排在全市第 27 位，与上年相比下降 2 位。

梁平区高新技术产业化指数为 53.04%，排在全市第 26 位，与上年相比位次保持不变。其中，产业化水平指数为 55.61%，排在全市第 24 位，与上年相比位次保持不变；产业化效益指数为 48.72%，排在全市第 30 位，与上年相比位次下降 4 位。三级指标中，表现较为突出的指标为，高新技术企业营业收入占工业主营业务收入比重为 15.53%，排在全市第 25 位，与上年相比上升 2 位。存在不足的指标为，高新技术企业利润率为 4.96%，排在全市第 27 位，与上年相比下降 8 位。

梁平区科技促进经济发展指数为 76.96%，排在全市第 14 位，与上年相比位次上升 5 位。其中，发展方式转变指数为 63.91%，排在全市第 13 位，与上年相比位次上升 3 位；环境改善指数为 88.68%，排在全市第 16 位，与上年相比位次保持不变。三级指标中，表现较为突出的指标为，工业企业全员劳动生产率为 556 515.99 元/人年，排在全市第 11 位，与上年相比上升 4 位。存在不足的指标为，万元地区生产总值用水量为 29.42 立方米，排在全市第 23 位，与上年相比下降 3 位。

具体情况如表 3-24、图 3-70 至图 3-72 所示。

表 3-24 梁平区各级指标监测值、指数值和位次与上年比较

序号	指标名称	单位	监测值 2021	监测值 2020	指数值/% 2021	指数值/% 2020	位次 2021	位次 2020
	科技创新环境				38.42	34.18	23	23
	基础条件				34.88	34.60	24	22
1	万人 R&D 人员数	人年/万人	15.73	7.63	31.46	15.26	22	26
2	科学研究和技术服务业法人单位数	家	172	154	17.20	15.40	36	33
3	研发平台数	家	52	56	52.00	56.00	19	20
4	每名 R&D 人员研发仪器和设备支出	万元/人	1.92	19.74	31.97	100.00	16	1
5	知识价值信用贷款每家企业贷款规模	万元/家	181.48	153.75	36.30	30.75	17	22
6	万人累计孵化企业数	家/万人	0.36	0	35.64	0	15	20
	科技意识				46.40	33.23	15	28
7	开展创新活动的企业占比	%	39.46	34.43	39.46	34.43	29	29
8	有 R&D 活动的企业占比	%	53.33	32.03	53.33	32.03	6	26
	科技创新投入				41.67	29.86	22	25
	人力投入				52.73	22.43	18	23
9	万人硕士研究生及以上学历 R&D 人员数	人/万人	1.44	1.36	9.01	8.53	27	26
10	企业 R&D 研究人员占比	%	86.01	26.22	100.00	37.46	1	8
	财力投入				35.84	33.77	23	25
11	R&D 经费支出占 GDP 比重	%	0.81	0.74	31.21	28.33	21	23
12	地方财政科技支出占财政一般预算支出比重	%	0.68	0.66	13.63	13.28	25	27
13	规模以上工业企业创新费用支出占主营业务收入比重	%	2.27	2.20	75.61	73.35	8	9
14	规模以上工业企业 R&D 经费支出占主营业务收入比重	%	1.55	1.46	62.17	58.35	12	18
15	企业技术获取和技术改造经费支出占主营业务收入比重	%	0.01	0.01	0.44	0.35	32	31
	科技创新产出				18.45	14.21	26	29
	知识产出				7.69	7.75	30	32
16	万名 R&D 人员发表科技论文数	篇/万人	0	0	0	0	34	35
17	万人有效发明专利拥有量	件/万人	2.49	2.16	16.63	14.37	27	25
18	万人高价值发明专利拥有量	件/万人	0.57	—	4.75	—	26	—
	效益产出				28.14	20.03	23	25
19	规模以上工业企业新产品销售收入占主营业务收入比重	%	15.03	9.44	37.57	23.59	21	27
20	技术合同成交额占 GDP 比重	%	0.02	0	0.78	0.18	23	23
21	规模以上工业企业战略性新兴产业增加值占 GDP 比重	%	2.29	1.72	36.42	27.27	22	22
22	数字经济核心产业增加值占 GDP 比重	%	3.37	2.55	33.68	25.48	18	22
	高新技术产业化				53.04	50.18	26	26
	产业化水平				55.61	52.35	24	24
23	每万家企业法人中高新技术企业数	家/万家	86.61	83.66	61.86	59.76	14	13
24	万人高新技术企业从业人员数	人/万人	87.26	74.80	21.82	18.70	22	22
25	高新技术企业营业收入占工业主营业务收入比重	%	15.53	14.02	51.78	46.73	25	27
26	高新技术产品出口额占商品出口额比重	%	61.23	61.35	76.54	76.69	21	20
27	高新技术产品销售收入占主营业务收入比重	%	58.15	51.66	64.61	57.40	34	31
	产业化效益				48.72	46.54	30	26
28	高新技术企业劳动生产率	万元/人	74.71	67.79	62.26	56.49	27	26
29	高新技术企业利润率	%	4.96	5.25	33.04	35.00	27	19
	科技促进经济发展				76.96	67.08	14	19
	发展方式转变				63.91	52.26	13	16
30	人均 GDP	万元/人	8.51	7.65	70.95	63.75	15	14
31	工业企业全员劳动生产率	元/人年	556 515.99	388 174.00	55.65	38.82	11	15
	环境改善				88.68	80.38	16	16
32	万元主营业务收入能耗	吨标准煤/万元	0.11	0.14	78.40	61.55	16	16
33	万元地区生产总值用水量	立方米/万元	29.42	33.25	84.98	75.20	23	20
34	环境空气质量指数	%	61.70	63.75	100.00	100.00	1	1
	综合指数				43.26	36.88	22	24

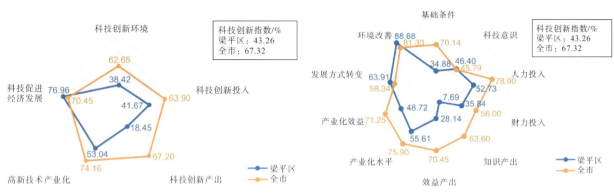

图 3-70 梁平区一级指标雷达图   图 3-71 梁平区二级指标雷达图

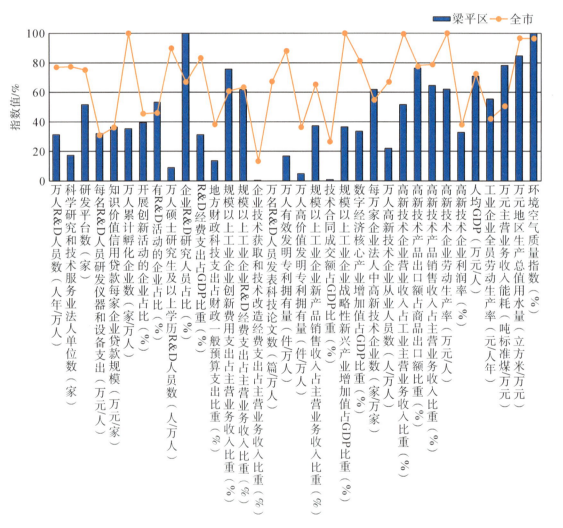

图 3-72 梁平区三级指标指数值（监测值/标准值×100%）线柱图

城口县

城口县科技创新指数为 15.08%，在全市排名第 38 位，与上年相比位次保持不变。

城口县科技创新环境指数为 13.84%，排在全市第 38 位，与上年相比位次下降 5 位。其中，基础条件指数为 11.01%，排在全市第 35 位，与上年相比位次下降 5 位；科技意识指数为 20.23%，排在全市第 38 位，与上年相比位次下降 3 位。三级指标中，表现较为突出的指标为，每名 R&D 人员研发仪器和设备支出为 2.6 万元，排在全市第 6 位。存在不足的指标为，万人 R&D 人员数为 2.33 人年，排在全市第 37 位，与上年持平；研发平台数为 1 家，排在全市第 37 位，与上年持平；科学研究和技术服务业法人单位数 83.00 家，排在全市第 38 位，与上年持平。

城口县科技创新投入指数为 3.56%，排在全市第 38 位，与上年相比位次不变。其中，人力投入指数为 1.32%，排在全市第 38 位，与上年相比位次保持不变；财力投入指数为 4.75%，排在全市第 38 位，与上年相比位次保持不变。三级指标中，表现较为突出的指标为，万人硕士研究生及以上学历 R&D 人员数为 0.41 人，排在全市第 32 位，与上年相比上升 6 位。存在不足的指标为，地方财政科技支出占财政一般预算支出比重为 0.16%，排在全市第 37 位，与上年持平。

城口县科技创新产出指数为 5.58%，排在全市第 36 位，与上年相比位次不变。其中，知识产出指数为 1.88%，排在全市第 37 位，与上年相比位次下降 2 位；效益产出指数为 8.92%，排在全市第 33 位，与上年相比位次上升 1 位。三级指标中，表现较为突出的指标为，数字经济核心产业增加值占 GDP 比重为 1.63%，排在全市第 26 位，与上年相比上升 2 位。存在不足的指标为，万名 R&D 人员发表科技论文数为 0 篇，排在全市第 34 位，与上年相比下降 8 位。

城口县高新技术产业化指数为 16.69%，排在全市第 38 位，与上年相比位次下降 1 位。其中，产业化水平指数为 10.80%，排在全市第 38 位，与上年相比位次下降 3 位；产业化效益指数为 26.55%，排在全市第 36 位，与上年相比位次上升 1 位。三级指标中，表现较为突出的指标为，高新技术企业利润率为 4.71%，排在全市第 28 位，与上年相比上升 8 位。存在不足的指标为，高新技术企业营业收入占工业主营业务收入比重为 2.10%，排在全市第 37 位，与上年相比位次保持不变。

城口县科技促进经济发展指数为 45.21%，排在全市第 37 位，与上年相比位次上升 1 位。其中，发展方式转变指数为 33.06%，排在全市第 36 位，与上年相比位次保持不变；环境改善指数为 56.11%，排在全市第 37 位，与上年相比位次上升 1 位。三级指标中，表现较为突出的指标为，工业企业全员劳动生产率为 418 252.50 元/人年，排在全市第 22 位，与上年相比上升 1 位；万元地区生产总值用水量为 69.45 立方米，排在全市第 37 位，与上年相比上升 1 位。存在不足的指标为，人均 GDP 为 3.07 万元，排在全市第 38 位，与上年持平。

具体情况如表 3-25、图 3-73 至图 3-75 所示。

表 3-25　城口县各级指标监测值、指数值和位次与上年比较

序号	指标名称	单位	监测值		指数值/%		位次	
			2021	2020	2021	2020	2021	2020
	科技创新环境				13.84	20.03	38	33
	基础条件				11.01	18.89	35	30
1	万人 R&D 人员数	人年/万人	2.33	1.06	4.66	2.13	37	37
2	科学研究和技术服务业法人单位数	家	83	74	8.30	7.40	38	38
3	研发平台数	家	1	1	1.00	1.00	37	37
4	每名 R&D 人员研发仪器和设备支出	万元/人	2.60	6.16	43.33	100.00	6	1
5	知识价值信用贷款每家企业贷款规模	万元/家	100.00	93.75	20.00	18.75	34	33
6	万人累计孵化企业数	家/万人	0	0	0	0	24	20
	科技意识				20.23	22.61	38	35
7	开展创新活动的企业占比	%	40.48	38.10	40.48	38.10	25	22
8	有 R&D 活动的企业占比	%	0	7.14	0	7.14	38	36
	科技创新投入				3.56	2.49	38	38
	人力投入				1.32	0.16	38	38
9	万人硕士研究生及以上学历 R&D 人员数	人/万人	0.41	0.05	2.53	0.32	32	38
10	企业 R&D 研究人员占比		0	0	0	0	38	38
	财力投入				4.75	3.71	38	38
11	R&D 经费支出占 GDP 比重	%	0.37	0.20	14.26	7.56	32	34
12	地方财政科技支出占财政一般预算支出比重	%	0.16	0.12	3.20	2.44	37	37
13	规模以上工业企业创新费用支出占主营业务收入比重	%	0	0.06	0	1.93	38	38
14	规模以上工业企业 R&D 经费支出占主营业务收入比重	%	0	0.09	0	3.53	38	38
15	企业技术获取和技术改造经费支出占主营业务收入比重	%	0	0	0	0	33	34
	科技创新产出				5.58	6.69	36	36
	知识产出				1.88	5.38	37	35
16	万名 R&D 人员发表科技论文数	篇/万人	0	270.27	0	7.72	34	26
17	万人有效发明专利拥有量	件/万人	0.66	0.51	4.39	3.37	35	36
18	万人高价值发明专利拥有量	件/万人	0.10	—	0.83	—	33	—
	效益产出				8.92	7.88	33	34
19	规模以上工业企业新产品销售收入占主营业务收入比重	%	0	0	0	0	37	37
20	技术合同成交额占 GDP 比重	%	0	0	0	0	31	27
21	规模以上工业企业战略性新兴产业增加值占 GDP 比重	%	1.00	0.91	15.81	14.38	29	29
22	数字经济核心产业增加值占 GDP 比重	%	1.63	1.40	16.28	14.01	26	28
	高新技术产业化				16.69	10.60	38	37
	产业化水平				10.80	15.78	38	35
23	每万家企业法人中高新技术企业数	家/万家	6.47	5.31	4.62	3.79	36	36
24	万人高新技术企业从业人员数	人/万人	5.37	2.38	1.34	0.59	36	36
25	高新技术企业营业收入占工业主营业务收入比重	%	2.10	0.18	6.99	0.59	37	37
26	高新技术产品出口额占商品出口额比重	%	0	0	0	0	31	30
27	高新技术产品销售收入占主营业务收入比重	%	48.25	100.00	53.61	100.00	36	1
	产业化效益				26.55	1.94	36	37
28	高新技术企业劳动生产率	万元/人	26.82	4.33	22.35	3.61	38	37
29	高新技术企业利润率	%	4.71	0	31.41	0	28	36
	科技促进经济发展				45.21	41.59	37	38
	发展方式转变				33.06	27.73	36	36
30	人均 GDP	万元/人	3.07	2.79	25.58	23.28	38	38
31	工业企业全员劳动生产率	元/人年	418 252.50	329 447.00	41.83	32.94	22	23
	环境改善				56.11	54.04	37	38
32	万元主营业务收入能耗	吨标准煤/万元	0.40	0.51	21.01	16.79	28	28
33	万元地区生产总值用水量	立方米/万元	69.45	74.51	36.00	33.55	37	38
34	环境空气质量指数	%	67.77	69.40	100.00	100.00	1	1
	综合指数				15.08	14.79	38	38

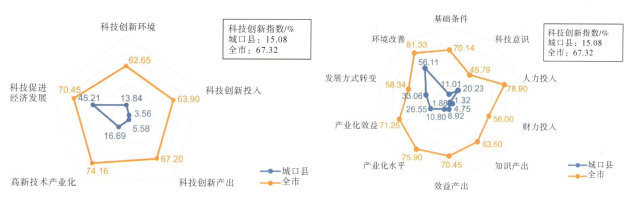

图 3-73　城口县一级指标雷达图　　　　　　　图 3-74　城口县二级指标雷达图

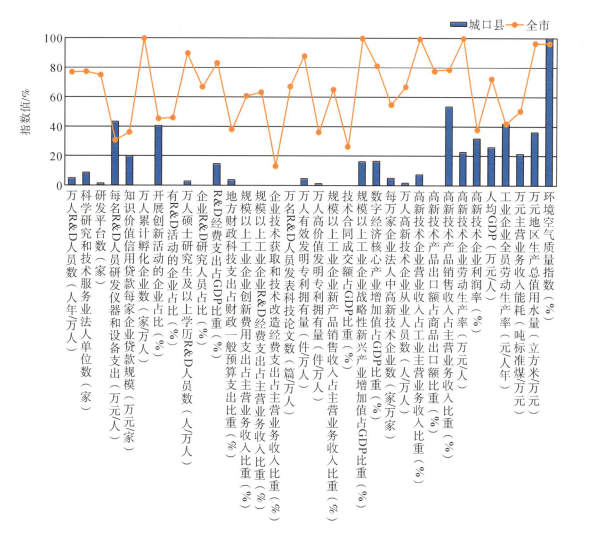

图 3-75　城口县三级指标指数值（监测值/标准值×100%）线柱图

丰都县

丰都县科技创新指数为 25.28%，在全市排名第 35 位，与上年相比位次下降 1 位。

丰都县科技创新环境指数为 23.10%，排在全市第 32 位，与上年相比位次上升 2 位。其中，基础条件指数为 15.75%，排在全市第 32 位，与上年相比位次上升 3 位；科技意识指数为 39.65%，排在全市第 26 位，与上年相比位次上升 3 位。三级指标中，表现较为突出的指标为，有 R&D 活动的企业占比为 39.02%，排在全市第 26 位，与上年相比上升 7 位。存在不足的指标为，开展创新活动的企业占比为 40.28%，排在全市第 27 位，与上年相比下降 3 位。

丰都县科技创新投入指数为 26.25%，排在全市第 31 位，与上年相比位次上升 2 位。其中，人力投入指数为 44.35%，排在全市第 30 位，与上年相比位次保持不变；财力投入指数为 16.72%，排在全市第 34 位，与上年相比位次保持不变。三级指标中，表现较为突出的指标为，万人硕士研究生及以上学历 R&D 人员数为 3.57 人，排在全市第 22 位，与上年相比上升 12 位。存在不足的指标为，规模以上工业企业 R&D 经费支出占主营业务收入比重为 0.72%，排在全市第 34 位，与上年相比下降 8 位。

丰都县科技创新产出指数为 8.88%，排在全市第 33 位，与上年相比位次保持不变。其中，知识产出指数为 3.79%，排在全市第 33 位，与上年相比位次上升 4 位；效益产出指数为 13.46%，排在全市第 28 位，与上年相比位次上升 2 位。三级指标中，表现较为突出的指标为，万名 R&D 人员发表科技论文数为 72.64 篇，排在全市第 28 位，与上年相比上升 7 位。存在不足的指标为，技术合同成交额占 GDP 比重为 0，排在全市第 31 位。

丰都县高新技术产业化指数为 18.74%，排在全市第 37 位，与上年相比位次下降 2 位。其中，产业化水平指数为 16.98%，排在全市第 35 位，与上年相比位次上升 1 位；产业化效益指数为 21.70%，排在全市第 37 位，与上年相比位次下降 3 位。三级指标中，表现较为突出的指标为，每万家企业法人中高新技术企业数为 14.01 家，排在全市第 30 位，与上年相比上升 2 位。存在不足的指标为，高新技术企业利润率为 0.31%，排在全市第 36 位，与上年相比下降 10 位。

丰都县科技促进经济发展指数为 60.30%，排在全市第 27 位，与上年相比位次保持不变。其中，发展方式转变指数为 58.77%，排在全市第 19 位，与上年相比位次下降 2 位；环境改善指数为 61.68%，排在全市第 32 位，与上年相比位次上升 1 位。三级指标中，表现较为突出的指标为，万元主营业务收入能耗为 0.89 吨标准煤，排在全市第 36 位，与上年持平；环境空气质量指数为 60.07%，排在全市第 1 位，与上年持平。存在不足的指标为，万元地区生产总值用水量为 35.61 立方米，排在全市第 31 位，与上年相比下降 2 位。

具体情况如表 3-26、图 3-76 至图 3-78 所示。

表 3-26　丰都县各级指标监测值、指数值和位次与上年比较

序号	指标名称	单位	监测值		指数值/%		位次	
			2021	2020	2021	2020	2021	2020
	科技创新环境				**23.10**	**19.30**	**32**	**34**
	基础条件				15.75	14.21	32	35
1	万人 R&D 人员数	人年/万人	6.10	3.83	12.20	7.66	32	31
2	科学研究和技术服务业法人单位数	家	195	139	19.50	13.90	33	35
3	研发平台数	家	23	19	23.00	19.00	27	27
4	每名 R&D 人员研发仪器和设备支出	万元/人	1.34	1.94	22.28	32.34	24	29
5	知识价值信用贷款每家企业贷款规模	万元/家	127.78	100.00	25.56	20.00	32	31
6	万人累计孵化企业数	家/万人	0	0	0	0	24	20
	科技意识				39.65	30.74	26	29
7	开展创新活动的企业占比	%	40.28	37.81	40.28	37.81	27	24
8	有 R&D 活动的企业占比	%	39.02	23.68	39.02	23.68	26	33
	科技创新投入				**26.25**	**15.13**	**31**	**33**
	人力投入				44.35	14.12	30	30
9	万人硕士研究生及以上学历 R&D 人员数	人/万人	3.57	0.38	22.31	2.36	22	34
10	企业 R&D 研究人员占比	%	47.73	18.78	68.18	26.83	22	19
	财力投入				16.72	15.67	34	34
11	R&D 经费支出占 GDP 比重	%	0.36	0.36	13.94	13.74	34	31
12	地方财政科技支出占财政一般预算支出比重	%	0.17	0.15	3.46	3.01	36	36
13	规模以上工业企业创新费用支出占主营业务收入比重	%	1.21	0.41	40.38	13.81	27	37
14	规模以上工业企业 R&D 经费支出占主营业务收入比重	%	0.72	1.03	28.86	41.35	34	26
15	企业技术获取和技术改造经费支出占主营业务收入比重	%	0.02	0.01	0.82	0.33	29	33
	科技创新产出				**8.88**	**8.58**	**33**	**33**
	知识产出				3.79	2.85	33	37
16	万名 R&D 人员发表科技论文数	篇/万人	72.64	0	2.08	0	28	35
17	万人有效发明专利拥有量	件/万人	1.11	0.79	7.42	5.28	30	32
18	万人高价值发明专利拥有量	件/万人	0.18	—	1.50	—	30	—
	效益产出				13.46	13.74	28	30
19	规模以上工业企业新产品销售收入占主营业务收入比重	%	4.94	4.58	12.36	11.45	31	31
20	技术合同成交额占 GDP 比重	%	0	0	0	0	31	27
21	规模以上工业企业战略性新兴产业增加值占 GDP 比重	%	0.89	0.81	14.08	12.83	30	30
22	数字经济核心产业增加值占 GDP 比重	%	2.34	2.61	23.43	26.11	21	21
	高新技术产业化				**18.74**	**20.86**	**37**	**35**
	产业化水平				16.98	12.78	35	36
23	每万家企业法人中高新技术企业数	家/万家	14.01	9.94	10.01	7.10	30	32
24	万人高新技术企业从业人员数	人/万人	23.90	15.22	5.97	3.81	31	32
25	高新技术企业营业收入占工业主营业务收入比重	%	5.07	3.76	16.90	12.53	34	35
26	高新技术产品出口额占商品出口额比重	%	0	0	0	0	31	30
27	高新技术产品销售收入占主营业务收入比重	%	59.19	46.22	65.76	51.36	33	33
	产业化效益				21.70	34.36	37	34
28	高新技术企业劳动生产率	万元/人	46.36	48.88	38.63	40.73	37	35
29	高新技术企业利润率	%	0.31	4.05	2.07	26.98	36	26
	科技促进经济发展				**60.30**	**55.84**	**27**	**27**
	发展方式转变				58.77	52.14	19	17
30	人均 GDP	万元/人	6.74	6.03	56.13	50.29	28	27
31	工业企业全员劳动生产率	元/人年	618 666.20	543 103.00	61.87	54.31	8	6
	环境改善				61.68	59.17	32	33
32	万元主营业务收入能耗	吨标准煤/万元	0.89	0.98	9.55	8.66	36	36
33	万元地区生产总值用水量	立方米/万元	35.61	40.23	70.20	62.14	31	29
34	环境空气质量指数	%	60.07	62.39	100.00	100.00	1	1
	综合指数				**25.28**	**21.79**	**35**	**34**

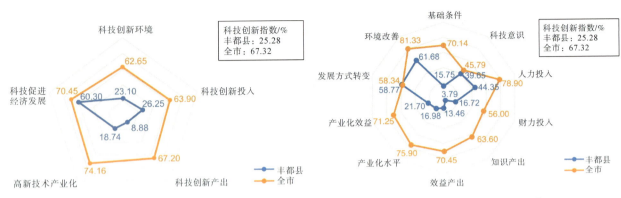

图 3-76　丰都县一级指标雷达图　　　　图 3-77　丰都县二级指标雷达图

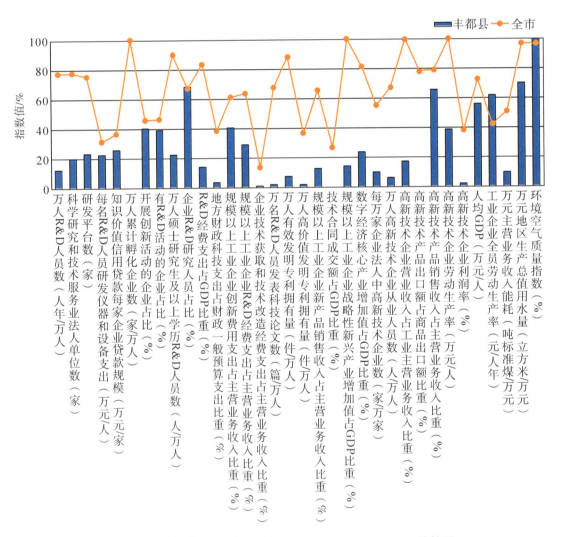

图 3-78　丰都县三级指标指数值（监测值/标准值×100%）线柱图

垫江县

垫江县科技创新指数为 39.64%，在全市排名第 25 位，与上年相比位次上升 1 位。

垫江县科技创新环境指数为 32.56%，排在全市第 25 位，与上年相比位次保持不变。其中，基础条件指数为 24.79%，排在全市第 26 位，与上年相比位次上升 1 位；科技意识指数为 50.05%，排在全市第 8 位，与上年相比位次下降 4 位。三级指标中，表现较为突出的指标为，科学研究和技术服务业法人单位数为 441 家，排在全市第 20 位，与上年相比上升 6 位。存在不足的指标为，有 R&D 活动的企业占比为 41.96%，排在全市第 21 位，与上年相比下降 12 位。

垫江县科技创新投入指数为 40.46%，排在全市第 24 位，与上年相比位次保持不变。其中，人力投入指数为 60.61%，排在全市第 15 位，与上年相比位次上升 9 位；财力投入指数为 29.85%，排在全市第 24 位，与上年相比位次保持不变。三级指标中，表现较为突出的指标为，万人硕士研究生及以上学历 R&D 人员数为 4.21 人，排在全市第 21 位，与上年相比上升 4 位。存在不足的指标为，企业技术获取和技术改造经费支出占主营业务收入比重为 0.02%，排在全市第 30 位，与上年相比下降 11 位。

垫江县科技创新产出指数为 13.60%，排在全市第 28 位，与上年相比位次上升 3 位。其中，知识产出指数为 8.81%，排在全市第 27 位，与上年相比位次上升 3 位；效益产出指数为 17.91%，排在全市第 26 位，与上年相比位次保持不变。三级指标中，表现较为突出的指标为，万名 R&D 人员发表科技论文数为 23.78 篇，排在全市第 31 位，与上年相比上升 3 位。存在不足的指标为，技术合同成交额占 GDP 比重为 0，排在全市第 29 位。

垫江县高新技术产业化指数为 57.41%，排在全市第 23 位，与上年相比位次上升 1 位。其中，产业化水平指数为 48.70%，排在全市第 28 位，与上年相比位次下降 6 位；产业化效益指数为 71.97%，排在全市第 11 位，与上年相比位次上升 18 位。三级指标中，表现较为突出的指标为，高新技术企业利润率为 11.30%，排在全市第 5 位，与上年相比上升 15 位。存在不足的指标为，高新技术产品出口额占商品出口额比重为 20.74%，排在全市第 30 位，与上年相比下降 29 位。

垫江县科技促进经济发展指数为 64.66%，排在全市第 24 位，与上年相比位次保持不变。其中，发展方式转变指数为 53.70%，排在全市第 25 位，与上年相比位次保持不变；环境改善指数为 74.51%，排在全市第 22 位，与上年相比位次上升 1 位。三级指标中，表现较为突出的指标为，人均 GDP 为 7.72 万元，排在全市第 19 位，与上年相比上升 1 位。存在不足的指标为，环境空气质量指数为 59.85%，排在全市第 19 位，与上年相比下降 18 位。

具体情况如表 3-27、图 3-79 至图 3-81 所示。

表 3-27　垫江县各级指标监测值、指数值和位次与上年比较

序号	指标名称	单位	监测值		指数值/%		位次	
			2021	2020	2021	2020	2021	2020
	科技创新环境				32.56	32.39	25	25
	基础条件				24.79	23.94	26	27
1	万人 R&D 人员数	人年/万人	16.35	12.97	32.70	25.95	21	23
2	科学研究和技术服务业法人单位数	家	441	286	44.10	28.60	20	26
3	研发平台数	家	37	41	37.00	41.00	23	22
4	每名 R&D 人员研发仪器和设备支出	万元/人	0.74	1.30	12.40	21.63	34	34
5	知识价值信用贷款每家企业贷款规模	万元/家	136.11	161.11	27.22	32.22	28	17
6	万人累计孵化企业数	家/万人	0	0	0	0	24	20
	科技意识				50.05	51.42	8	4
7	开展创新活动的企业占比	%	58.15	52.48	58.15	52.48	1	2
8	有 R&D 活动的企业占比	%	41.96	50.38	41.96	50.38	21	9
	科技创新投入				40.46	29.93	24	24
	人力投入				60.61	21.71	15	24
9	万人硕士研究生及以上学历 R&D 人员数	人/万人	4.21	1.85	26.32	11.54	21	25
10	企业 R&D 研究人员占比	%	68.38	22.89	97.69	32.71	10	12
	财力投入				29.85	34.26	24	24
11	R&D 经费支出占 GDP 比重	%	0.65	0.70	25.05	27.08	24	24
12	地方财政科技支出占财政一般预算支出比重	%	1.27	1.28	25.44	25.56	15	15
13	规模以上工业企业创新费用支出占主营业务收入比重	%	1.31	1.22	43.68	40.63	24	27
14	规模以上工业企业 R&D 经费支出占主营业务收入比重	%	1.30	1.70	51.81	67.80	19	12
15	企业技术获取和技术改造经费支出占主营业务收入比重	%	0.02	0.13	0.80	5.08	30	19
	科技创新产出				13.60	13.11	28	31
	知识产出				8.81	8.38	27	30
16	万名 R&D 人员发表科技论文数	篇/万人	23.78	22.52	0.68	0.64	31	34
17	万人有效发明专利拥有量	件/万人	2.66	2.25	17.72	14.98	26	24
18	万人高价值发明专利拥有量	件/万人	0.75	—	6.25	—	22	—
	效益产出				17.91	17.37	26	26
19	规模以上工业企业新产品销售收入占主营业务收入比重	%	23.00	23.45	57.49	58.61	13	15
20	技术合同成交额占 GDP 比重	%	0	0	0.06	0.19	29	22
21	规模以上工业企业战略性新兴产业增加值占 GDP 比重	%	0.63	0.56	10.05	8.86	32	34
22	数字经济核心产业增加值占 GDP 比重	%	0.74	0.57	7.41	5.69	38	38
	高新技术产业化				57.41	51.98	23	24
	产业化水平				48.70	56.82	28	22
23	每万家企业法人中高新技术企业数	家/万家	33.31	24.54	23.79	17.53	25	25
24	万人高新技术企业从业人员数	人/万人	92.52	77.93	23.13	19.48	21	21
25	高新技术企业营业收入占工业主营业务收入比重	%	25.73	19.06	85.77	63.53	17	21
26	高新技术产品出口额占商品出口额比重	%	20.74	81.16	25.93	100.00	30	1
27	高新技术产品销售收入占主营业务收入比重	%	83.77	84.37	93.08	93.74	9	6
	产业化效益				71.97	43.88	11	29
28	高新技术企业劳动生产率	万元/人	82.91	62.06	69.09	51.72	26	30
29	高新技术企业利润率	%	11.30	5.22	75.31	34.79	5	20
	科技促进经济发展				64.66	59.05	24	24
	发展方式转变				53.70	46.43	25	25
30	人均 GDP	万元/人	7.72	6.85	64.36	57.05	19	20
31	工业企业全员劳动生产率	元/人年	412 048.37	339 925.00	41.20	33.99	25	20
	环境改善				74.51	70.39	22	23
32	万元主营业务收入能耗	吨标准煤/万元	0.18	0.22	46.01	39.03	21	21
33	万元地区生产总值用水量	立方米/万元	34.23	37.80	73.03	66.14	28	26
34	环境空气质量指数	%	59.85	63.69	99.76	100.00	19	1
	综合指数				39.64	35.41	25	26

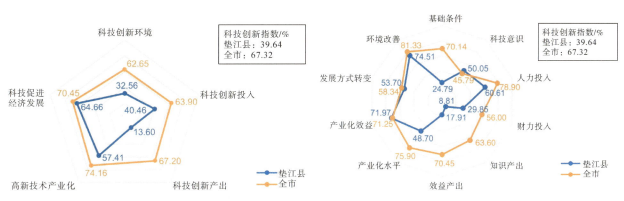

图 3-79　垫江县一级指标雷达图　　　　　　　图 3-80　垫江县二级指标雷达图

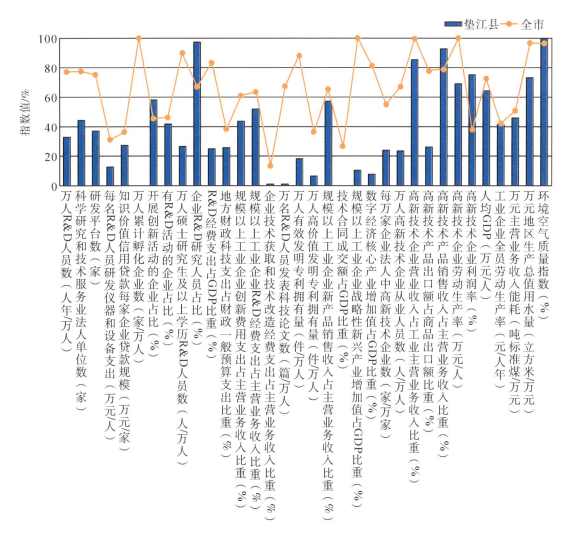

图 3-81　垫江县三级指标指数值（监测值/标准值×100%）线柱图

武隆区

武隆区科技创新指数为 30.15%，在全市排名第 31 位，与上年相比位次下降 1 位。

武隆区科技创新环境指数为 14.95%，排在全市第 36 位，与上年相比位次上升 1 位。其中，基础条件指数为 8.81%，排在全市第 36 位，与上年相比位次上升 2 位；科技意识指数为 28.77%，排在全市第 36 位，与上年相比位次下降 4 位。三级指标中，表现较为突出的指标为，每名 R&D 人员研发仪器和设备支出为 0.31 万元，排在全市第 36 位，与上年相比上升 2 位。存在不足的指标为，有 R&D 活动的企业占比为 26.83%，排在全市第 34 位，与上年相比下降 7 位。

武隆区科技创新投入指数为 22.99%，排在全市第 33 位，与上年相比位次下降 2 位。其中，人力投入指数为 29.27%，排在全市第 34 位，与上年相比位次保持不变；财力投入指数为 19.69%，排在全市第 30 位，与上年相比位次下降 1 位。三级指标中，表现较为突出的指标为，万人硕士研究生及以上学历 R&D 人员数为 3.17 人，排在全市第 23 位，与上年相比上升 8 位。存在不足的指标为，规模以上工业企业 R&D 经费支出占主营业务收入比重为 0.86%，排在全市第 30 位，与上年相比下降 2 位。

武隆区科技创新产出指数为 9.81%，排在全市第 32 位，与上年相比位次下降 2 位。其中，知识产出指数为 8.11%，排在全市第 28 位，与上年相比位次下降 2 位；效益产出指数为 11.35%，排在全市第 30 位，与上年相比位次下降 1 位。三级指标中，表现较为突出的指标为，万名 R&D 人员发表科技论文数为 803.11 篇，排在全市第 14 位，与上年相比上升 1 位。存在不足的指标为，数字经济核心产业增加值占 GDP 比重为 0.92%，排在全市第 37 位，与上年相比下降 5 位。

武隆区高新技术产业化指数为 49.22%，排在全市第 28 位，与上年相比位次上升 3 位。其中，产业化水平指数为 53.18%，排在全市第 25 位，与上年相比位次上升 5 位；产业化效益指数为 42.58%，排在全市第 32 位，与上年相比位次下降 4 位。三级指标中，表现较为突出的指标为，高新技术产品出口额占商品出口额比重为 100%，排在全市第 1 位，与上年相比上升 29 位。存在不足的指标为，高新技术企业利润率为 4.58%，排在全市第 29 位，与上年相比下降 13 位。

武隆区科技促进经济发展指数为 68.64%，排在全市第 22 位，与上年相比位次下降 2 位。其中，发展方式转变指数为 61.13%，排在全市第 17 位，与上年相比位次下降 5 位；环境改善指数为 75.39%，排在全市第 21 位，与上年相比位次上升 1 位。三级指标中，表现较为突出的指标为，人均 GDP 为 7.35 万元，排在全市第 22 位，与上年相比上升 2 位。存在不足的指标为，工业企业全员劳动生产率为 610 002.05 元/人年，排在全市第 10 位，与上年相比下降 6 位。

具体情况如表 3-28、图 3-82 至图 3-84 所示。

表 3-28 武隆区各级指标监测值、指数值和位次与上年比较

序号	指标名称	单位	监测值 2021	监测值 2020	指数值/% 2021	指数值/% 2020	位次 2021	位次 2020
	科技创新环境				14.95	14.56	36	37
	基础条件				8.81	7.58	36	38
1	万人 R&D 人员数	人年/万人	7.46	6.72	14.91	13.44	27	27
2	科学研究和技术服务业法人单位数	家	180	171	18.00	17.10	34	32
3	研发平台数	家	4	4	4.00	4.00	33	33
4	每名 R&D 人员研发仪器和设备支出	万元/人	0.31	0.10	5.09	1.65	36	38
5	知识价值信用贷款每家企业贷款规模	万元/家	80.00	66.67	16.00	13.33	36	34
6	万人累计孵化企业数	家/万人	0	0	0	0	24	20
	科技意识				28.77	30.28	36	32
7	开展创新活动的企业占比	%	30.71	29.60	30.71	29.60	37	35
8	有 R&D 活动的企业占比	%	26.83	30.95	26.83	30.95	34	27
	科技创新投入				22.99	17.05	33	31
	人力投入				29.27	10.49	34	34
9	万人硕士研究生及以上学历 R&D 人员数	人/万人	3.17	0.59	19.80	3.68	23	31
10	企业 R&D 研究人员占比	%	27.66	12.50	39.51	17.86	31	32
	财力投入				19.69	20.50	30	29
11	R&D 经费支出占 GDP 比重	%	0.41	0.47	15.62	18.03	29	28
12	地方财政科技支出占财政一般预算支出比重	%	0.93	0.81	18.59	16.15	24	25
13	规模以上工业企业创新费用支出占主营业务收入比重	%	0.85	0.79	28.45	26.47	32	31
14	规模以上工业企业 R&D 经费支出占主营业务收入比重	%	0.86	0.96	34.32	38.24	30	28
15	企业技术获取和技术改造经费支出占主营业务收入比重	%	0	0	0	0	33	34
	科技创新产出				9.81	13.74	32	30
	知识产出				8.11	13.52	28	26
16	万名 R&D 人员发表科技论文数	篇/万人	803.11	866.87	22.95	24.77	14	15
17	万人有效发明专利拥有量	件/万人	0.62	0.59	4.11	3.92	36	34
18	万人高价值发明专利拥有量	件/万人	0.06	—	0.50	—	37	—
	效益产出				11.35	13.94	30	29
19	规模以上工业企业新产品销售收入占主营业务收入比重	%	5.54	6.45	13.84	16.12	29	29
20	技术合同成交额占 GDP 比重	%	0	0	0	0	31	27
21	规模以上工业企业战略性新兴产业增加值占 GDP 比重	%	1.34	1.72	21.29	27.23	27	23
22	数字经济核心产业增加值占 GDP 比重	%	0.92	1.11	9.24	11.10	37	32
	高新技术产业化				49.22	35.42	28	31
	产业化水平				53.18	30.22	25	30
23	每万家企业法人中高新技术企业数	家/万家	12.33	10.25	8.81	7.32	32	31
24	万人高新技术企业从业人员数	人/万人	43.79	35.40	10.95	8.85	27	27
25	高新技术企业营业收入占工业主营业务收入比重	%	19.34	16.94	64.47	56.45	21	24
26	高新技术产品出口额占商品出口额比重	%	100.00	0	100.00	0	1	30
27	高新技术产品销售收入占主营业务收入比重	%	82.67	84.52	91.86	93.91	11	5
	产业化效益				42.58	44.13	32	28
28	高新技术企业劳动生产率	万元/人	63.54	59.12	52.95	49.27	31	31
29	高新技术企业利润率	%	4.58	5.73	30.57	38.17	29	16
	科技促进经济发展				68.64	64.77	22	20
	发展方式转变				61.13	57.39	17	12
30	人均 GDP	万元/人	7.35	6.28	61.24	52.32	22	24
31	工业企业全员劳动生产率	元/人年	610 002.05	633 346.00	61.00	63.33	10	4
	环境改善				75.39	71.39	21	22
32	万元主营业务收入能耗	吨标准煤/万元	0.18	0.19	47.66	43.87	20	20
33	万元地区生产总值用水量	立方米/万元	33.84	39.11	73.88	63.92	27	28
34	环境空气质量指数	%	62.74	65.45	100.00	100.00	1	1
	综合指数				30.15	26.41	31	30

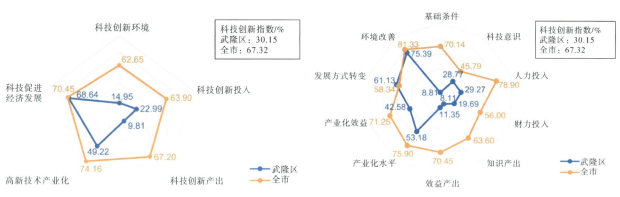

图 3-82　武隆区一级指标雷达图　　　　　图 3-83　武隆区二级指标雷达图

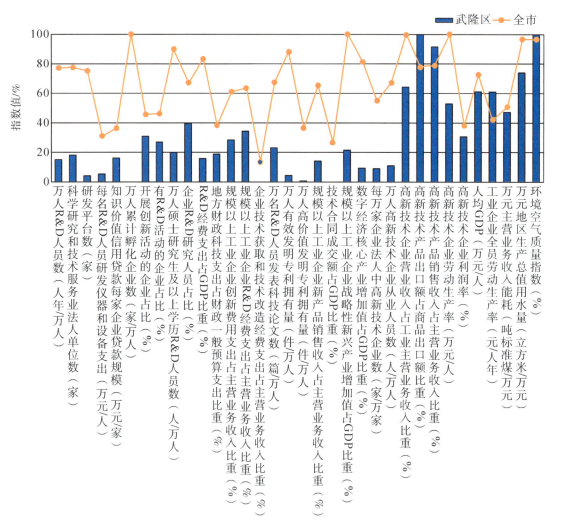

图 3-84　武隆区三级指标指数值（监测值/标准值×100%）线柱图

忠　县

忠县科技创新指数为 41.64%，在全市排名第 24 位，与上年相比位次下降 1 位。

忠县科技创新环境指数为 21.90%，排在全市第 33 位，与上年相比位次下降 4 位。其中，基础条件指数为 15.11%，排在全市第 33 位，与上年相比位次下降 2 位；科技意识指数为 37.19%，排在全市第 28 位，与上年相比位次下降 4 位。三级指标中，表现较为突出的指标为，开展创新活动的企业占比为 41.06%，排在全市第 22 位，与上年相比上升 4 位。存在不足的指标，有 R&D 活动的企业占比为 33.33%，排在全市第 29 位，与上年相比下降 9 位。

忠县科技创新投入指数为 31.53%，排在全市第 27 位，与上年相比位次保持不变。其中，人力投入指数为 45.94%，排在全市第 28 位，与上年相比位次下降 1 位；财力投入指数为 23.95%，排在全市第 28 位，与上年相比位次下降 1 位。三级指标中，表现较为突出的指标为，企业技术获取和技术改造经费支出占主营业务收入比重为 0.20%，排在全市第 12 位，与上年相比上升 3 位。存在不足的指标为，规模以上工业企业 R&D 经费支出占主营业务收入比重为 1.12%，排在全市第 25 位，与上年相比下降 8 位。

忠县科技创新产出指数为 24.49%，排在全市第 22 位，与上年相比位次下降 2 位。其中，知识产出指数为 3.65%，排在全市第 34 位，与上年相比位次下降 7 位；效益产出指数为 43.24%，排在全市第 16 位，与上年相比位次保持不变。三级指标中，表现较为突出的指标为，数字经济核心产业增加值占 GDP 比重为 3.82%，排在全市第 16 位，与上年相比上升 4 位。存在不足的指标为，万名 R&D 人员发表科技论文数为 53.62 篇，排在全市第 29 位，与上年相比下降 11 位。

忠县高新技术产业化指数为 70.99%，排在全市第 15 位，与上年相比位次下降 1 位。其中，产业化水平指数为 63.26%，排在全市第 19 位，与上年相比位次上升 1 位；产业化效益指数为 83.91%，排在全市第 5 位，与上年相比位次下降 2 位。三级指标中，表现较为突出的指标为，高新技术产品销售收入占主营业务收入比重为 95.16%，高新技术企业劳动生产率为 272.76 万元/人，均排在全市第 1 位，且位次与上年持平。存在不足的指标为，高新技术企业利润率为 9.79%，排在全市第 7 位，与上年相比下降 2 位。

忠县科技促进经济发展指数为 73.00%，排在全市第 17 位，与上年相比位次上升 1 位。其中，发展方式转变指数为 72.74%，排在全市第 7 位，与上年相比位次保持不变；环境改善指数为 73.24%，排在全市第 23 位，与上年相比位次下降 2 位。三级指标中，表现较为突出的指标为，万元地区生产总值用水量为 16.75 立方米，排在全市第 1 位；人均 GDP 为 6.78 万元，排在全市第 27 位，与上年相比上升 1 位。存在不足的指标为，工业企业全员劳动生产率为 918 051.66 元/人年，排在全市第 3 位，与上年相比下降 1 位。

具体情况如表 3-29、图 3-85 至图 3-87 所示。

表 3-29　忠县各级指标监测值、指数值和位次与上年比较

序号	指标名称	单位	监测值 2021	监测值 2020	指数值/% 2021	指数值/% 2020	位次 2021	位次 2020
	科技创新环境				21.90	23.60	33	29
	基础条件				15.11	17.46	33	31
1	万人 R&D 人员数	人年/万人	5.26	4.56	10.51	9.12	30	30
2	科学研究和技术服务业法人单位数	家	286	233	28.60	23.30	29	27
3	研发平台数	家	15	17	15.00	17.00	30	29
4	每名 R&D 人员研发仪器和设备支出	万元/人	1.32	2.52	22.05	42.08	25	20
5	知识价值信用贷款每家企业贷款规模	万元/家	129.06	125.65	25.81	25.13	30	29
6	万人累计孵化企业数	家/万人	0	0	0	0	24	20
	科技意识				37.19	37.44	28	24
7	开展创新活动的企业占比	%	41.06	37.67	41.06	37.67	22	26
8	有 R&D 活动的企业占比	%	33.33	37.21	33.33	37.21	29	20
	科技创新投入				31.53	24.10	27	27
	人力投入				45.94	17.98	28	27
9	万人硕士研究生及以上学历 R&D 人员数	人/万人	1.29	0.85	8.06	5.29	29	28
10	企业 R&D 研究人员占比	%	60.82	22.19	86.89	31.70	17	13
	财力投入				23.95	27.32	28	27
11	R&D 经费支出占 GDP 比重	%	0.44	0.50	16.93	19.29	28	28
12	地方财政科技支出占财政一般预算支出比重	%	0.58	0.54	11.68	10.77	28	28
13	规模以上工业企业创新费用支出占主营业务收入比重	%	1.24	1.24	41.19	41.23	25	26
14	规模以上工业企业 R&D 经费支出占主营业务收入比重	%	1.12	1.47	44.74	58.61	25	17
15	企业技术获取和技术改造经费支出占主营业务收入比重	%	0.20	0.16	7.88	6.48	12	15
	科技创新产出				24.49	27.08	22	20
	知识产出				3.65	11.96	34	27
16	万名 R&D 人员发表科技论文数	篇/万人	53.62	681.06	1.53	19.46	29	18
17	万人有效发明专利拥有量	件/万人	1.08	0.83	7.21	5.55	31	31
18	万人高价值发明专利拥有量	件/万人	0.21	—	1.75	—	29	—
	效益产出				43.24	40.70	16	16
19	规模以上工业企业新产品销售收入占主营业务收入比重	%	11.36	16.25	28.39	40.63	24	22
20	技术合同成交额占 GDP 比重	%	0	0	0.02	0	30	27
21	规模以上工业企业战略性新兴产业增加值占 GDP 比重	%	6.26	5.80	99.35	92.02	14	14
22	数字经济核心产业增加值占 GDP 比重	%	3.82	2.67	38.25	26.72	16	20
	高新技术产业化				70.99	70.70	15	14
	产业化水平				63.26	62.59	19	20
23	每万家企业法人中高新技术企业数	家/万家	18.99	16.07	13.56	11.48	27	28
24	万人高新技术企业从业人员数	人/万人	33.23	29.03	8.31	7.26	28	28
25	高新技术企业营业收入占工业主营业务收入比重	%	38.98	43.84	100.00	100.00	1	1
26	高新技术产品出口额占商品出口额比重	%	100.00	100.00	100.00	100.00	1	1
27	高新技术产品销售收入占主营业务收入比重	%	95.16	93.62	100.00	100.00	1	1
	产业化效益				83.91	84.28	5	3
28	高新技术企业劳动生产率	万元/人	272.76	270.95	100.00	100.00	1	1
29	高新技术企业利润率	%	9.79	9.91	65.27	66.05	7	5
	科技促进经济发展				73.00	67.22	17	18
	发展方式转变				72.74	62.36	7	7
30	人均 GDP	万元/人	6.78	5.93	56.47	49.41	27	28
31	工业企业全员劳动生产率	元/人年	918 051.66	775 139.00	91.81	77.51	3	2
	环境改善				73.24	71.59	23	21
32	万元主营业务收入能耗	吨标准煤/万元	0.43	0.58	19.70	14.75	29	29
33	万元地区生产总值用水量	立方米/万元	16.75	20.18	100.00	100.00	1	1
34	环境空气质量指数	%	63.35	64.49	100.00	100.00	1	1
	综合指数				41.64	40.14	24	23

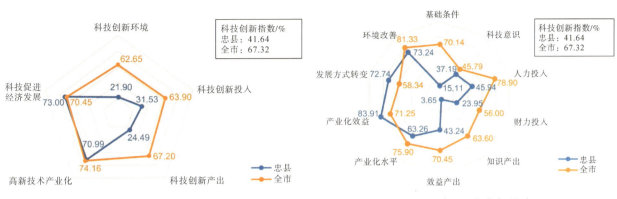

图 3-85　忠县一级指标雷达图　　　　　图 3-86　忠县二级指标雷达图

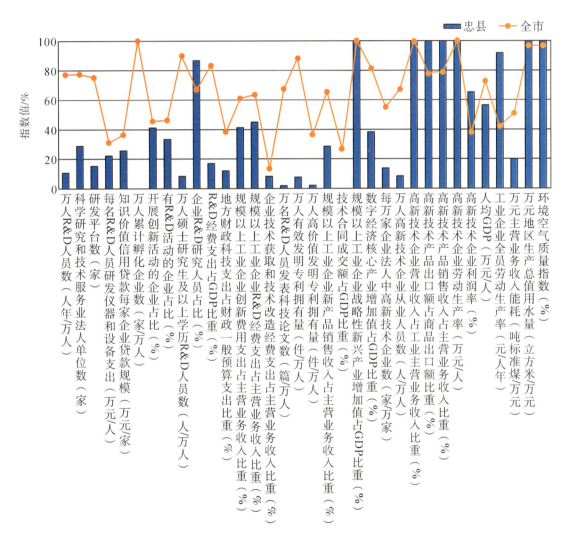

图 3-87　忠县三级指标指数值（监测值/标准值×100%）线柱图

开州区

开州区科技创新指数为 36.45%，在全市排名第 27 位，与上年相比位次上升 2 位。

开州区科技创新环境指数为 29.43%，排在全市第 27 位，与上年相比位次上升 1 位。其中，基础条件指数为 24.40%，排在全市第 27 位，与上年相比位次上升 1 位；科技意识指数为 40.76%，排在全市第 25 位，与上年相比位次上升 2 位。三级指标中，表现较为突出的指标为，有 R&D 活动的企业占比为 44.44%，排在全市第 20 位，与上年相比上升 9 位。存在不足的指标为，开展创新活动的企业占比为 37.07%，排在全市第 33 位，与上年相比下降 8 位。

开州区科技创新投入指数为 32.62%，排在全市第 26 位，与上年相比位次上升 2 位。其中，人力投入指数为 48.13%，排在全市第 26 位，与上年相比位次上升 6 位；财力投入指数为 24.46%，排在全市第 26 位，与上年相比位次上升 4 位。三级指标中，表现较为突出的指标为，企业 R&D 研究人员占比为 95.40%，排在全市第 1 位，与上年相比上升 28 位。存在不足的指标为，企业技术获取和技术改造经费支出占主营业务收入比重为 0.24%，排在全市第 10 位，与上年相比下降 2 位。

开州区科技创新产出指数为 19.88%，排在全市第 25 位，与上年相比位次上升 1 位。其中，知识产出指数为 5.39%，排在全市第 31 位，与上年相比位次上升 3 位；效益产出指数为 32.93%，排在全市第 19 位，与上年相比位次上升 1 位。三级指标中，表现较为突出的指标为，技术合同成交额占 GDP 比重为 0.20%，排在全市第 15 位，与上年相比上升 12 位。存在不足的指标为，规模以上工业企业新产品销售收入占主营业务收入比重为 31.93%，排在全市第 5 位，与上年相比下降 2 位。

开州区高新技术产业化指数为 50.97%，排在全市第 27 位，与上年相比位次保持不变。其中，产业化水平指数为 50.62%，排在全市第 27 位，与上年相比位次保持不变；产业化效益指数为 51.58%，排在全市第 28 位，与上年相比位次下降 1 位。三级指标中，表现较为突出的指标为，高新技术企业营业收入占工业主营业务收入比重为 15.73%，排在全市第 24 位，与上年相比上升 6 位。存在不足的指标为，高新技术企业利润率为 4.24%，排在全市第 30 位，与上年相比下降 7 位。

开州区科技促进经济发展指数为 58.12%，排在全市第 30 位，与上年相比位次上升 2 位。其中，发展方式转变指数为 42.65%，排在全市第 32 位，与上年相比位次下降 1 位；环境改善指数为 72.02%，排在全市第 24 位，与上年相比位次上升 1 位。三级指标中，表现较为突出的指标为，工业企业全员劳动生产率为 439 187.23 元/人年，排在全市第 18 位，与上年相比上升 10 位。存在不足的指标为，人均 GDP 为 4.99 万元，排在全市第 33 位，与上年相比下降 1 位。

具体情况如表 3-30、图 3-88 至图 3-90 所示。

表 3-30　开州区各级指标监测值、指数值和位次与上年比较

序号	指标名称	单位	监测值		指数值/%		位次	
			2021	2020	2021	2020	2021	2020
	科技创新环境				29.43	25.17	27	28
	基础条件				24.40	21.27	27	28
1	万人 R&D 人员数	人年/万人	7.32	6.04	14.64	12.07	28	28
2	科学研究和技术服务业法人单位数	家	533	355	53.30	35.50	16	19
3	研发平台数	家	28	27	28.00	27.00	26	26
4	每名 R&D 人员研发仪器和设备支出	万元/人	0.25	0.95	4.18	15.82	37	35
5	知识价值信用贷款每家企业贷款规模	万元/家	192.94	176.19	38.59	35.24	12	8
6	万人累计孵化企业数	家/万人	0.19	0.12	19.11	12.45	21	17
	科技意识				40.76	33.96	25	27
7	开展创新活动的企业占比	%	37.07	37.70	37.07	37.70	33	25
8	有 R&D 活动的企业占比	%	44.44	30.22	44.44	30.22	20	29
	科技创新投入				32.62	17.73	26	28
	人力投入				48.13	12.58	26	32
9	万人硕士研究生及以上学历 R&D 人员数	人/万人	0.02	0.59	0.16	3.68	37	30
10	企业 R&D 研究人员占比	%	95.40	15.54	100.00	22.20	1	29
	财力投入				24.46	20.43	26	30
11	R&D 经费支出占 GDP 比重	%	0.61	0.47	23.55	17.99	25	29
12	地方财政科技支出占财政一般预算支出比重	%	0.40	0.37	8.07	7.38	33	32
13	规模以上工业企业创新费用支出占主营业务收入比重	%	1.16	1.08	38.74	35.88	29	29
14	规模以上工业企业 R&D 经费支出占主营业务收入比重	%	1.05	0.83	41.89	33.32	27	31
15	企业技术获取和技术改造经费支出占主营业务收入比重	%	0.24	0.24	9.74	9.79	10	8
	科技创新产出				19.88	20.99	25	26
	知识产出				5.39	6.56	31	34
16	万名 R&D 人员发表科技论文数	篇/万人	159.57	190.05	4.56	5.43	25	28
17	万人有效发明专利拥有量	件/万人	1.54	1.13	10.25	7.53	29	29
18	万人高价值发明专利拥有量	件/万人	0.14	—	1.17	—	32	—
	效益产出				32.93	33.98	19	20
19	规模以上工业企业新产品销售收入占主营业务收入比重	%	31.93	39.97	79.83	99.93	5	3
20	技术合同成交额占 GDP 比重	%	0.20	0	7.85	0	15	27
21	规模以上工业企业战略性新兴产业增加值占 GDP 比重	%	1.54	1.27	24.42	20.13	26	27
22	数字经济核心产业增加值占 GDP 比重	%	2.26	2.02	22.64	20.15	22	23
	高新技术产业化				50.97	45.50	27	27
	产业化水平				50.62	45.51	27	27
23	每万家企业法人中高新技术企业数	家/万家	36.77	28.31	26.27	20.22	23	24
24	万人高新技术企业从业人员数	人/万人	55.15	47.20	13.79	11.80	26	26
25	高新技术企业营业收入占工业主营业务收入比重	%	15.73	12.03	52.44	40.12	24	30
26	高新技术产品出口额占商品出口额比重	%	74.63	77.08	93.29	96.34	14	15
27	高新技术产品销售收入占主营业务收入比重	%	64.71	57.88	71.90	64.31	28	28
	产业化效益				51.58	45.49	28	27
28	高新技术企业劳动生产率	万元/人	86.03	68.27	71.69	56.89	25	25
29	高新技术企业利润率	%	4.24	4.84	28.26	32.27	30	23
	科技促进经济发展				58.12	51.75	30	32
	发展方式转变				42.65	34.35	32	31
30	人均 GDP	万元/人	4.99	4.45	41.57	37.07	33	32
31	工业企业全员劳动生产率	元/人年	439 187.23	311 724.00	43.92	31.17	18	28
	环境改善				72.02	67.39	24	25
32	万元主营业务收入能耗	吨标准煤/万元	0.19	0.22	44.00	38.75	22	22
33	万元地区生产总值用水量	立方米/万元	37.86	45.02	66.03	55.53	32	33
34	环境空气质量指数	%	64.75	64.41	100.00	100.00	1	1
	综合指数				36.45	30.61	27	29

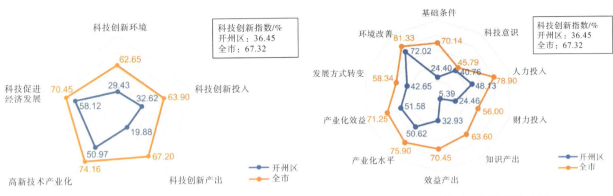

图 3-88 开州区一级指标雷达图   图 3-89 开州区二级指标雷达图

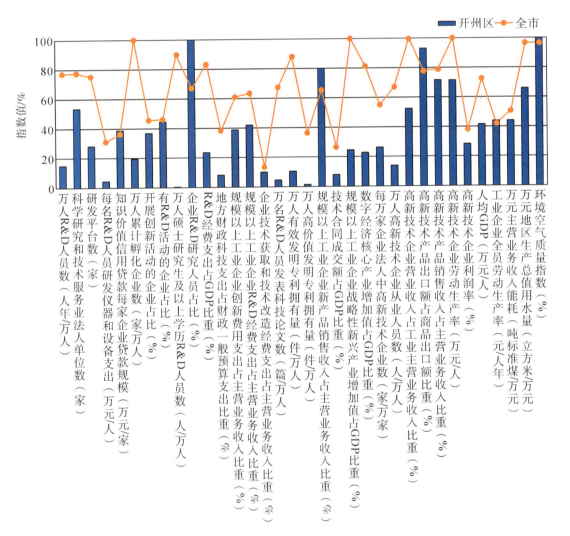

图 3-90 开州区三级指标指数值（监测值/标准值×100%）线柱图

云阳县

云阳县科技创新指数为 27.11%，在全市排名第 33 位，与上年相比位次下降 2 位。

云阳县科技创新环境指数为 17.99%，排在全市第 35 位，与上年相比位次下降 3 位。其中，基础条件指数为 14.38%，排在全市第 34 位，与上年相比位次下降 5 位；科技意识指数为 26.11%，排在全市第 37 位，与上年相比位次保持不变。三级指标中，表现较为突出的指标为，知识价值信用贷款每家企业贷款规模达 136.36 万元，排在全市第 27 位，与上年相比上升 8 位；研发平台数为 16 家，排在全市第 29 位，与上年相比上升 2 位。存在不足的指标为，每名 R&D 人员研发仪器和设备支出为 1.16 万元，排在全市第 27 位，与上年相比下降 26 位。

云阳县科技创新投入指数为 21.10%，排在全市第 35 位，与上年相比位次下降 3 位。其中，人力投入指数为 17.99%，排在全市第 35 位，与上年相比位次保持不变；财力投入指数为 22.73%，排在全市第 29 位，与上年相比位次下降 1 位。三级指标中，表现较为突出的指标为，企业技术获取和技术改造经费支出占主营业务收入比重为 0.70%，排在全市第 4 位，与上年持平。存在不足的指标为，规模以上工业企业创新费用支出占主营业务收入比重为 1.19%，排在全市第 28 位，与上年相比下降 5 位；规模以上工业企业 R&D 经费支出占营业收入的比重为 0.78%，排在全市第 33 位，与上年持平。

云阳县科技创新产出指数为 10.58%，排在全市第 31 位，与上年相比位次上升 1 位。其中，知识产出指数为 3.96%，排在全市第 32 位，与上年相比位次下降 1 位；效益产出指数为 16.54%，排在全市第 27 位，与上年相比位次上升 1 位。三级指标中，表现较为突出的指标为，规模以上工业企业新产品销售收入占主营业务收入比重为 12.32%，排在全市第 22 位，与上年相比上升 4 位。存在不足的指标为，万人有效发明专利拥有量为 0.37 件，排在全市第 38 位，与上年持平。

云阳县高新技术产业化指数为 25.29%，排在全市第 35 位，与上年相比位次下降 1 位。其中，产业化水平指数为 16.92%，排在全市第 36 位，与上年相比位次下降 3 位；产业化效益指数为 39.28%，排在全市第 34 位，与上年相比位次下降 4 位。三级指标中，表现较为突出的指标为，高新技术企业利润率为 5.06%，排在全市第 23 位。存在不足的指标为，高新技术产品销售收入占主营业务收入比重为 66.49%，排在全市第 25 位，与上年相比下降 6 位；高新技术企业营业收入占工业主营业务收入比重为 4.66%，排在全市第 35 位，与上年相比下降 2 位。

云阳县科技促进经济发展指数为 76.56%，排在全市第 15 位，与上年相比位次下降 1 位。其中，发展方式转变指数为 53.92%，排在全市第 24 位，与上年相比位次保持不变。环境改善指数为 96.90%，排在全市第 6 位，与上年相比位次上升 6 位。三级指标中，表现较为突出的指标为，万元主营业务收入能耗、环境空气质量指数均排在全市第 1 位，与上年持平。存在不足的指标为，人均 GDP 为 5.68 万元，排在全市第 29 位。

具体情况如表 3-31、图 3-91 至图 3-93 所示。

表 3-31 云阳县各级指标监测值、指数值和位次与上年比较

序号	指标名称	单位	监测值		指数值/%		位次	
			2021	2020	2021	2020	2021	2020
	科技创新环境				**17.99**	**20.79**	**35**	**32**
	基础条件				14.38	21.12	34	29
1	万人 R&D 人员数	人年/万人	2.67	1.85	5.34	3.70	34	34
2	科学研究和技术服务业法人单位数	家	316	226	31.60	22.60	28	28
3	研发平台数	家	16	10	16.00	10.00	29	31
4	每名 R&D 人员研发仪器和设备支出	万元/人	1.16	18.40	19.32	100.00	27	1
5	知识价值信用贷款每家企业贷款规模	万元/家	136.36	0	27.27	0	27	35
6	万人累计孵化企业数	家/万人	0	0	0	0	24	20
	科技意识				26.11	20.06	37	37
7	开展创新活动的企业占比	%	31.90	33.24	31.90	33.24	36	31
8	有 R&D 活动的企业占比	%	20.33	6.90	20.33	6.90	35	37
	科技创新投入				**21.10**	**16.57**	**35**	**32**
	人力投入				17.99	8.40	35	35
9	万人硕士研究生及以上学历 R&D 人员数	人/万人	0.56	0.99	3.50	6.19	31	27
10	企业 R&D 研究人员占比	%	23.57	7.56	33.67	10.80	34	35
	财力投入				22.73	20.86	29	28
11	R&D 经费支出占 GDP 比重	%	0.37	0.35	14.38	13.37	31	32
12	地方财政科技支出占财政一般预算支出比重	%	0.49	0.36	9.84	7.26	31	33
13	规模以上工业企业创新费用支出占主营业务收入比重	%	1.19	1.38	39.59	46.01	28	23
14	规模以上工业企业 R&D 经费支出占主营业务收入比重	%	0.78	0.68	31.11	27.27	33	33
15	企业技术获取和技术改造经费支出占主营业务收入比重	%	0.70	0.53	28.08	21.14	4	4
	科技创新产出				**10.58**	**11.14**	**31**	**32**
	知识产出				3.96	7.83	32	31
16	万名 R&D 人员发表科技论文数	篇/万人	346.82	506.91	9.91	14.48	21	21
17	万人有效发明专利拥有量	件/万人	0.37	0.32	2.44	2.15	38	38
18	万人高价值发明专利拥有量	件/万人	0.10	—	0.83	—	33	—
	效益产出				16.54	14.12	27	28
19	规模以上工业企业新产品销售收入占主营业务收入比重	%	12.32	10.25	30.80	25.61	22	26
20	技术合同成交额占 GDP 比重	%	0	0	0	0	31	27
21	规模以上工业企业战略性新兴产业增加值占 GDP 比重	%	1.61	1.46	25.62	23.24	25	26
22	数字经济核心产业增加值占 GDP 比重	%	1.00	0.79	9.99	7.88	35	37
	高新技术产业化				**25.29**	**25.68**	**35**	**34**
	产业化水平				16.92	17.23	36	33
23	每万家企业法人中高新技术企业数	家/万家	9.99	8.08	7.14	5.77	34	33
24	万人高新技术企业从业人员数	人/万人	18.08	16.06	4.52	4.02	32	31
25	高新技术企业营业收入占工业主营业务收入比重	%	4.66	5.55	15.53	18.51	35	33
26	高新技术产品出口额占商品出口额比重	%	0	0	0	0	31	30
27	高新技术产品销售收入占主营业务收入比重	%	66.49	66.64	73.88	74.04	25	19
	产业化效益				39.28	39.82	34	30
28	高新技术企业劳动生产率	万元/人	52.92	54.23	44.10	45.19	35	34
29	高新技术企业利润率	%	5.06	5.04	33.70	33.60	23	22
	科技促进经济发展				**76.56**	**71.18**	**15**	**14**
	发展方式转变				53.92	46.83	24	24
30	人均 GDP	万元/人	5.68	4.98	47.37	41.47	29	30
31	工业企业全员劳动生产率	元/人年	615 911.28	530 960.00	61.59	53.10	9	8
	环境改善				96.90	93.06	6	12
32	万元主营业务收入能耗	吨标准煤/万元	0.05	0.08	100.00	100.00	1	1
33	万元地区生产总值用水量	立方米/万元	28.18	33.46	88.70	74.71	21	22
34	环境空气质量指数	%	64.35	65.55	100.00	100.00	1	1
	综合指数				**27.11**	**26.21**	**33**	**31**

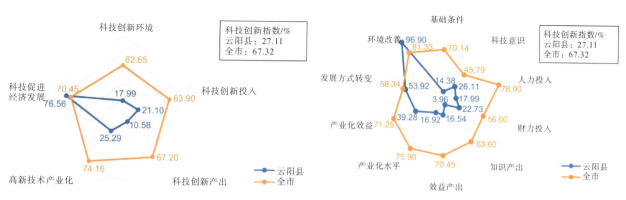

图 3-91 云阳县一级指标雷达图   图 3-92 云阳县二级指标雷达图

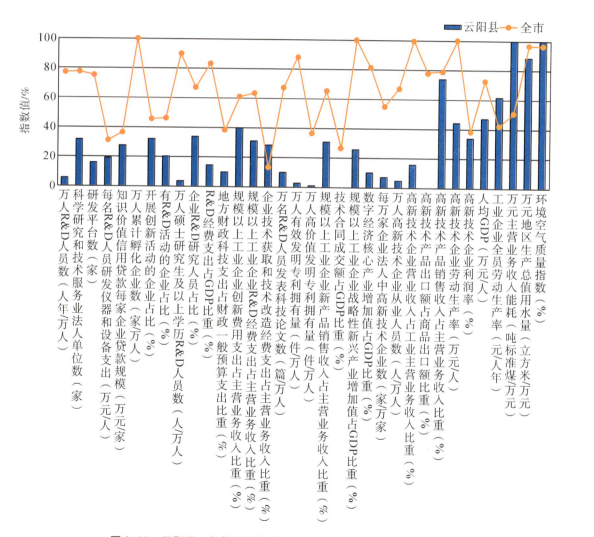

图 3-93 云阳县三级指标指数值（监测值/标准值×100%）线柱图

奉节县

奉节县科技创新指数为 32.17%，在全市排名第 28 位，与上年相比位次保持不变。

奉节县科技创新环境指数为 38.24%，排在全市第 24 位，与上年相比位次保持不变。其中，基础条件指数为 35.16%，排在全市第 23 位，与上年相比位次上升 1 位；科技意识指数为 45.17%，排在全市第 17 位，与上年相比位次下降 1 位。三级指标中，表现较为突出的指标为，知识价值信用贷款每家企业贷款规模为 188.46 万元，排在全市第 13 位，与上年相比上升 7 位；每名 R&D 人员研发仪器和设备支出为 6.53 万元，排在全市第 1 位，与上年相比上升 4 位。存在不足的指标为，万人 R&D 人员数为 4.74 人，排在全市第 31 位，与上年相比下降 2 位。

奉节县科技创新投入指数为 40.69%，排在全市第 23 位，与上年相比位次保持不变。其中，人力投入指数为 37.43%，排在全市第 31 位，与上年相比位次保持不变；财力投入指数为 42.41%，排在全市第 18 位，与上年相比位次下降 1 位。三级指标中，表现较为突出的指标为，企业 R&D 研究人员占比为 51.67%，排在全市第 20 位，与上年相比上升 6 位。存在不足的指标为，企业技术获取和技术改造经费支出占主营业务收入比重为 0.08%，排在全市第 21 位，与上年相比下降 10 位；规模以上工业企业创新费用支出占主营业务收入比重为 1.62%，排在全市第 19 位，与上年相比下降 4 位。

奉节县科技创新产出指数为 10.63%，排在全市第 30 位，与上年相比位次下降 2 位。其中，知识产出指数为 13.12%，排在全市第 24 位，与上年相比位次下降 1 位；效益产出指数为 8.39%，排在全市第 34 位，与上年相比位次下降 2 位。三级指标中，表现较为突出的指标为，数字经济核心产业增加值占 GDP 比重为 1.06%，排在全市第 32 位，与上年相比上升 4 位。存在不足的指标为，万名 R&D 人员发表科技论文数为 15.95 篇，排在全市第 32 位，与上年相比下降 5 位；规模以上工业企业新产品销售收入占主营业务收入比重为 5.31%，排在全市第 30 位，与上年相比下降 5 位。

奉节县高新技术产业化指数为 24.05%，排在全市第 36 位，与上年相比位次下降 6 位。其中，产业化水平指数为 19.69%，排在全市第 33 位，与上年相比位次上升 1 位；产业化效益指数为 31.35%，排在全市第 35 位，与上年相比位次下降 22 位。三级指标中，表现较为突出的指标为，高新技术产品销售收入占主营业务收入比重为 63.47%，排在全市第 29 位，与上年相比上升 5 位。存在不足的指标为，高新技术企业利润率为 3.18%，排在全市第 32 位，与上年相比下降 31 位。

奉节县科技促进经济发展指数为 53.63%，排在全市第 35 位，与上年相比位次下降 1 位。其中，发展方式转变指数为 40.41%，排在全市第 34 位，与上年相比位次下降 2 位；环境改善指数为 65.52%，排在全市第 29 位，与上年相比位次保持不变。三级指标中，表现较为突出的指标为，环境空气质量指数为 63.52%，排在全市第 1 位，与上年持平。存在不足的指标为，万元地区生产总值用水量为 27.97 立方米，排在全市第 19 位，与上年相比下降 2 位；万元主营业务收入能耗为 1.61 吨标准煤，排在全市第 38 位，与上年持平。

具体情况如表 3-32、图 3-94 至图 3-96 所示。

表 3-32　奉节县各级指标监测值、指数值和位次与上年比较

序号	指标名称	单位	监测值		指数值/%		位次	
			2021	2020	2021	2020	2021	2020
	科技创新环境				**38.24**	**34.04**	**24**	**24**
	基础条件				35.16	30.20	23	24
1	万人 R&D 人员数	人年/万人	4.74	5.25	9.48	10.49	31	29
2	科学研究和技术服务业法人单位数	家	414	319	41.40	31.90	22	23
3	研发平台数	家	37	32	37.00	32.00	23	24
4	每名 R&D 人员研发仪器和设备支出	万元/人	6.53	5.55	100.00	92.50	1	5
5	知识价值信用贷款每家企业贷款规模	万元/家	188.46	157.41	37.69	31.48	13	20
6	万人累计孵化企业数	家/万人	0.05	0	5.37	0	23	20
	科技意识				45.17	42.71	17	16
7	开展创新活动的企业占比	%	40.34	33.84	40.34	33.84	26	30
8	有 R&D 活动的企业占比	%	50.00	51.56	50.00	51.56	10	6
	科技创新投入				**40.69**	**33.30**	**23**	**23**
	人力投入				37.43	13.89	31	31
9	万人硕士研究生及以上学历 R&D 人员数	人/万人	0.60	0.76	3.78	4.78	30	29
10	企业 R&D 研究人员占比	%	51.67	16.62	73.81	23.75	20	26
	财力投入				42.41	43.51	18	17
11	R&D 经费支出占 GDP 比重	%	0.61	0.65	23.32	25.01	26	25
12	地方财政科技支出占财政一般预算支出比重	%	1.43	1.30	28.52	25.96	12	14
13	规模以上工业企业创新费用支出占主营业务收入比重	%	1.62	1.73	54.00	57.65	19	15
14	规模以上工业企业 R&D 经费支出占主营业务收入比重	%	2.96	3.39	100.00	100.00	1	1
15	企业技术获取和技术改造经费支出占主营业务收入比重	%	0.08	0.18	3.00	7.08	21	11
	科技创新产出				**10.63**	**15.00**	**30**	**28**
	知识产出				13.12	18.48	24	23
16	万名 R&D 人员发表科技论文数	篇/万人	15.95	267.86	0.46	7.65	32	27
17	万人有效发明专利拥有量	件/万人	4.43	4.16	29.54	27.73	19	19
18	万人高价值发明专利拥有量	件/万人	0.79	—	6.58	—	21	—
	效益产出				8.39	11.87	34	32
19	规模以上工业企业新产品销售收入占主营业务收入比重	%	5.31	11.67	13.27	29.16	30	25
20	技术合同成交额占 GDP 比重	%	0.07	0.04	2.69	1.46	20	18
21	规模以上工业企业战略性新兴产业增加值占 GDP 比重	%	0.40	0.57	6.31	9.04	34	33
22	数字经济核心产业增加值占 GDP 比重	%	1.06	0.86	10.55	8.64	32	36
	高新技术产业化				**24.05**	**35.78**	**36**	**30**
	产业化水平				19.69	16.95	33	34
23	每万家企业法人中高新技术企业数	家/万家	17.69	19.38	12.64	13.85	28	27
24	万人高新技术企业从业人员数	人/万人	13.25	11.19	3.31	2.80	33	33
25	高新技术企业营业收入占工业主营业务收入比重	%	7.51	7.72	25.04	25.74	33	32
26	高新技术产品出口额占商品出口额比重	%	0	0	0	0	31	30
27	高新技术产品销售收入占主营业务收入比重	%	63.47	44.51	70.52	49.46	29	34
	产业化效益				31.35	67.28	35	13
28	高新技术企业劳动生产率	万元/人	48.11	46.85	40.09	39.04	36	36
29	高新技术企业利润率	%	3.18	16.34	21.21	100.00	32	1
	科技促进经济发展				**53.63**	**49.25**	**35**	**34**
	发展方式转变				40.41	33.77	34	32
30	人均 GDP	万元/人	5.00	4.34	41.68	36.13	32	34
31	工业企业全员劳动生产率	元/人年	389 175.54	310 148.00	38.92	31.01	27	29
	环境改善				65.52	63.16	29	29
32	万元主营业务收入能耗	吨标准煤/万元	1.61	1.43	5.28	5.94	38	38
33	万元地区生产总值用水量	立方米/万元	27.97	31.26	89.38	79.98	19	17
34	环境空气质量指数	%	63.52	63.33	100.00	100.00	1	1
	综合指数				**32.17**	**32.29**	**28**	**28**

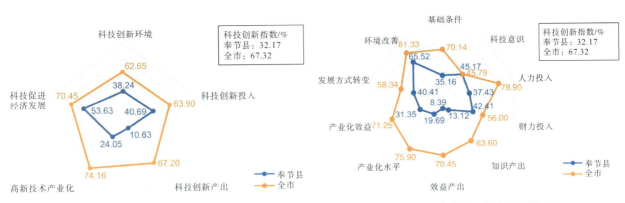

图 3-94　奉节县一级指标雷达图　　　　　　　图 3-95　奉节县二级指标雷达图

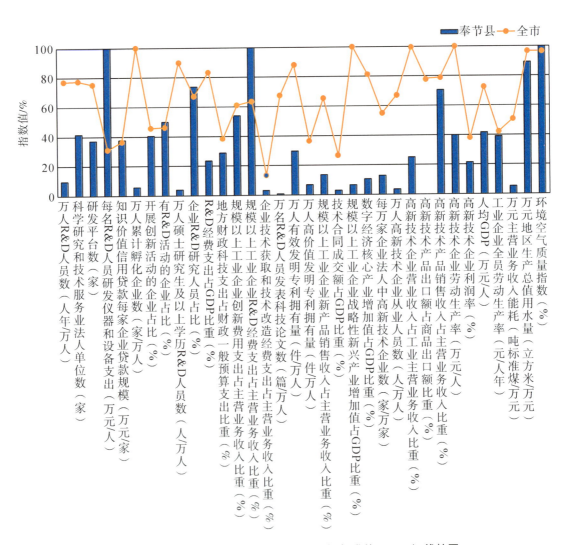

图 3-96　奉节县三级指标指数值（监测值/标准值×100%）线柱图

巫山县

巫山县科技创新指数为 25.15%，在全市排名第 36 位，与上年相比位次上升 1 位。

巫山县科技创新环境指数为 18.97%，排在全市第 34 位，与上年相比位次上升 2 位。其中，基础条件指数为 7.62%，排在全市第 37 位，与上年相比位次保持不变；科技意识指数为 44.51%，排在全市第 20 位，与上年相比位次上升 10 位。三级指标中，表现较为突出的指标为，有 R&D 活动的企业占比为 58.33%，排在全市第 3 位，与上年相比上升 20 位。存在不足的指标为，每名 R&D 人员研发仪器和设备支出为 0.97 万元，排在全市第 32 位，与上年相比下降 13 位。

巫山县科技创新投入指数为 16.04%，排在全市第 36 位，与上年相比位次下降 1 位。其中，人力投入指数为 13.99%，排在全市第 36 位，与上年相比位次下降 3 位；财力投入指数为 17.12%，排在全市第 32 位，与上年相比位次上升 1 位。三级指标中，表现较为突出的指标为，规模以上工业企业 R&D 经费支出占主营业务收入比重为 1.19%，排在全市第 20 位，与上年相比上升 7 位。存在不足的指标为，企业技术获取和技术改造经费支出占主营业务收入比重为 0，排在全市第 33 位，与上年相比下降 10 位。

巫山县科技创新产出指数为 4.55%，排在全市第 37 位，与上年相比位次保持不变。其中，知识产出指数为 1.42%，排在全市第 38 位，与上年相比位次下降 5 位；效益产出指数为 7.37%，排在全市第 36 位，与上年相比位次保持不变。三级指标中，表现较为突出的指标为，规模以上工业企业新产品销售收入占主营业务收入比重为 3.84%，排在全市第 32 位，与上年相比上升 3 位。存在不足的指标为，万名 R&D 人员发表科技论文数为 0 篇，排在全市第 34 位，与上年相比下降 9 位。

巫山县高新技术产业化指数为 35.71%，排在全市第 31 位，与上年相比位次上升 7 位。其中，产业化水平指数为 16.81%，排在全市第 37 位，与上年相比位次上升 1 位；产业化效益指数为 67.34%，排在全市第 17 位，与上年相比位次上升 21 位。三级指标中，表现较为突出的指标为，高新技术产品销售收入占主营业务收入比重为 91.10%，排在全市第 1 位，与上年相比上升 37 位。存在不足的指标为，万人高新技术企业从业人员数为 1.43 人，高新技术企业营业收入占工业主营业务收入比重为 2.00%，均排在全市第 38 位，且位次与上年持平。

巫山县科技促进经济发展指数为 64.17%，排在全市第 25 位，与上年相比位次上升 1 位。其中，发展方式转变指数为 33.22%，排在全市第 35 位，与上年相比位次下降 1 位；环境改善指数为 91.98%，排在全市第 14 位，与上年相比位次上升 3 位。三级指标中，表现较为突出的指标为，万元地区生产总值用水量为 27.34 立方米，排在全市第 16 位，与上年相比上升 7 位。存在不足的指标为，工业企业全员劳动生产率为 280 753.55 元/人年，排在全市第 37 位，与上年相比下降 2 位。

具体情况如表 3-33、图 3-97 至图 3-99 所示。

表 3-33　巫山县各级指标监测值、指数值和位次与上年比较

序号	指标名称	单位	监测值 2021	监测值 2020	指数值/% 2021	指数值/% 2020	位次 2021	位次 2020
	科技创新环境				18.97	16.66	34	36
	基础条件				7.62	10.45	37	37
1	万人 R&D 人员数	人年/万人	3.59	2.40	7.18	4.80	32	33
2	科学研究和技术服务业法人单位数	家	236	139	23.60	13.90	31	35
3	研发平台数	家	2	4	2.00	4.00	35	33
4	每名 R&D 人员研发仪器和设备支出	万元/人	0.97	2.65	16.15	44.16	32	19
5	知识价值信用贷款每家企业贷款规模	万元/家	0	0	0	0	37	35
6	万人累计孵化企业数	家/万人	0	0	0	0	24	20
	科技意识				44.51	30.65	20	30
7	开展创新活动的企业占比	%	30.67	27.97	30.67	27.97	38	36
8	有 R&D 活动的企业占比	%	58.33	33.33	58.33	33.33	3	23
	科技创新投入				16.04	14.04	36	35
	人力投入				13.99	10.89	36	33
9	万人硕士研究生及以上学历 R&D 人员数	人/万人	0.28	0.50	1.76	3.11	33	33
10	企业 R&D 研究人员占比	%	19.05	13.51	27.21	19.31	35	31
	财力投入				17.12	15.69	32	33
11	R&D 经费支出占 GDP 比重	%	0.20	0.15	7.51	5.77	37	36
12	地方财政科技支出占财政一般预算支出比重	%	0.20	0.18	4.02	3.52	35	35
13	规模以上工业企业创新费用支出占主营业务收入比重	%	0.79	0.92	26.41	30.64	33	30
14	规模以上工业企业 R&D 经费支出占主营业务收入比重	%	1.19	0.99	47.59	39.44	20	27
15	企业技术获取和技术改造经费支出占主营业务收入比重	%	0	0.07	0	2.67	33	23
	科技创新产出				4.55	6.14	37	37
	知识产出				1.42	6.75	38	33
16	万名 R&D 人员发表科技论文数	篇/万人	0	364.96	0	10.43	34	25
17	万人有效发明专利拥有量	件/万人	0.52	0.54	3.46	3.60	37	35
18	万人高价值发明专利拥有量	件/万人	0.06	——	0.50	——	37	——
	效益产出				7.37	5.59	36	36
19	规模以上工业企业新产品销售收入占主营业务收入比重	%	3.84	2.13	9.59	5.32	32	35
20	技术合同成交额占 GDP 比重	%	0	0	0	0	31	27
21	规模以上工业企业战略性新兴产业增加值占 GDP 比重	%	0.21	0.18	3.40	2.92	35	36
22	数字经济核心产业增加值占 GDP 比重	%	1.43	1.21	14.33	12.06	28	30
	高新技术产业化				35.71	0	31	38
	产业化水平				16.81	0	37	38
23	每万家企业法人中高新技术企业数	家/万家	3.23	0	2.31	0	38	38
24	万人高新技术企业从业人员数	人/万人	1.43	0	0.36	0	38	38
25	高新技术企业营业收入占工业主营业务收入比重	%	2.00	0	6.66	0	38	38
26	高新技术产品出口额占商品出口额比重	%	0	0	0	0	31	30
27	高新技术产品销售收入占主营业务收入比重	%	91.10	0	100.00	0	1	38
	产业化效益				67.34	0	17	38
28	高新技术企业劳动生产率	万元/人	55.09	0	45.91	0	34	38
29	高新技术企业利润率	%	13.83	0	92.18	0	2	36
	科技促进经济发展				64.17	56.27	25	26
	发展方式转变				33.22	29.68	35	34
30	人均 GDP	万元/人	4.51	4.08	37.62	34.01	35	35
31	工业企业全员劳动生产率	元/人年	280 753.55	246 236.00	28.08	24.62	37	35
	环境改善				91.98	80.15	14	17
32	万元主营业务收入能耗	吨标准煤/万元	0.10	0.14	82.97	61.34	15	17
33	万元地区生产总值用水量	立方米/万元	27.34	33.51	91.45	74.60	16	23
34	环境空气质量指数	%	65.43	65.63	100.00	100.00	1	1
	综合指数				25.15	16.40	36	37

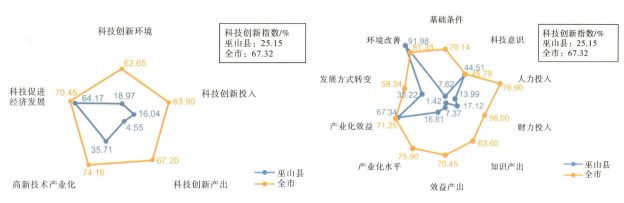

图 3-97 巫山县一级指标雷达图　　　　　　图 3-98 巫山县二级指标雷达图

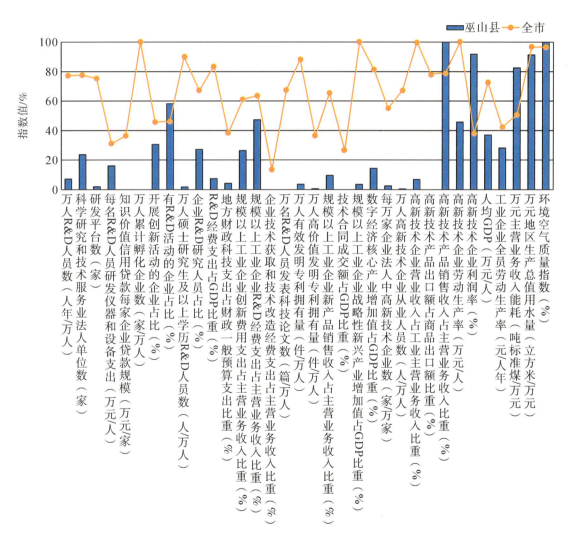

图 3-99　巫山县三级指标指数值（监测值/标准值×100%）线柱图

巫溪县

巫溪县科技创新指数为 27.17%，在全市排名第 32 位，与上年相比位次上升 3 位。

巫溪县科技创新环境指数为 28.79%，排在全市第 28 位，与上年相比位次上升 2 位。其中，基础条件指数为 21.86%，排在全市第 30 位，与上年相比位次上升 4 位；科技意识指数为 44.41%，排在全市第 21 位，与上年相比位次上升 5 位。三级指标中，表现较为突出的指标为，每名 R&D 人员研发仪器和设备支出为 1.59 万元，排在全市第 21 位，与上年相比上升 16 位。存在不足的指标为，万人 R&D 人员数为 1.96 人年，排在全市第 38 位，与上年相比下降 2 位。

巫溪县科技创新投入指数为 25.15%，排在全市第 32 位，与上年相比位次上升 4 位。其中，人力投入指数为 48.22%，排在全市第 25 位，与上年相比位次上升 11 位；财力投入指数为 13.02%，排在全市第 37 位，与上年相比位次下降 1 位。三级指标中，表现较为突出的指标为，企业 R&D 研究人员占比为 90.00%，排在全市第 1 位，与上年相比上升 33 位。存在不足的指标为，R&D 经费支出占 GDP 比重为 0.11%，排在全市第 38 位，与上年相比下降 1 位。

巫溪县科技创新产出指数为 7.71%，排在全市第 34 位，与上年相比位次不变。其中，知识产出指数为 7.85%，排在全市第 29 位，与上年相比位次下降 1 位；效益产出指数为 7.58%，排在全市第 35 位，与上年相比位次保持不变。三级指标中，表现较为突出的指标为，数字经济核心产业增加值占 GDP 比重为 1.18%，排在全市第 31 位，与上年相比上升 2 位。存在不足的指标为，技术合同成交额占 GDP 比重为 0，排在全市第 31 位，与上年相比下降 4 位。

巫溪县高新技术产业化指数为 28.61%，排在全市第 34 位，与上年相比位次下降 1 位。其中，产业化水平指数为 20.31%，排在全市第 32 位，与上年相比位次不变；产业化效益指数为 42.51%，排在全市第 33 位，与上年相比位次下降 2 位。三级指标中，表现较为突出的指标为，高新技术企业利润率为 5.62%，排在全市第 21 位，与上年相比上升 3 位。存在不足的指标为，高新技术企业营业收入占工业主营业务收入比重为 9.06%，排在全市第 32 位，与上年相比下降 1 位；万人高新技术企业从业人员数为 7.82 人，排在全市第 34 位，与上年持平。

巫溪县科技促进经济发展指数为 54.58%，排在全市第 34 位，与上年相比位次下降 1 位。其中，发展方式转变指数为 25.74%，排在全市第 38 位，与上年相比位次下降 1 位；环境改善指数为 80.50%，排在全市第 19 位，与上年相比位次上升 1 位。三级指标中，表现较为突出的指标为，万元主营业务收入能耗为 0.11 吨标准煤，排在全市第 17 位，与上年相比上升 1 位。存在不足的指标为，环境空气质量指数为 59.67%，排在全市第 20 位，与上年相比下降 19 位；工业企业全员劳动生产率为 255 407.15 元/人年，排在全市第 38 位，与上年相比下降 7 位。

具体情况如表 3-34、图 3-100 至图 3-102 所示。

表 3-34 巫溪县各级指标监测值、指数值和位次与上年比较

序号	指标名称	单位	监测值		指数值/%		位次	
			2021	2020	2021	2020	2021	2020
	科技创新环境				28.79	21.33	28	30
	基础条件				21.86	15.63	30	34
1	万人 R&D 人员数	人年/万人	1.96	1.18	3.91	2.36	38	36
2	科学研究和技术服务业法人单位数	家	120	99	12.00	9.90	37	37
3	研发平台数	家	5	4	5.00	4.00	32	33
4	每名 R&D 人员研发仪器和设备支出	万元/人	1.59	0.17	26.58	2.86	21	37
5	知识价值信用贷款每家企业贷款规模	万元/家	85.71	0	17.14	0	35	35
6	万人累计孵化企业数	家/万人	0.62	0.62	61.74	61.65	12	12
	科技意识				44.41	34.16	21	26
7	开展创新活动的企业占比	%	40.82	37.89	40.82	37.89	23	23
8	有 R&D 活动的企业占比	%	48.00	30.43	48.00	30.43	15	28
	科技创新投入				25.15	10.57	32	36
	人力投入				48.22	7.63	25	36
9	万人硕士研究生及以上学历 R&D 人员数	人/万人	0.05	0.05	0.32	0.32	36	37
10	企业 R&D 研究人员占比	%	90.00	10.87	100.00	15.53	1	34
	财力投入				13.02	12.12	37	36
11	R&D 经费支出占 GDP 比重	%	0.11	0.10	4.06	4.01	38	37
12	地方财政科技支出占财政一般预算支出比重	%	0.15	0.10	2.94	2.00	38	38
13	规模以上工业企业创新费用支出占主营业务收入比重	%	0.92	0.77	30.78	25.75	31	32
14	规模以上工业企业 R&D 经费支出占主营业务收入比重	%	0.78	0.80	31.18	31.84	32	32
15	企业技术获取和技术改造经费支出占主营业务收入比重	%	0.03	0	1.03	0	28	34
	科技创新产出				7.71	8.25	34	34
	知识产出				7.85	9.05	29	28
16	万名 R&D 人员发表科技论文数	篇/万人	0	0	0	0	34	35
17	万人有效发明专利拥有量	件/万人	2.98	2.52	19.90	16.78	23	23
18	万人高价值发明专利拥有量	件/万人	0.23	—	1.92	—	28	—
	效益产出				7.58	7.52	35	35
19	规模以上工业企业新产品销售收入占主营业务收入比重	%	3.09	2.99	7.73	7.49	33	33
20	技术合同成交额占 GDP 比重	%	0	0	0	0	31	27
21	规模以上工业企业战略性新兴产业增加值占 GDP 比重	%	0.56	0.61	8.89	9.74	33	32
22	数字经济核心产业增加值占 GDP 比重	%	1.18	1.11	11.81	11.10	31	33
	高新技术产业化				28.61	27.19	34	33
	产业化水平				20.31	19.96	32	32
23	每万家企业法人中高新技术企业数	家/万家	12.82	13.64	9.15	9.74	31	30
24	万人高新技术企业从业人员数	人/万人	7.82	7.50	1.96	1.88	34	34
25	高新技术企业营业收入占工业主营业务收入比重	%	9.06	9.74	30.19	32.46	32	31
26	高新技术产品出口额占商品出口额比重	%	0	0	0	0	31	30
27	高新技术产品销售收入占主营业务收入比重	%	66.35	60.23	73.72	66.92	25	25
	产业化效益				42.51	39.28	33	31
28	高新技术企业劳动生产率	万元/人	56.24	56.69	46.86	47.24	33	33
29	高新技术企业利润率	%	5.62	4.51	37.45	30.06	21	24
	科技促进经济发展				54.58	50.55	34	33
	发展方式转变				25.74	26.10	38	37
30	人均 GDP	万元/人	3.11	2.83	25.91	23.58	37	37
31	工业企业全员劳动生产率	元/人年	255 407.15	290 551.00	25.54	29.06	38	31
	环境改善				80.50	72.51	19	20
32	万元主营业务收入能耗	吨标准煤/万元	0.11	0.15	77.02	55.64	17	18
33	万元地区生产总值用水量	立方米/万元	43.40	46.55	57.61	53.70	35	35
34	环境空气质量指数	%	59.67	62.93	99.45	100.00	20	1
	综合指数				27.17	21.68	32	35

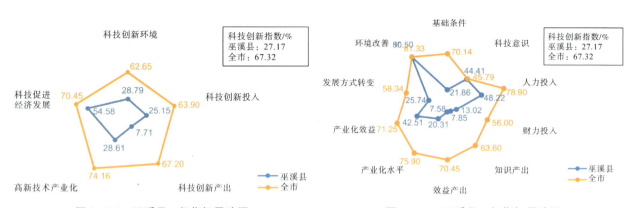

图 3-100 巫溪县一级指标雷达图　　　　图 3-101 巫溪县二级指标雷达图

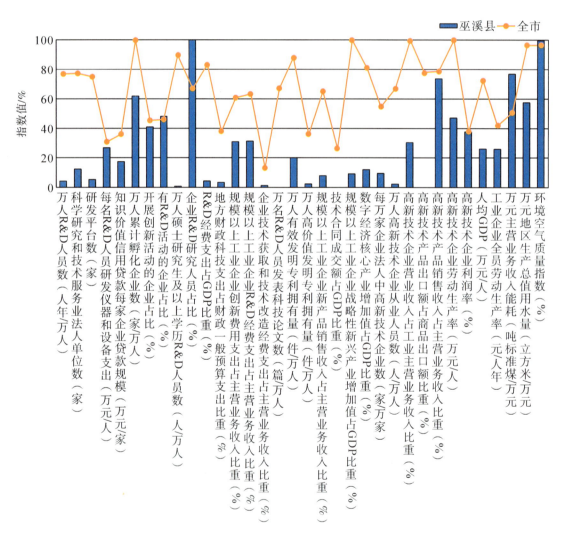

图 3-102 巫溪县三级指标指数值（监测值/标准值×100%）线柱图

石柱县

石柱县科技创新指数为 30.55%，在全市排名第 30 位，与上年相比位次下降 5 位。

石柱县科技创新环境指数为 27.16%，排在全市第 29 位，与上年相比位次下降 2 位。其中，基础条件指数为 22.44%，排在全市第 29 位，与上年相比位次下降 3 位；科技意识指数为 37.79%，排在全市第 27 位，与上年相比位次下降 7 位。三级指标中，表现较为突出的指标为，有 R&D 活动的企业占比为 33.33%，排在全市第 29 位，与上年相比上升 2 位。存在不足的指标为，知识价值信用贷款每家企业贷款规模为 160.00 万元，排在全市第 23 位，与上年相比下降 17 位；开展创新活动的企业占比为 42.25%，排在全市第 20 位，与上年相比下降 17 位。

石柱县科技创新投入指数为 26.45%，排在全市第 30 位，与上年相比位次下降 4 位。其中，人力投入指数为 30.29%，排在全市第 33 位，与上年相比位次下降 4 位；财力投入指数为 24.43%，排在全市第 27 位，与上年相比位次下降 1 位。三级指标中，表现较为突出的指标为，企业 R&D 研究人员占比为 37.80%，排在全市第 27 位，与上年相比上升 3 位。存在不足的指标为，规模以上工业企业创新费用支出占主营业务收入比重为 1.14%，排在全市第 30 位，与上年相比下降 17 位。

石柱县科技创新产出指数为 20.76%，排在全市第 24 位，与上年相比位次下降 1 位。其中，知识产出指数为 16.46%，排在全市第 22 位，与上年相比位次上升 2 位；效益产出指数为 24.62%，排在全市第 24 位，与上年相比位次下降 2 位。三级指标中，表现较为突出的指标为，万名 R&D 人员发表科技论文数为 786.29 篇，排在全市第 15 位，与上年相比上升 8 位；规模以上工业企业战略性新兴产业增加值占 GDP 比重为 3.81%，排在全市第 18 位，与上年相比上升 6 位。存在不足的指标为，规模以上工业企业新产品销售收入占主营业务收入比重为 8.98%，排在全市第 26 位，与上年相比下降 19 位。

石柱县高新技术产业化指数为 34.50%，排在全市第 32 位，与上年相比位次下降 9 位。其中，产业化水平指数为 22.82%，排在全市第 31 位，与上年相比位次下降 6 位；产业化效益指数为 54.02%，排在全市第 25 位，与上年相比位次下降 14 位。三级指标中，表现较为突出的指标为，高新技术企业利润率为 7.24%，排在全市第 14 位，与上年相比位次保持不变。存在不足的指标为，高新技术产品出口额占商品出口额比重为 0，排在全市第 31 位，与上年相比下降 30 位；高新技术企业营业收入占工业主营业务收入比重为 11.56%，排在全市第 30 位，与上年相比下降 8 位。

石柱县科技促进经济发展指数为 50.86%，排在全市第 36 位，与上年相比位次下降 1 位。其中，发展方式转变指数为 41.46%，排在全市第 33 位，与上年相比位次保持不变；环境改善指数为 59.31%，排在全市第 35 位，与上年相比位次下降 1 位。三级指标中，表现较为突出的指标为，工业企业全员劳动生产率为 432 157.07 元/人年，排在全市第 19 位，与上年相比上升 11 位；环境空气质量指数为 64.98%，排在全市第 1 位，与上年相比保持不变。存在不足的指标为，万元主营业务收入能耗为 0.78 吨标准煤，排在全市第 34 位，与上年相比下降 2 位。

具体情况如表 3-35、图 3-103 至图 3-105 所示。

表 3-35　石柱县各级指标监测值、指数值和位次与上年比较

序号	指标名称	单位	监测值		指数值/%		位次	
			2021	2020	2021	2020	2021	2020
	科技创新环境				27.16	31.82	**29**	**27**
	基础条件				22.44	28.35	29	26
1	万人 R&D 人员数	人年/万人	10.31	8.76	20.62	17.52	25	24
2	科学研究和技术服务业法人单位数	家	178	141	17.80	14.10	35	34
3	研发平台数	家	20	19	20.00	19.00	28	27
4	每名 R&D 人员研发仪器和设备支出	万元/人	3.34	6.56	55.65	100.00	3	1
5	知识价值信用贷款每家企业贷款规模	万元/家	160.00	183.33	32.00	36.67	23	6
6	万人累计孵化企业数	家/万人	0	0	0	0	24	20
	科技意识				37.79	39.63	27	20
7	开展创新活动的企业占比	%	42.25	52.00	42.25	52.00	20	3
8	有 R&D 活动的企业占比	%	33.33	27.27	33.33	27.27	29	31
	科技创新投入				26.45	24.75	**30**	**26**
	人力投入				30.29	15.47	33	29
9	万人硕士研究生及以上学历 R&D 人员数	人/万人	1.34	1.85	8.35	11.56	28	24
10	企业 R&D 研究人员占比	%	37.80	13.78	54.01	19.69	27	30
	财力投入				24.43	29.63	27	26
11	R&D 经费支出占 GDP 比重	%	0.78	0.82	29.83	31.65	22	22
12	地方财政科技支出占财政一般预算支出比重	%	0.51	0.42	10.11	8.49	30	31
13	规模以上工业企业创新费用支出占主营业务收入比重	%	1.14	1.85	38.15	61.58	30	13
14	规模以上工业企业 R&D 经费支出占主营业务收入比重	%	0.79	0.93	31.43	37.17	31	29
15	企业技术获取和技术改造经费支出占主营业务收入比重	%	0.27	0.36	10.77	14.32	9	5
	科技创新产出				20.76	23.06	**24**	**23**
	知识产出				16.46	17.03	22	24
16	万名 R&D 人员发表科技论文数	篇/万人	786.29	444.44	22.47	12.70	15	23
17	万人有效发明专利拥有量	件/万人	3.39	3.11	22.62	20.73	22	22
18	万人高价值发明专利拥有量	件/万人	0.67	—	5.58	—	25	—
	效益产出				24.62	28.49	24	22
19	规模以上工业企业新产品销售收入占主营业务收入比重	%	8.98	29.57	22.46	73.92	26	7
20	技术合同成交额占 GDP 比重	%	0.04	0	1.72	0	22	27
21	规模以上工业企业战略性新兴产业增加值占 GDP 比重	%	3.81	1.68	60.44	26.65	18	24
22	数字经济核心产业增加值占 GDP 比重	%	1.25	1.61	12.53	16.15	30	25
	高新技术产业化				34.50	57.12	**32**	**23**
	产业化水平				22.82	50.32	31	25
23	每万家企业法人中高新技术企业数	家/万家	15.12	13.85	10.80	9.89	29	29
24	万人高新技术企业从业人员数	人/万人	32.06	26.77	8.01	6.69	29	29
25	高新技术企业营业收入占工业主营业务收入比重	%	11.56	18.01	38.55	60.02	30	22
26	高新技术产品出口额占商品出口额比重	%	0	100.00	0	100.00	31	1
27	高新技术产品销售收入占主营业务收入比重	%	60.71	74.73	67.46	83.03	32	13
	产业化效益				54.02	68.49	25	11
28	高新技术企业劳动生产率	万元/人	70.78	108.46	58.99	90.38	30	15
29	高新技术企业利润率	%	7.24	6.47	48.27	43.12	14	14
	科技促进经济发展				50.86	46.55	**36**	**35**
	发展方式转变				41.46	33.65	33	33
30	人均 GDP	万元/人	4.80	4.40	39.96	36.63	34	33
31	工业企业全员劳动生产率	元/人年	432 157.07	301 619.00	43.22	30.16	19	30
	环境改善				59.31	58.15	35	34
32	万元主营业务收入能耗	吨标准煤/万元	0.78	0.76	10.92	11.24	34	32
33	万元地区生产总值用水量	立方米/万元	41.73	45.21	59.91	55.29	34	34
34	环境空气质量指数	%	64.98	65.27	100.00	100.00	1	1
	综合指数				30.55	35.55	**30**	**25**

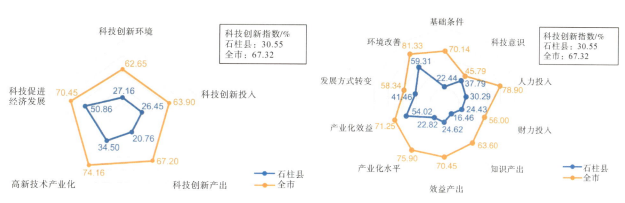

图 3-103　石柱县一级指标雷达图

图 3-104　石柱县二级指标雷达图

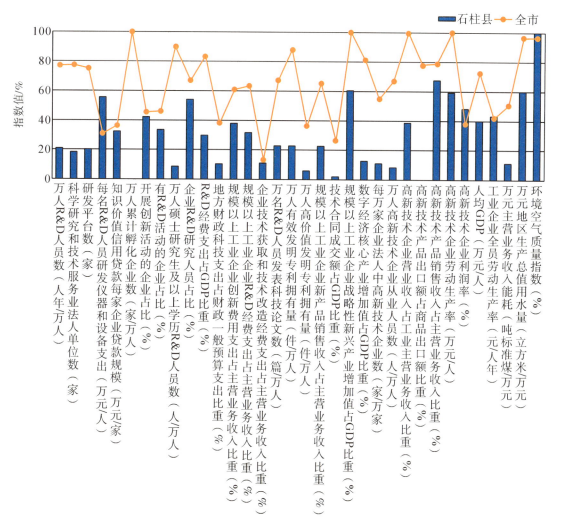

图 3-105　石柱县三级指标指数值（监测值/标准值×100%）线柱图

秀山县

　　秀山县科技创新指数为 31.07%，在全市排名第 29 位，与上年相比位次上升 3 位。

　　秀山县科技创新环境指数为 25.88%，排在全市第 30 位，与上年相比位次上升 8 位。其中，基础条件指数为 24.18%，排在全市第 28 位，与上年相比位次上升 8 位；科技意识指数为 29.71%，排在全市第 35 位，与上年相比位次上升 3 位。三级指标中，表现较为突出的指标为，每名 R&D 人员研发仪器和设备支出为 7.53 万元，排在全市第 1 位，与上年相比上升 35 位。存在不足的指标为，知识价值信用贷款每家企业贷款规模为 128.57 万元，排在全市第 31 位，与上年相比下降 5 位。

　　秀山县科技创新投入指数为 29.37%，排在全市第 28 位，与上年相比位次上升 6 位。其中，人力投入指数为 48.05%，排在全市第 27 位，与上年相比位次下降 6 位；财力投入指数为 19.54%，排在全市第 31 位，与上年相比位次上升 6 位。三级指标中，表现较为突出的指标为，规模以上工业企业创新费用支出占主营业务收入比重为 1.37%，排在全市第 21 位，与上年相比上升 13 位；企业 R&D 研究人员占比为 100%，排在全市第 1 位，与上年持平。存在不足的指标为，万人硕士研究生及以上学历 R&D 人员数为 0 人，排在全市第 38 位，与上年相比下降 2 位。

　　秀山县科技创新产出指数为 6.81%，排在全市第 35 位，与上年相比位次保持不变。其中，知识产出指数为 2.56%，排在全市第 35 位，与上年相比位次上升 3 位；效益产出指数为 10.64%，排在全市第 31 位，与上年相比位次保持不变。三级指标中，表现较为突出的指标为，规模以上工业企业战略性新兴产业增加值占 GDP 比重为 1.08%，排在全市第 28 位，与上年持平。存在不足的指标为，技术合同成交额占 GDP 比重为 0.01%，排在全市第 24 位，与上年相比下降 4 位；规模以上工业企业新产品销售收入占主营业务收入比重为 2.55%，排在全市第 34 位，与上年相比下降 2 位。

　　秀山县高新技术产业化指数为 45.06%，排在全市第 29 位，与上年相比位次保持不变。其中，产业化水平指数为 40.48%，排在全市第 30 位，与上年相比位次下降 2 位；产业化效益指数为 52.72%，排在全市第 27 位，与上年相比位次上升 6 位。三级指标中，表现较为突出的指标为，高新技术企业利润率为 6.61%，排在全市第 18 位，与上年相比上升 13 位；高新技术企业营业收入占工业主营业务收入比重为 12.61%，排在全市第 28 位，与上年相比上升 6 位。存在不足的指标为，高新技术产品出口额占商品出口额比重为 51.77%，排在全市第 24 位，与上年相比下降 23 位。

　　秀山县科技促进经济发展指数为 59.05%，排在全市第 28 位，与上年持平。其中，发展方式转变指数为 50.78%，排在全市第 29 位，与上年相比位次下降 3 位；环境改善指数为 66.48%，排在全市第 28 位，与上年相比位次上升 2 位。三级指标中，表现较为突出的指标为，环境空气质量指数为 64.99%，排在全市第 1 位，与上年持平。存在不足的指标为，工业企业全员劳动生产率为 431 917.11 元/人年，排在全市第 20 位，与上年相比下降 6 位。

　　具体情况如表 3-36、图 3-106 至图 3-108 所示。

表 3-36　秀山县各级指标监测值、指数值和位次与上年比较

序号	指标名称	单位	监测值 2021	监测值 2020	指数值/% 2021	指数值/% 2020	位次 2021	位次 2020
	科技创新环境				25.88	12.42	30	38
	基础条件				24.18	10.49	28	36
1	万人 R&D 人员数	人年/万人	2.76	1.33	5.52	2.66	33	35
2	科学研究和技术服务业法人单位数	家	352	329	35.20	32.90	26	22
3	研发平台数	家	1	0	1.00	0	37	38
4	每名 R&D 人员研发仪器和设备支出	万元/人	7.53	0.91	100.00	15.13	1	36
5	知识价值信用贷款每家企业贷款规模	万元/家	128.57	146.67	25.71	29.33	31	26
6	万人累计孵化企业数	家/万人	0	0	0	0	24	20
	科技意识				29.71	16.76	35	38
7	开展创新活动的企业占比	%	39.44	26.69	39.44	26.69	30	37
8	有 R&D 活动的企业占比	%	20.00	6.85	20.00	6.85	36	38
	科技创新投入				29.37	14.39	28	34
	人力投入				48.05	25.68	27	21
9	万人硕士研究生及以上学历 R&D 人员数	人/万人	0	0.22	0	1.38	38	36
10	企业 R&D 研究人员占比	%	100.00	36.36	100.00	51.95	1	1
	财力投入				19.54	8.45	31	37
11	R&D 经费支出占 GDP 比重	%	0.25	0.10	9.55	3.84	35	38
12	地方财政科技支出占财政一般预算支出比重	%	0.58	0.49	11.67	9.88	29	30
13	规模以上工业企业创新费用支出占主营业务收入比重	%	1.37	0.59	45.51	19.81	21	34
14	规模以上工业企业 R&D 经费支出占主营业务收入比重	%	0.93	0.30	37.32	12.07	29	37
15	企业技术获取和技术改造经费支出占主营业务收入比重	%	0	0	0	0	33	34
	科技创新产出				6.81	7.52	35	35
	知识产出				2.56	2.53	35	38
16	万名 R&D 人员发表科技论文数	篇/万人	0	0	0	0	34	35
17	万人有效发明专利拥有量	件/万人	0.87	0.70	5.78	4.70	33	33
18	万人高价值发明专利拥有量	件/万人	0.16	—	1.33	—	31	—
	效益产出				10.64	12.00	31	31
19	规模以上工业企业新产品销售收入占主营业务收入比重	%	2.55	4.37	6.36	10.92	34	32
20	技术合同成交额占 GDP 比重	%	0.01	0.01	0.53	0.40	24	20
21	规模以上工业企业战略性新兴产业增加值占 GDP 比重	%	1.08	1.25	17.09	19.85	28	28
22	数字经济核心产业增加值占 GDP 比重	%	1.57	1.45	15.72	14.54	27	26
	高新技术产业化				45.06	36.78	29	29
	产业化水平				40.48	37.85	30	28
23	每万家企业法人中高新技术企业数	家/万家	11.81	7.12	8.44	5.08	33	34
24	万人高新技术企业从业人员数	人/万人	29.63	18.62	7.41	4.65	30	30
25	高新技术企业营业收入占工业主营业务收入比重	%	12.61	5.32	42.04	17.75	28	34
26	高新技术产品出口额占商品出口额比重	%	51.77	89.42	64.71	100.00	24	1
27	高新技术产品销售收入占主营业务收入比重	%	86.02	67.68	95.58	75.20	8	18
	产业化效益				52.72	34.99	27	33
28	高新技术企业劳动生产率	万元/人	72.20	58.57	60.17	48.81	28	32
29	高新技术企业利润率	%	6.61	2.84	44.07	18.96	18	31
	科技促进经济发展				59.05	54.52	28	28
	发展方式转变				50.78	45.31	29	26
30	人均 GDP	万元/人	6.87	6.06	57.26	50.53	26	26
31	工业企业全员劳动生产率	元/人年	431 917.11	391 889.00	43.19	39.19	20	14
	环境改善				66.48	62.79	28	30
32	万元主营业务收入能耗	吨标准煤/万元	0.36	0.40	23.46	21.17	26	26
33	万元地区生产总值用水量	立方米/万元	35.32	41.58	70.79	60.13	30	31
34	环境空气质量指数	%	64.99	64.08	100.00	100.00	1	1
	综合指数				31.07	22.75	29	32

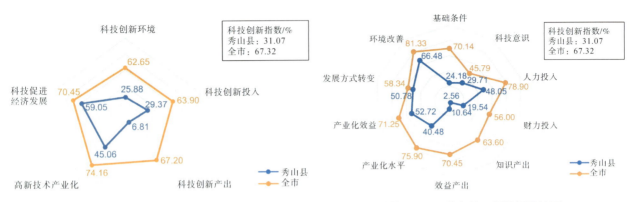

图 3-106　秀山县一级指标雷达图　　　　　　图 3-107　秀山县二级指标雷达图

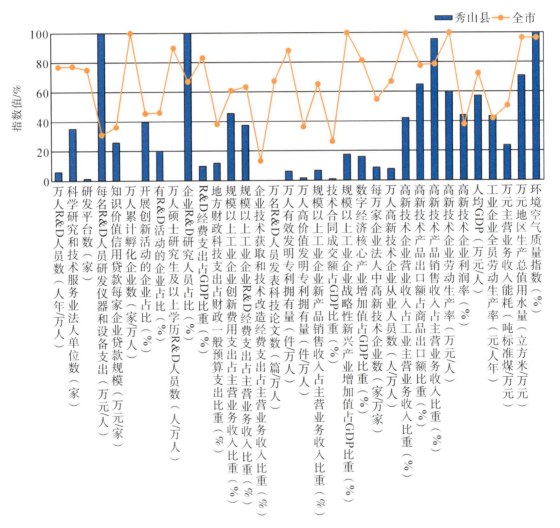

图 3-108　秀山县三级指标指数值（监测值/标准值×100%）线柱图

酉阳县

酉阳县科技创新指数为 24.09%，在全市排名第 37 位，与上年相比位次下降 4 位。

酉阳县科技创新环境指数为 24.09%，排在全市第 31 位，与上年相比位次保持不变。其中，基础条件指数为 20.35%，排在全市第 31 位，与上年相比位次上升 1 位；科技意识指数为 32.53%，排在全市第 34 位，与上年相比位次保持不变。三级指标中，表现较为突出的指标为，每名 R&D 人员研发仪器和设备支出为 2.97 万元，排在全市第 5 位，与上年相比上升 25 位。存在不足的指标为，万人 R&D 人员数为 2.39 人年，排在全市第 36 位，与上年相比下降 4 位。

酉阳县科技创新投入指数为 12.23%，排在全市第 37 位，与上年相比位次不变。其中，人力投入指数为 10.34%，排在全市第 37 位，与上年相比位次保持不变；财力投入指数为 13.22%，排在全市第 36 位，与上年相比位次下降 1 位。三级指标中，表现较为突出的指标为，规模以上工业企业 R&D 经费支出占主营业务收入比重为 0.64%，排在全市第 35 位，与上年相比上升 1 位。存在不足的指标为，规模以上工业企业创新费用支出占主营业务收入比重为 0.37%，排在全市第 37 位，与上年相比下降 1 位；企业 R&D 研究人员占比为 14.29%，排在全市第 36 位，与上年持平。

酉阳县科技创新产出指数为 12.51%，排在全市第 29 位，与上年相比位次下降 2 位。其中，知识产出指数为 18.77%，排在全市第 20 位，与上年相比位次下降 1 位；效益产出指数为 6.88%，排在全市第 37 位，与上年相比位次保持不变。三级指标中，表现较为突出的指标为，万名 R&D 人员发表科技论文数为 2 046.78 篇，排在全市第 9 位，与上年相比上升 2 位。存在不足的指标为，技术合同成交额占 GDP 比重为 0，排在全市第 31 位。

酉阳县高新技术产业化指数为 34.41%，排在全市第 33 位，与上年相比位次下降 1 位。其中，产业化水平指数为 45.85%，排在全市第 29 位，与上年相比位次上升 2 位；产业化效益指数为 15.27%，排在全市第 38 位，与上年相比位次下降 3 位。三级指标中，表现较为突出的指标为，高新技术产品出口额占商品出口额比重为 100%，排在全市第 1 位，与上年相比上升 29 位；高新技术产品销售收入占主营业务收入比重为 90.56%，排在全市第 1 位，与上年持平。存在不足的指标为，高新技术企业营业收入占工业主营业务收入比重为 11.01%，排在全市第 31 位，与上年相比下降 2 位；高新技术企业劳动生产率为 61.19 万元/人，排在全市第 32 位，与上年相比下降 5 位。

酉阳县科技促进经济发展指数为 44.34%，排在全市第 38 位，与上年相比位次下降 1 位。其中，发展方式转变指数为 30.81%，排在全市第 37 位，与上年相比位次下降 2 位；环境改善指数为 56.49%，排在全市第 36 位，与上年相比位次上升 1 位。三级指标中，表现较为突出的指标为，环境空气质量指数为 68.61%，排在全市第 1 位，与上年持平。存在不足的指标为，工业企业全员劳动生产率为 327 537.90 元/人年，排在全市第 32 位，与上年相比下降 7 位；人均 GDP 和万元地区生产总值用水量均排在全市第 36 位。

具体情况如表 3-37、图 3-109 至图 3-111 所示。

表 3-37　酉阳县各级指标监测值、指数值和位次与上年比较

序号	指标名称	单位	监测值		指数值/%		位次	
			2021	2020	2021	2020	2021	2020
	科技创新环境				24.09	21.08	31	31
	基础条件				20.35	17.34	31	32
1	万人 R&D 人员数	人年/万人	2.39	2.53	4.78	5.07	36	32
2	科学研究和技术服务业法人单位数	家	582	544	58.20	54.40	14	13
3	研发平台数	家	3	5	3.00	5.00	34	32
4	每名 R&D 人员研发仪器和设备支出	万元/人	2.97	1.83	49.51	30.43	5	30
5	知识价值信用贷款每家企业贷款规模	万元/家	150.00	149.43	30.00	29.89	24	25
6	万人累计孵化企业数	家/万人	0	0	0	0	24	20
	科技意识				32.53	29.50	34	34
7	开展创新活动的企业占比	%	46.56	40.83	46.56	40.83	15	19
8	有 R&D 活动的企业占比	%	18.52	18.18	18.52	18.18	37	35
	科技创新投入				12.23	9.94	37	37
	人力投入				10.34	2.64	37	37
9	万人硕士研究生及以上学历 R&D 人员数	人/万人	0.16	0.26	1.03	1.65	35	35
10	企业 R&D 研究人员占比	%	14.29	2.60	20.41	3.71	36	36
	财力投入				13.22	13.78	36	35
11	R&D 经费支出占 GDP 比重	%	0.36	0.33	13.97	12.65	33	33
12	地方财政科技支出占财政一般预算支出比重	%	0.44	1.05	8.86	20.94	32	20
13	规模以上工业企业创新费用支出占主营业务收入比重	%	0.37	0.45	12.30	14.98	37	36
14	规模以上工业企业 R&D 经费支出占主营业务收入比重	%	0.64	0.41	25.55	16.33	35	36
15	企业技术获取和技术改造经费支出占主营业务收入比重	%	0.01	0.05	0.52	1.90	31	26
	科技创新产出				12.51	16.61	29	27
	知识产出				18.77	29.40	20	19
16	万名 R&D 人员发表科技论文数	篇/万人	2 046.78	2 000.00	58.48	57.14	9	11
17	万人有效发明专利拥有量	件/万人	0.87	0.86	5.82	5.70	32	30
18	万人高价值发明专利拥有量	件/万人	0.08	—	0.67	—	36	—
	效益产出				6.88	5.10	37	37
19	规模以上工业企业新产品销售收入占主营业务收入比重	%	1.69	0.40	4.23	0.99	35	36
20	技术合同成交额占 GDP 比重	%	0	0	0	0	31	27
21	规模以上工业企业战略性新兴产业增加值占 GDP 比重	%	0.20	0.23	3.22	3.62	36	35
22	数字经济核心产业增加值占 GDP 比重	%	1.69	1.31	16.90	13.12	25	29
	高新技术产业化				34.41	27.81	33	32
	产业化水平				45.85	26.39	29	31
23	每万家企业法人中高新技术企业数	家/万家	9.81	6.98	7.00	4.98	35	35
24	万人高新技术企业从业人员数	人/万人	7.74	5.97	1.93	1.49	35	35
25	高新技术企业营业收入占工业主营业务收入比重	%	11.01	13.28	36.71	44.28	31	29
26	高新技术产品出口额占商品出口额比重	%	100.00	0	100.00	0	1	30
27	高新技术产品销售收入占主营业务收入比重	%	90.56	94.11	100.00	100.00	1	1
	产业化效益				15.27	30.19	38	35
28	高新技术企业劳动生产率	万元/人	61.19	67.49	50.99	56.24	32	27
29	高新技术企业利润率	%	−3.92	0	−26.13	0	38	36
	科技促进经济发展				44.34	43.07	38	37
	发展方式转变				30.81	29.42	37	35
30	人均 GDP	万元/人	3.50	3.31	29.15	27.58	36	36
31	工业企业全员劳动生产率	元/人年	327 537.90	315 798.00	32.75	31.58	32	25
	环境改善				56.49	55.32	36	37
32	万元主营业务收入能耗	吨标准煤/万元	0.70	0.79	12.23	10.80	31	33
33	万元地区生产总值用水量	立方米/万元	52.02	54.92	48.06	45.52	36	36
34	环境空气质量指数	%	68.61	69.11	100.00	100.00	1	1
	综合指数				24.09	22.35	37	33

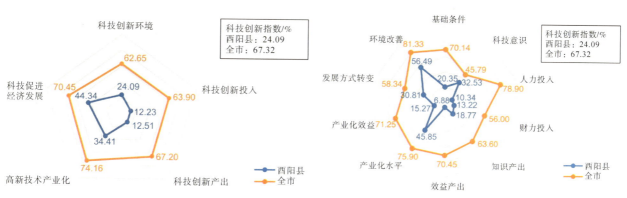

图 3-109 酉阳县一级指标雷达图

图 3-110 酉阳县二级指标雷达图

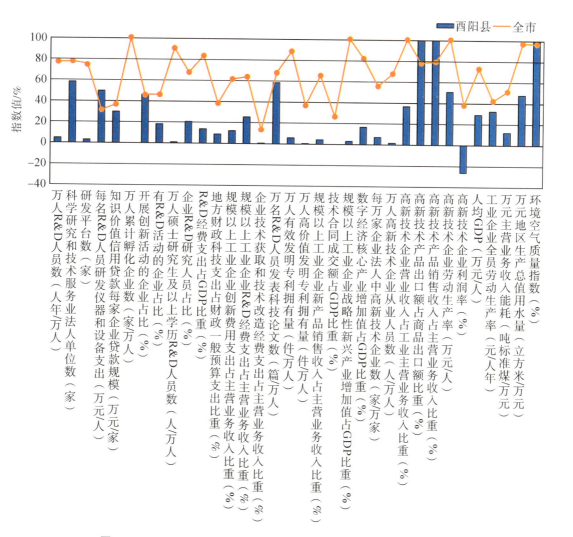

图 3-111 酉阳县三级指标指数值（监测值/标准值×100%）线柱图

彭水县

彭水县科技创新指数为 26.93%，在全市排名第 34 位，与上年相比位次上升 2 位。

彭水县科技创新环境指数为 14.06%，排在全市第 37 位，与上年相比位次下降 2 位。其中，基础条件指数为 4.72%，排在全市第 38 位，与上年相比位次下降 5 位；科技意识指数为 35.08%，排在全市第 32 位，与上年相比位次上升 4 位。三级指标中，表现较为突出的指标为，万人 R&D 人员数为 2.47 人年，排在全市第 35 位，与上年相比上升 3 位。存在不足的指标为，每名 R&D 人员研发仪器和设备支出为 0.06 万元，排在全市第 38 位，与上年相比下降 31 位。

彭水县科技创新投入指数为 27.97%，排在全市第 29 位，与上年相比位次上升 1 位。其中，人力投入指数为 48.72%，排在全市第 24 位，与上年相比位次上升 4 位；财力投入指数为 17.05%，排在全市第 33 位，与上年相比位次下降 2 位。三级指标中，表现较为突出的指标为，企业 R&D 研究人员占比为 90.63%，排在全市第 1 位，与上年相比上升 13 位；规模以上工业企业 R&D 经费支出占主营业务收入比重为 1.13%，排在全市第 24 位，与上年相比上升 6 位。存在不足的指标为，企业技术获取和技术改造经费支出占主营业务收入比重为 0，排在全市第 33 位；R&D 经费支出占 GDP 比重为 0.21%，排在全市第 36 位，与上年相比下降 1 位。

彭水县科技创新产出指数为 3.51%，排在全市第 38 位，与上年相比位次保持不变。其中，知识产出指数为 2.43%，排在全市第 36 位，与上年相比位次保持不变；效益产出指数为 4.47%，排在全市第 38 位，与上年相比位次保持不变。三级指标中，表现较为突出的指标为，技术合同成交额占 GDP 比重为 0.07%，排在全市第 19 位，比上年上升 8 位。存在不足的指标为，规模以上工业企业新产品销售收入占主营业务收入比重为 1.18%，排在全市第 36 位，比上年下降 2 位；规模以上工业企业战略性新兴产业增加值占 GDP 比重为 0.01%，排在全市第 37 位，与上年持平。

彭水县高新技术产业化指数为 36.51%，排在全市第 30 位，与上年相比位次上升 6 位。其中，产业化水平指数为 17.25%，排在全市第 34 位，与上年相比位次上升 3 位；产业化效益指数为 68.73%，排在全市第 15 位，与上年相比位次上升 10 位。三级指标中，表现较为突出的指标为，高新技术产品销售收入占主营业务收入比重为 87.22%，排在全市第 7 位，与上年相比位次上升 30 位。存在不足的指标为，每万家企业法人中高新技术企业数和万人高新技术企业从业人员数均排在全市第 37 位，与上年持平。

彭水县科技促进经济发展指数为 67.43%，排在全市第 23 位，与上年相比位次上升 13 位。其中，发展方式转变指数为 62.53%，排在全市第 15 位，与上年相比位次上升 23 位；环境改善指数为 71.83%，排在全市第 25 位，与上年相比位次上升 1 位。三级指标中，表现较为突出的指标为，环境空气质量指数为 68.36%，排在全市第 1 位，与上年持平；工业企业全员劳动生产率为 860 739.40 元/人年，排在全市第 5 位，与上年相比位次上升 33 位。存在不足的指标为，人均 GDP 为 5.09 万元，排在全市第 31 位，与上年持平；万元主营业务收入能耗为 0.38 吨标准煤，排在全市第 27 位，与上年持平。

具体情况如表 3-38、图 3-112 至图 3-114 所示。

表 3-38　彭水县各级指标监测值、指数值和位次与上年比较

序号	指标名称	单位	监测值		指数值/%		位次	
			2021	2020	2021	2020	2021	2020
	科技创新环境				14.06	18.52	37	35
	基础条件				4.72	17.09	38	33
1	万人 R&D 人员数	人年/万人	2.47	0.95	4.94	1.89	35	38
2	科学研究和技术服务业法人单位数	家	227	199	22.70	19.90	32	31
3	研发平台数	家	2	3	2.00	3.00	35	36
4	每名 R&D 人员研发仪器和设备支出	万元/人	0.06	5.25	1.02	87.43	38	7
5	知识价值信用贷款每家企业贷款规模	万元/家	0	0	0	0	37	35
6	万人累计孵化企业数	家/万人	0	0	0	0	24	20
	科技意识				35.08	21.73	32	36
7	开展创新活动的企业占比	%	33.50	24.24	33.50	24.24	35	38
8	有 R&D 活动的企业占比	%	36.67	19.23	36.67	19.23	27	34
	科技创新投入				27.97	17.63	29	30
	人力投入				48.72	16.94	24	28
9	万人硕士研究生及以上学历 R&D 人员数	人/万人	0.21	0.57	1.30	3.55	34	32
10	企业 R&D 研究人员占比	%	90.63	22.00	100.00	31.43	1	14
	财力投入				17.05	17.99	33	31
11	R&D 经费支出占 GDP 比重	%	0.21	0.18	8.04	6.92	36	35
12	地方财政科技支出占财政一般预算支出比重	%	0.36	0.29	7.10	5.80	34	34
13	规模以上工业企业创新费用支出占主营业务收入比重	%	0.73	1.24	24.36	41.44	34	24
14	规模以上工业企业 R&D 经费支出占主营业务收入比重	%	1.13	0.85	45.10	34.06	24	30
15	企业技术获取和技术改造经费支出占主营业务收入比重	%	0	0.27	0	10.71	33	7
	科技创新产出				3.51	4.23	38	38
	知识产出				2.43	3.86	36	36
16	万名 R&D 人员发表科技论文数	篇/万人	43.86	163.93	1.25	4.68	30	29
17	万人有效发明专利拥有量	件/万人	0.75	0.47	5.03	3.15	34	37
18	万人高价值发明专利拥有量	件/万人	0.09	—	0.75	—	35	—
	效益产出				4.47	4.57	38	38
19	规模以上工业企业新产品销售收入占主营业务收入比重	%	1.18	2.68	2.95	6.70	36	34
20	技术合同成交额占 GDP 比重	%	0.07	0	2.93	0	19	27
21	规模以上工业企业战略性新兴产业增加值占 GDP 比重	%	0.01	0.03	0.15	0.49	37	37
22	数字经济核心产业增加值占 GDP 比重	%	1.04	0.97	10.38	9.69	33	35
	高新技术产业化				36.51	20.63	30	36
	产业化水平				17.25	2.46	34	37
23	每万家企业法人中高新技术企业数	家/万家	3.67	2.68	2.62	1.92	37	37
24	万人高新技术企业从业人员数	人/万人	3.45	1.89	0.86	0.47	37	37
25	高新技术企业营业收入占工业主营业务收入比重	%	2.94	1.11	9.80	3.69	36	36
26	高新技术产品出口额占商品出口额比重	%	0	0	0	0	31	30
27	高新技术产品销售收入占主营业务收入比重	%	87.22	6.61	96.91	7.35	3	37
	产业化效益				68.73	51.02	15	25
28	高新技术企业劳动生产率	万元/人	88.73	66.93	73.94	55.77	24	28
29	高新技术企业利润率	%	9.40	6.83	62.70	45.52	8	11
	科技促进经济发展				67.43	44.91	23	36
	发展方式转变				62.53	20.84	15	38
30	人均 GDP	万元/人	5.09	4.64	42.42	38.64	31	31
31	工业企业全员劳动生产率	元/人年	860 739.40	0	86.07	0	5	38
	环境改善				71.83	66.52	25	26
32	万元主营业务收入能耗	吨标准煤/万元	0.38	0.46	22.66	18.55	27	27
33	万元地区生产总值用水量	立方米/万元	27.39	32.50	91.28	76.92	17	18
34	环境空气质量指数	%	68.36	67.23	100.00	100.00	1	1
	综合指数				26.93	19.51	34	36

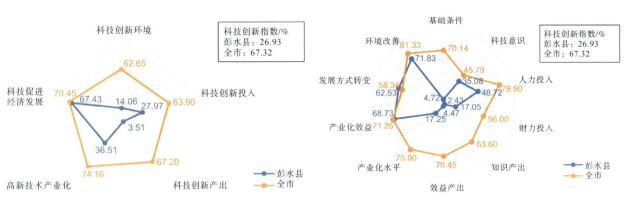

图 3-112　彭水县一级指标雷达图　　　　图 3-113　彭水县二级指标雷达图

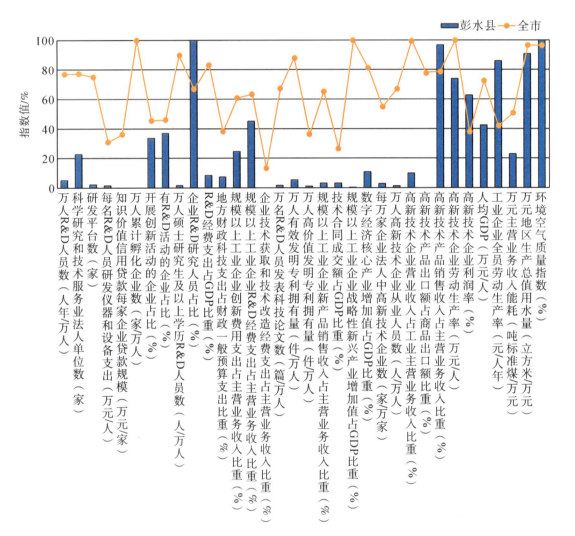

图 3-114　彭水县三级指标指数值（监测值/标准值×100%）线柱图

第四章 区县科技与经济协调发展相关性分析

一、科技创新环境指数与科技创新投入指数

图4-1中纵横两条线分别为"科技创新环境指数"和"科技创新投入指数"全市水平线，它们将散点图分为四个象限：位于第一象限的地区为科技创新环境指数和科技创新投入指数均高于全市水平的地区；位于第二象限的地区为科技创新环境指数低于全市水平，但科技创新投入指数高于全市水平的地区；位于第三象限的地区为科技创新环境指数和科技创新投入指数均低于全市水平的地区；位于第四象限的地区为科技创新环境指数高于全市水平，但科技创新投入指数低于全市水平的地区。

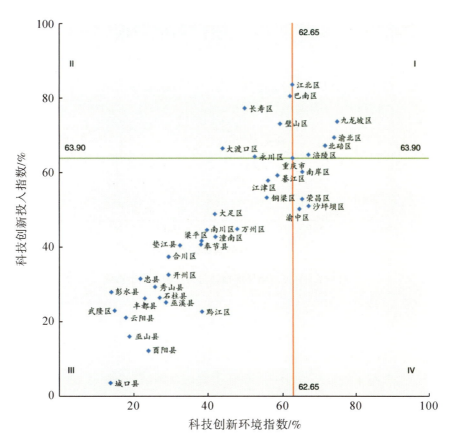

图4-1 科技创新环境指数与科技创新投入指数

二、科技创新环境指数与科技创新产出指数

图 4-2 中纵横两条线分别为"科技创新环境指数"和"科技创新产出指数"全市水平线，它们将散点图分为四个象限：位于第一象限的地区为科技创新环境指数和科技创新产出指数均高于全市水平的地区；位于第二象限的地区为科技创新环境指数低于全市水平，但科技创新产出指数高于全市水平的地区；位于第三象限的地区为科技创新环境指数和科技创新产出指数均低于全市水平的地区；位于第四象限的地区为科技创新环境指数高于全市水平，但科技创新产出指数低于全市水平的地区。

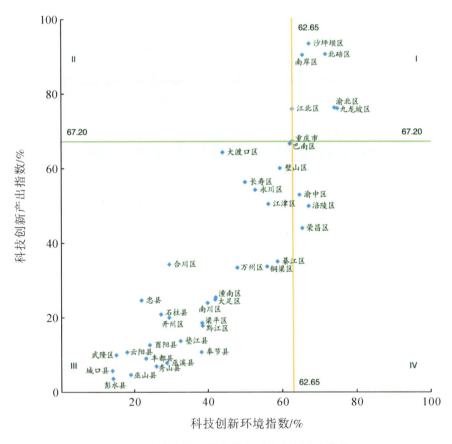

图 4-2 科技创新环境指数与科技创新产出指数

三、科技创新环境指数与高新技术产业化指数

　　图4-3中纵横两条线分别为"科技创新环境指数"和"高新技术产业化指数"全市水平线，它们将散点图分为四个象限：位于第一象限的地区为科技创新环境指数和高新技术产业化指数均高于全市水平的地区；位于第二象限的地区为科技创新环境指数低于全市水平，但高新技术产业化指数高于全市水平的地区；位于第三象限的地区为科技创新环境指数和高新技术产业化指数均低于全市水平的地区；位于第四象限的地区为科技创新环境指数高于全市水平，但高新技术产业化指数低于全市水平的地区。

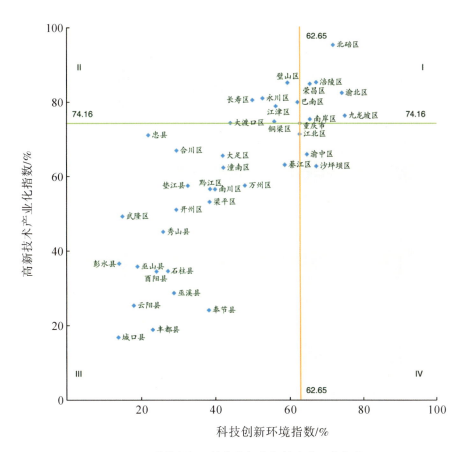

图4-3　科技创新环境指数与高新技术产业化指数

四、科技创新环境指数与科技促进经济发展指数

图 4-4 中纵横两条线分别为"科技创新环境指数"和"科技促进经济发展指数"全市水平线，它们将散点图分为四个象限：位于第一象限的地区为科技促进经济发展指数和科技创新环境指数均高于全市水平的地区；位于第二象限的地区为科技创新环境指数低于全市水平，但科技促进经济发展指数高于全市水平的地区；位于第三象限的地区为科技促进经济发展指数和科技创新环境指数均低于全市水平的地区；位于第四象限的地区为科技创新环境指数高于全市水平，但科技促进经济发展指数低于全市水平的地区。

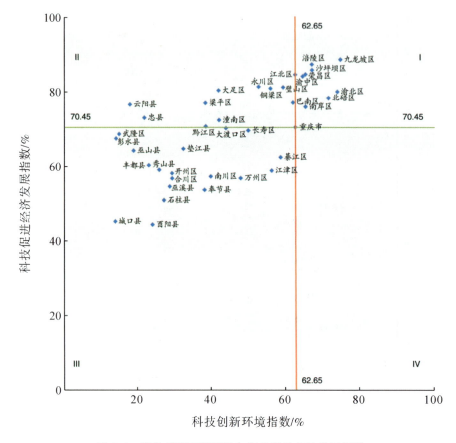

图 4-4　科技创新环境指数与科技促进经济发展指数

五、科技创新投入指数与科技创新产出指数

图 4-5 中纵横两条线分别为"科技创新投入指数"和"科技创新产出指数"全市水平线，它们将散点图分为四个象限：位于第一象限的地区为科技创新投入指数和科技创新产出指数均高于全市水平的地区；位于第二象限的地区为科技创新投入指数低于全市水平，但科技创新产出指数高于全市水平的地区；位于第三象限的地区为科技创新投入指数和科技创新产出指数均低于全市水平的地区；位于第四象限的地区为科技创新投入指数高于全市水平，但科技创新产出指数低于全市水平的地区。

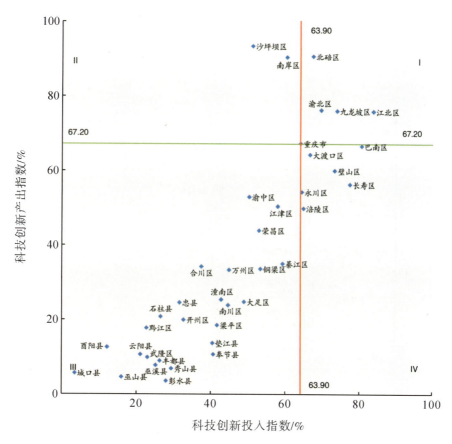

图 4-5　科技创新投入指数与科技创新产出指数

六、科技创新投入指数与高新技术产业化指数

图 4-6 中纵横两条线分别为"科技创新投入指数"和"高新技术产业化指数"全市水平线，它们将散点图分为四个象限：位于第一象限的地区为科技创新投入指数和高新技术产业化指数均高于全市水平的地区；位于第二象限的地区为科技创新投入指数低于全市水平，但高新技术产业化指数高于全市水平的地区；位于第三象限的地区为科技创新投入指数和高新技术产业化指数均低于全市水平的地区；位于第四象限的地区为科技创新投入指数高于全市水平，但高新技术产业化指数低于全市水平的地区。

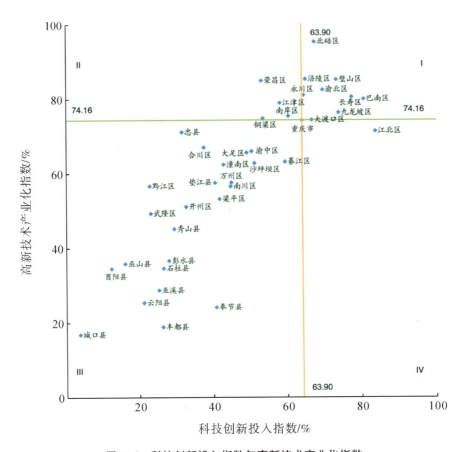

图 4-6　科技创新投入指数与高新技术产业化指数

七、科技创新投入指数与科技促进经济发展指数

图4-7中纵横两条线分别为"科技创新投入指数"和"科技促进经济发展指数"全市水平线，它们将散点图分为四个象限：位于第一象限的地区为科技创新投入指数和科技促进经济发展指数均高于全市水平的地区；位于第二象限的地区为科技创新投入指数低于全市水平，但科技促进经济发展指数高于全市水平的地区；位于第三象限的地区为科技创新投入指数和科技促进经济发展指数均低于全市水平的地区；位于第四象限的地区为科技创新投入指数高于全市水平，但科技促进经济发展指数低于全市水平的地区。

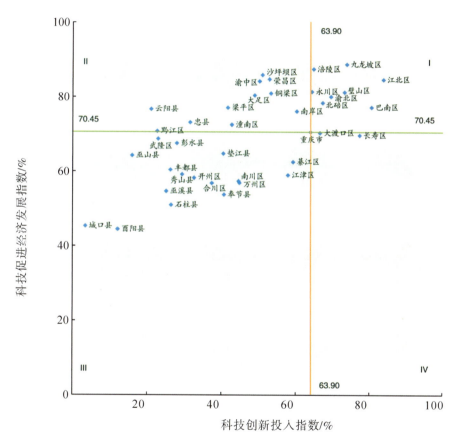

图4-7　科技创新投入指数与科技促进经济发展指数

八、科技创新产出指数与高新技术产业化指数

图 4-8 中纵横两条线分别为"科技创新产出指数"和"高新技术产业化指数"全市水平线，它们将散点图分为四个象限：位于第一象限的地区为科技创新产出指数和高新技术产业化指数均高于全市水平的地区；位于第二象限的地区为科技创新产出指数低于全市水平，但高新技术产业化指数高于全市水平的地区；位于第三象限的地区为科技创新产出指数和高新技术产业化指数均低于全市水平的地区；位于第四象限的地区为科技创新产出指数高于全市水平，但高新技术产业化指数低于全市水平的地区。

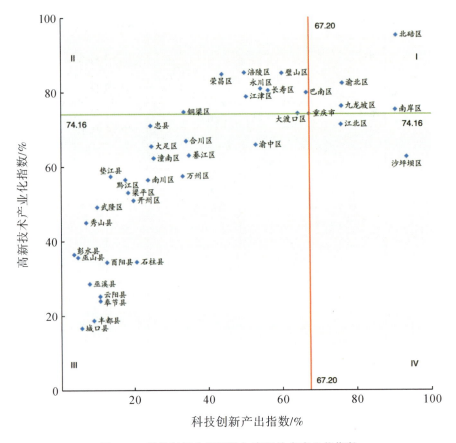

图 4-8　科技创新产出指数与高新技术产业化指数

九、科技创新产出指数与科技促进经济发展指数

图 4-9 中纵横两条线分别为"科技创新产出指数"和"科技促进经济发展指数"全市水平线，它们将散点图分为四个象限：位于第一象限的地区为科技创新产出指数和科技促进经济发展指数均高于全市水平的地区；位于第二象限的地区为科技创新产出指数低于全市水平，但科技促进经济发展指数高于全市水平的地区；位于第三象限的地区为科技创新产出指数和科技促进经济发展指数均低于全市水平的地区；位于第四象限的地区为科技创新产出指数高于全市水平，但科技促进经济发展指数低于全市水平的地区。

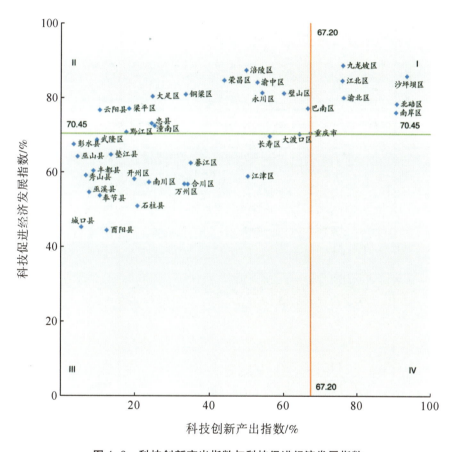

图 4-9　科技创新产出指数与科技促进经济发展指数

十、高新技术产业化指数与科技促进经济发展指数

图 4-10 中纵横两条线分别为"高新技术产业化指数"和"科技促进经济发展指数"全市水平线，它们将散点图分为四个象限：位于第一象限的地区为高新技术产业化指数和科技促进经济发展指数均高于全市水平的地区；位于第二象限的地区为高新技术产业化指数低于全市水平，但科技促进经济发展指数高于全市水平的地区；位于第三象限的地区为高新技术产业化指数和科技促进经济发展指数均低于全市水平的地区；位于第四象限的地区为高新技术产业化指数高于全市水平，但科技促进经济发展指数低于全市水平的地区。

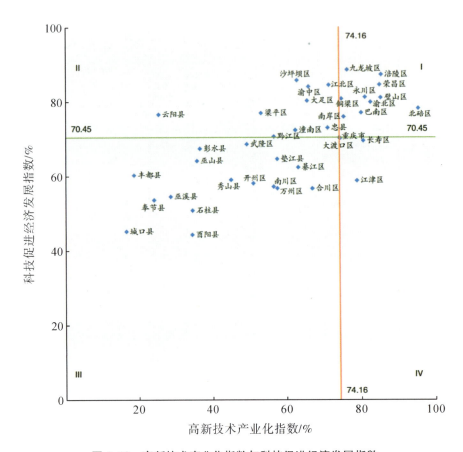

图 4-10　高新技术产业化指数与科技促进经济发展指数

附录 1 《重庆科技创新指数报告》简介

　　《重庆科技创新指数报告》是迄今重庆持续时间最长的评价报告之一，最早可追溯到 2009 年的《重庆区县科技进步监测报告》，2017 年后更名为《重庆科技创新指数报告》，截至 2022 年已连续发布 14 年。

　　2022 年，重庆生产力促进中心、重庆市科学技术情报学会与重庆工商大学合作组成的"重庆科技创新指数评价课题组"，在市科技局、市统计局等部门的指导和支持下，开展了重庆区县科技创新指标体系的研究。为适应新发展阶段重庆科技创新发展特征，相较于《重庆科技创新指数报告 2021》，课题组对原有指标体系进行了修订，原有的 5 个一级指标保持不变，5 个一级指标各增加 2 个二级指标，三级指标从 17 个增加至 34 个。

一、科技创新指数评价的意义

　　开展重庆科技创新指数评价工作的意义为以下三点：

　　一是把科技创新作为核心评价指标，引导全社会创新资源向产业和企业集聚。

　　二是及时、全面、客观地反映全市和各区县科技创新水平，引导和促进区县科技创新发展。

　　三是为全社会在认知、研究重庆科技创新方面提供数据与信息，为全市广大科技工作者从事管理、决策和研究提供参考资料。

二、科技创新指数评价指标体系

　　重庆科技创新指数评价指标体系由科技创新环境、科技创新投入、科技创新产出、高新技术产业化和科技促进经济发展指标 5 个一级指标、10 个二级指标和 34 个三级监测指标组成，通过加权综合形成重庆科技创新水平综合指数。

　　第一，科技创新环境。包括基础条件和科技意识 2 个二级指标。基础条件包含 6 个三级监测指标，即万人 R&D 人员数、科学研究和技术服务业法人单位数、研发平台数、每名 R&D 人员研发仪器和设备支出、知识价值信用贷款每家企业贷款规模、万人累计孵化企业数，分别衡量了一个地区的科技人力水平、研发基础设施建设、研发平台、研发经费投入、知识价值信贷发展、创业孵化基础设施的情况。科技意识包含 2 个三级监测指标，即开展创新活动的企业占比、有 R&D 活动的企业占比，分别衡量了一个地区的创新主体发展、企业发展活力的情况。

　　第二，科技创新投入。包括人力投入和财力投入 2 个二级指标。人力投入包含 2 个三级监测指标，即万人硕士研究生及以上学历 R&D 人员数、企业 R&D 研究人员占比，分别衡量了一个地区的科技人力投入、企业研发人员投入的情况。财力投入包含 5 个三级监测指标，即 R&D 经费支出占 GDP 比重、地方财政科技支出占财政一般预算支出比重、规模以上工业企业创新费用支出占主营业务收入比重、规模以上工业企业 R&D 经费支出占主营业务收入比重、企业技术获取和技术改造经费支出占主营业务收入比重，分别衡量了一个地区的研发经费投入、政府科技投入、企业创新费用投入、企业研发经费投入、企业技术获取和技术改造经费投入的情况。

第三，科技创新产出。包括知识产出和效益产出 2 个二级指标。知识产出包括 3 个三级监测指标，即万名 R&D 人员发表科技论文数、万人有效发明专利拥有量、万人高价值发明专利拥有量，分别衡量了一个地区的技术研发水平、知识产权保护意识、新产品构成的情况。效益产出包括 4 个三级监测指标，即规模以上工业企业新产品销售收入占主营业务收入比重、技术合同成交额占 GDP 比重、规模以上工业企业战略性新兴产业增加值占 GDP 比重、数字经济核心产业增加值占 GDP 比重，分别衡量了一个地区的企业新产品销售、科技转化水平、战略性新兴产业发展、数字经济发展的情况。

第四，高新技术产业化。包括产业化水平和产业化效益 2 个二级指标。产业化水平包含 5 个三级监测指标，即每万家企业法人中高新技术企业数、万人高新技术企业从业人员数、高新技术企业营业收入占工业主营业务收入比重、高新技术产品出口额占商品出口额比重、高新技术产品销售收入占主营业务收入比重，分别衡量了一个地区的优质创新主体相对拥有量、高新技术产业吸纳就业的能力、高新技术产业价值创造能力、企业的新产品开发成效、高新技术产业的国际竞争力的情况。产业化效益包含 2 个三级监测指标，即高新技术企业劳动生产率、高新技术企业利润率，分别衡量了一个地区的高新技术企业劳动生产率、利润创造的情况。

第五，科技促进经济发展。包括发展方式转变和环境改善 2 个二级指标。发展方式转变包含 2 个三级监测指标，即人均 GDP、工业企业全员劳动生产率，分别衡量了一个地区的经济发展水平、工业企业全员劳动生产率的情况。环境改善包含 3 个三级监测指标，即万元主营业务收入能耗、万元地区生产总值用水量、环境空气质量指数，分别衡量了一个地区的能耗水平、水耗水平、可持续发展能力。

34 个三级指标在综合成各区县科技创新水平指数时，通过专家打分法和熵值法得到各三级指标的组合权重，10 个二级指标和 5 个一级指标的权重分别由各子项指标权重加总得到，具体见附录 2。

三、科技创新指标体系的原则

科技创新指标体系主要遵循了以下几个原则：

1. 导向性原则

指标体系的建立必须突出科技创新的导向作用，突出重庆创新发展的特色，强调科技投入、成果转化和创新环境的建立。通过指标体系的建立，激励、引导各级政府及工业企业开展科技创新活动，提高经济增长中的科技创新含量，加快科技创新的步伐。

2. 科学性原则

在设计指标体系时，必须考虑理论上的完备性、科学性和正确性，即指标概念必须明确，且具有一定的科学内涵。科学性原则还要求权重系数的确定以及数据的选取、计算与合成等要以公认的科学理论为依托，同时又要避免指标间的重叠和简单罗列。

3. 可操作性原则

在设计科技创新指标体系时，各指标数据均能从公开的统计数据中得到，以保证评价的可操作性和透明性，并保证评价结果的可信度。

4. 可比性原则

本指标体系最直接的作用是对重庆各区县的科技创新状况进行评价，因此必须充分考虑到各区县在经济结构、自然环境方面的差异，在具体指标的选择上尽量选取具有共性的综合指标，以保证指标的可比性和评价的公平性。

5. 持续性原则

科技创新监测是一项长期工作，为实施持续性的科技创新监测，需保证各项指标数据均能从各年连续获得。

6. 整体性与层次性原则

指标体系作为一个整体，应比较全面地反映科技创新综合实力的发展状况，即既要有反映各区县科技创新环境、科技创新投入、科技创新产出、科技促进经济发展等各子系统发展的主要特征和状态的指标，又要有反映以上各子系统相互协调的动态变化和发展趋势的指标。选择的指标还应具有层次性，即高层次的指标包含描述低层次不同方面的指标。高层次指标是低一层次指标的综合，并指导低一层次指标的建设；低层次指标是高一层次指标的分解，是高一层次指标建立的基础。

7. 绝对指标和相对指标相结合的原则

绝对指标是反映社会经济发展的总规模、总水平的综合指标。通过绝对指标分析，可反映总量、规模等因素。相对指标是两个相互联系现象数量的比率，用以反映现象的发展程度、结构、强度、普遍程度或比例关系，揭示事物内部联系和现象间的对比关系。把绝对指标与相对指标结合起来，可以更准确地反映科技创新状况。

四、科技创新指数的统计方法

科技创新指数系统的框架和指标体系确定后，综合评价的实施由以下几个步骤组成：

1. 各评价指标无量纲化处理

科技创新评价指标体系的各个评价指标之间，由于量纲、经济意义、表现形式以及对提高科技创新综合实力这个总目标的作用趋向彼此不同，不具有可比性，必须对其进行无量纲处理，消除指标量纲影响，使其彼此具有可比性后才能计算综合评价结果。实践中常用的无量纲化方法主要有标准化处理、相对化处理和函数化处理。本报告采用相对化处理的方法来对各指标进行无量纲化处理。

2. 指标权重的确定

用指标体系反映科技创新能够使技术创新在某一方面的作用具体化，但各个指标在科技创新中所起的作用和重要性是不同的，因此对于指标体系中的各指标都应赋予相应的权重。权重确定得合理与否对综合评价结果和评价工作质量有着决定性的影响。本指标体系的权重采用了熵值法和专家意见法。

熵值法属于一种客观赋权的方法，利用信息熵的工具根据各项指标值的变异程度来确定各分类指标的权重。一般来说，若某个指标的信息熵 E_j 越小，表明指标值的变异程度越大，提供的信息量越多，在综合评价中所能起到的作用也越大，其权重也就越大；相反，若某个指标的信息熵 E_j 越大，表明指标值的变异程度越小，提供的信息量越少，在综合评价中所能起到的作用也越小，其权重也就越小。熵值法赋权步骤为

第一，数据标准化处理。

假设给定具有 m 维度的 n 个指标 X_1，X_2，$\cdots$，X_n。此外，为了避免求熵值时对数的无意义，还需要进行数据平移：

$$X'_{ij} = \frac{X_{ij} - \min X_j}{\max X_j - \min X_j} + 1\,(i = 1, 2, \cdots, n; j = i = 1, 2, \cdots, m)$$

记非负化处理后的数据为 X'_{ij}。

第二，确定各指标的信息熵。

根据信息论中信息熵的定义，一组数据的信息熵为

$$E_j = -\ln(n)^{-1} \sum_{i=1}^{n} \ln p_{ij}$$

其中，$p_{ij} = X'_{ij} \Big/ \sum_{i=1}^{n} X'_{ij}$，如果 $p_{ij} = 0$，则定义 $\lim\limits_{p_{ij} \to 0} p_{ij} \ln p_{ij} = 0$。

第三，确定各指标的权重。

根据信息熵计算公式，计算出各指标的信息熵为 E_1，E_2，$\cdots$，E_k，通过信息熵计算各指标的权重：

$$w_i = \frac{1 - E_i}{k - \sum E_i}\,(i = 1, 2, \cdots, k)$$

专家意见法是根据决策者主观信息进行赋权的一种方法，即通过一定方法综合各位专家对各指标给出的权重进行赋权。本报告通过专家打分的形式得到各级指标的分值，然后基于指标体系层级关系和各级指标总分值进行平权得到一级、二级、三级指标的权重。

在计算出熵权和专家权重后，通过算术平均得到本报告指标体系的组合权重。

3. 采用统计综合方法进行评价

各级监测值均可称为"指数"，计算方法如下：

三级指标监测值（三级指数）由各三级指标除以相应的监测标准得到，即 $d_{ijk} = \frac{x_{ijk}}{x_k^*} \times 100\%$。其中：$x_{ijk}$ 为第 i 个一级指标下设的第 j 个二级指标下设的第 k 个三级指标；x_k^* 为第 k 个三级指标相应的标准值；当 $d_{ijk} > 100$ 时，取 100 为其上限值。

二级指标监测值（二级指数）由各二级指标下子指标的监测值加权综合得到，即 $d_{ij} = \sum_{k=1}^{n_j} w_{ijk} d_{ijk}$。其

中：w_{ijk} 为各三级指标监测值相应的权数；n_j 为第 j 个二级指标下设的三级指标的个数。

一级指标监测值（一级指数）由二级指标监测值加权综合得到，即 $d_j = \sum_{i=1}^{n_j} w_{ij} d_{ij}$。其中：$w_{ij}$ 为各二级指标监测值相应的权数；n_j 为第 j 个一级指标下设的二级指标个数。

总监测值（总指数）由一级指标的监测值加权综合得到，即 $d = \sum_{i=1}^{n} w_i d_i$。其中：$w_i$ 为各一级指标监测值相应的权数；n 为一级指标个数。

五、科技创新指数监测标准

根据目前我国科技创新的总体水平和先进地区的发展水平，参照发达国家人均国内生产总值达到 10 000 美元（按名义汇率计算）左右时科技与经济协调发展的状况，以及全国科技创新指数标准、重庆市统计年鉴、重庆市各区县科技发展与经济增长等方面的综合考虑，经反复测算最终确定了一套较为系统的"科技创新指数标准"，该标准主要参考《重庆市国民经济和社会发展第十四个五年规划和二〇三五年远景目标纲要》。通过各区县地区科技创新水平与这一"指数标准"的比较，可反映出各地区达到标准的程度。指数标准见附录 2。

附录 2 重庆科技创新指数评价指标体系

一级指标	二级指标	序号	三级指标	单位	标准值
科技创新环境	基础条件	1	万人 R&D 人员数	人年/万人	50
		2	科学研究和技术服务业法人单位数	家	1 000
		3	研发平台数	家	100
		4	每名 R&D 人员研发仪器和设备支出	万元/人	6
		5	知识价值信用贷款每家企业贷款规模	万元/家	500
		6	万人累计孵化企业数	家/万人	1
	科技意识	7	开展创新活动的企业占比	%	100
		8	有 R&D 活动的企业占比	%	100
科技创新投入	人力投入	9	万人硕士研究生及以上学历 R&D 人员数	人/万人	16
		10	企业 R&D 研究人员占比	%	70
	财力投入	11	R&D 经费支出占 GDP 比重	%	2.6
		12	地方财政科技支出占财政一般预算支出比重	%	5
		13	规模以上工业企业创新费用支出占主营业务收入比重	%	3
		14	规模以上工业企业 R&D 经费支出占主营业务收入比重	%	2.5
		15	企业技术获取和技术改造经费支出占主营业务收入比重	%	2.5
科技创新产出	知识产出	16	万名 R&D 人员发表科技论文数	篇/万人	3 500
		17	万人有效发明专利拥有量	件/万人	15
		18	万人高价值发明专利拥有量	件/万人	12
	效益产出	19	规模以上工业企业新产品销售收入占主营业务收入比重	%	40
		20	技术合同成交额占 GDP 比重	%	2.5
		21	规模以上工业企业战略性新兴产业增加值占 GDP 比重	%	6.3
		22	数字经济核心产业增加值占 GDP 比重	%	10
高新技术产业化	产业化水平	23	每万家企业法人中高新技术企业数	家/万家	140
		24	万人高新技术企业从业人员数	人/万人	400
		25	高新技术企业营业收入占工业主营业务收入比重	%	30
		26	高新技术产品出口额占商品出口额比重	%	80
		27	高新技术产品销售收入占主营业务收入比重	%	90
	产业化效益	28	高新技术企业劳动生产率	万元/人	120
		29	高新技术企业利润率	%	15
科技促进经济发展	发展方式转变	30	人均 GDP	万元/人	12
		31	工业企业全员劳动生产率	元/人年	1 000 000
	环境改善	32	万元主营业务收入能耗	吨标准煤/万元	0.085
		33	万元地区生产总值用水量	立方米/万元	25
		34	环境空气质量指数	%	60

附录 3　指标解释

1. 万人 R&D 人员数

"R&D 人员"是指直接从事 R&D 活动的人员，以及直接为 R&D 活动提供服务的管理人员、行政人员和办事人员。我国 R&D 人员采用全时人员数和全时工作量两个指标。由于一个人并非将全部时间投入 R&D 活动，所以采用全时当量把非全时人员数按工作量折算为全时人员数。"R&D 人员全时当量"指全社会全时 R&D 人员工作量与非全时 R&D 人员工作量之和。该指标可以衡量一个地区的科技人力投入情况。

其计算公式为：万人 R&D 人员数＝R&D 人员全时当量/常住人口数（单位：人年/万人）

以《重庆科技统计年鉴 2022》为准。

2. 科学研究和技术服务业法人单位数

该指标是指从事科学研究和技术服务业，包括研究和试验发展、专业技术服务业以及科技推广和应用服务业，其中科技推广和应用服务业又包括技术推广服务、知识产权服务、科技中介服务、创新空间服务等的法人单位个数。

以《重庆统计年鉴 2022》为准。

3. 研发平台数

该指标是指作为项目法人承担建设，国家、省、市、县等有关部门归口管理且已经获得批复的科技类、研究开发类平台数量。包括规模以上工业、建筑业、服务业企业以及科研院所和高等学校办的研发机构数量。

以《重庆科技统计年鉴 2022》为准。

4. 每名 R&D 人员研发仪器和设备支出

用于研究与发展活动的科研仪器设备是科技活动重要的物质技术基础。该指标是指研究与开发机构、工业企业、高等学校 R&D 经费内部支出中的仪器和设备支出之和与 R&D 活动人员数的比率。

其计算公式为：每名 R&D 人员研发仪器和设备支出＝R&D 经费内部支出中的仪器和设备支出之和/R&D 活动人员数（单位：万元/人）

以《重庆科技统计年鉴 2022》为准。

5. 知识价值信用贷款每家企业贷款规模

知识价值信用贷款是指合作银行根据科技型企业的知识价值信用评价结果，在知识价值信用评价授信额度以内，按照中国人民银行公布、当月执行的贷款市场报价利率（LPR）向科技型企业发放为期一年（含）以内的信用贷款。该指标反映了对科技成果转化和产业化的投融资支持力度。

其计算公式为：知识价值信用贷款每家企业贷款规模=科技型企业知识价值信用贷款/科技型企业知识价值信用贷款支持企业数量（单位：万元/家）

以《重庆科技统计年鉴 2022》为准。

6. 万人累计孵化企业数

科技企业孵化器是以促进科技成果转化、培养高新技术企业和企业家为宗旨的科技创业服务载体，其累计孵化企业数是科技创新环境的重要体现。

其计算公式为：万人累计孵化企业数=累计孵化企业数/地区常住人口数（单位：家/万人）

以《重庆科技统计年鉴 2022》为准。

7. 开展创新活动的企业占比

该指标是指全部规模以上工业企业中开展创新活动的企业占比。

其计算公式为：开展创新活动的企业占比=开展创新活动的企业数/全部企业数×100%

以《重庆科技统计年鉴 2022》为准。

8. 有 R&D 活动的企业占比

企业是创新的主要场所，是新技术应用的主要用户，有 R&D 活动的企业占比可以反映一个地区技术创新活动的活跃程度。

其计算公式为：有 R&D 活动的企业占比=有 R&D 活动的规模以上工业企业数/全社会的规模以上工业企业数×100%

以《重庆科技统计年鉴 2022》为准。

9. 万人硕士研究生及以上学历 R&D 人员数

该指标是指常住人口中硕士研究生及以上学历参与研究与试验发展项目研究、管理和辅助工作的人员数，包括项目（课题）组人员、科技行政管理人员和直接为项目（课题）活动提供服务的辅助人员数量。

其计算公式为：万人硕士研究生及以上学历 R&D 人员数=硕士研究生及以上学历 R&D 人员数/常住人口数（单位：人/万人）

以《重庆科技统计年鉴 2022》为准。

10. 企业 R&D 研究人员占比

该指标是指企业 R&D 研究人员数与全社会 R&D 研究人员数的比率。企业是科技创新的主体。该指标是衡量 R&D 活动人力投入比例关系的重要指标。

其计算公式为：企业 R&D 研究人员占比＝企业 R&D 研究人员数/全社会 R&D 研究人员数×100%

以《重庆科技统计年鉴 2022》为准。

11. R&D 经费支出占 GDP 比重

该指标是衡量国家或地区研发经费投入强度最为重要、最为综合的指标。根据我国现阶段 R&D 经费投入趋势，以及发达国家在人均 GDP 达到 3 000～4 000 美元时这一比例所达到的水平作为衡量标准。

其计算公式为：R&D 经费支出占 GDP 比重＝R&D 经费支出/地区生产总值×100%

以《重庆科技统计年鉴 2022》为准。

12. 地方财政科技支出占财政一般预算支出比重

一般财政预算支出是国家对集中预算收入有计划地分配和使用而安排的支出，其中的科技支出占比可以衡量一个地区的政府科技投入力度。

其计算公式为：地方财政科技支出占财政一般预算支出比重＝地方财政科技支出/地方财政一般预算支出×100%

以《重庆科技统计年鉴 2022》为准。

13. 规模以上工业企业创新费用支出占主营业务收入比重

该指标是指规模以上工业企业创新费用支出与企业营业收入的比率。

其计算公式为：规模以上工业企业创新费用支出占主营业务收入比重＝规模以上工业企业创新费用支出/规模以上工业企业主营业务收入×100%

以《重庆科技统计年鉴 2022》为准。

14. 规模以上工业企业 R&D 经费支出占主营业务收入比重

该指标是指规模以上工业企业投入的 R&D 经费占企业经营主要业务所取得的收入总额（主营业务收入）的比重。该指标可以衡量企业的研发经费投入强度。

其计算公式为：规模以上工业企业 R&D 经费占主营业务收入比重＝规模以上工业企业 R&D 经费内部支出/规模以上工业企业主营业务收入×100%

以《重庆科技统计年鉴 2022》为准。

15. 企业技术获取和技术改造经费支出占主营业务收入比重

该指标是指企业用于技术获取和技术改造方面的支出与当年营业收入的比率。企业技术获取和技术改造经费支出包括引进技术经费支出、消化吸收经费支出、技术改造经费支出和购买境内技术经费支出。该指标也是衡量企业创新能力和创新投入水平的重要指标。

其计算公式为：企业技术获取和技术改造经费支出占主营业务收入比重＝企业技术获取和技术改造经费支出/企业主营业务收入×100%

以《重庆科技统计年鉴 2022》为准。

16. 万名 R&D 人员发表科技论文数

科技论文数是对国外主要检索工具 SCI 收录的我国科技论文数，以及中国科学技术信息研究所从国家期刊管理部门批准正式出版、公开发行的刊物中选作统计源的期刊刊载的学术论文进行统计而得出的加权平均数。科技论文是创新活动中间产出的重要成果形式之一。该指标反映研发活动的产出水平和效率。

其计算公式为：万名 R&D 人员发表科技论文数＝科技论文数/R&D 人员数（单位：篇/万人）

以《重庆科技统计年鉴 2022》为准。

17. 万人有效发明专利拥有量

该指标是指每万人拥有的经国内外知识产权行政部门授权且在有效期内的发明专利件数。该指标可以衡量一个地区的科研产出质量和市场应用水平。

其计算公式为：万人有效发明专利量＝有效发明专利量/常住人口数（单位：件/万人）

以《重庆科技统计年鉴 2022》为准。

18. 万人高价值发明专利拥有量

该指标是指每万人拥有的经国内外知识产权行政部门授权且在有效期内的发明专利件数。该指标可以衡量一个地区的科研产出质量和市场应用水平。高价值发明专利包括：①战略性新兴产业的有效发明专利；②在海外有同族专利权的有效发明专利；③维持年限超过 10 年的有效发明专利；④实现较高质押融资金额的有效发明专利；⑤获得国家科学技术奖或中国专利奖的有效发明专利。设置该指标，有利于真实反映专利资源的技术含量和市场价值，客观测度科技产出绩效，引导发明专利从追求数量向追求质量转变。

其计算公式为：万人高价值发明专利拥有量＝高价值发明专利量/常住人口数（单位：件/万人）

以《重庆科技统计年鉴 2022》为准。

19. 规模以上工业企业新产品销售收入占主营业务收入比重

该指标是指报告期内规模以上工业企业新产品销售收入与主营业务收入的比率。该指标可以反映新产品在整个产品中的构成情况。

其计算公式为：规模以上工业企业新产品销售收入占主营业务收入比重＝规模以上工业企业新产

品销售收入/主营业务收入×100%

以《重庆科技统计年鉴 2022》为准。

20．技术合同成交额占 GDP 比重

该指标是指技术合同成交额与地区生产总值的比率。技术合同成交额是指只针对技术开发、技术转让、技术咨询和技术服务类合同的成交额。该指标可反映科技成果转化水平和地区科技创新活跃程度。

其计算公式为：技术合同成交额占 GDP 比重＝技术合同成交额/地区生产总值×100%

以《重庆科技统计年鉴 2022》为准。

21．规模以上工业企业战略性新兴产业增加值占 GDP 比重

该指标是指规模以上工业企业战略性新兴产业增加值与地区生产总值的比率。战略性新兴产业是指建立在重大前沿科技突破的基础上，代表未来科技和产业发展新方向，体现当今世界知识经济、循环经济、低碳经济发展潮流，尚处于成长初期、未来发展潜力巨大，对经济社会具有全局带动和重大引领作用的产业。

其计算公式为：规模以上工业企业战略性新兴产业增加值占 GDP 比重＝规模以上工业企业战略性新兴产业增加值/地区生产总值×100%

以《重庆科技统计年鉴 2022》为准。

22．数字经济核心产业增加值占 GDP 比重

该指标是指报告期内以货币形式表现的数字经济核心产业生产活动的最终成果与地区生产总值的比率。该指标是反映数字经济核心产业发展规模和数字经济核心产业对 GDP 增长贡献的重要指标。

其计算公式为：数字经济核心产业增加值占 GDP 比重＝数字经济核心产业增加值/地区生产总值×100%

以《重庆科技统计年鉴 2022》为准。

23．每万家企业法人中高新技术企业数

高新技术企业指依据《高新技术企业认定管理办法》，由高新技术企业认定管理机构认定的高新技术企业。该指标可以衡量一个地区的优质创新主体相对拥有量。

其计算公式为：每万家企业法人中高新技术企业数＝高新技术企业数/企业法人单位数（单位：家/万家）

以《重庆统计年鉴 2022》和《重庆科技统计年鉴 2022》为准。

24．万人高新技术企业从业人员数

该指标是指每万人常住人口中，在高新技术企业工作并取得劳动报酬的全部人员数。该指标可以

衡量高新技术产业吸纳就业的能力。

其计算公式为：万人高新技术企业从业人员数＝高新技术企业从业人员数/常住人口数（单位：人/万人）

以《重庆科技统计年鉴2022》为准。

25.高新技术企业营业收入占工业主营业务收入比重

该指标是指高新技术企业营业收入与工业主营业务收入的比率，反映了科技创新对产业结构的优化程度。

其计算公式为：高新技术企业营业收入占工业主营业务收入比重＝高新技术企业营业收入/工业主营业务收入×100%。

以《重庆科技统计年鉴2022》和《重庆统计年鉴2022》为准。

26.高新技术产品出口额占商品出口额比重

高新技术产品是指符合国家和省高新技术重点范围、技术领域和产品参考目录的全新型产品，或省内首次生产的换代型产品，或国内首次生产的改进型产品，或属创新产品等；具有较高的技术含量、良好的经济效益（利税率应高于20%）和广阔的市场前景。高新技术产品出口额是指报告期内向国外出口的高新技术产品的价值。该指标可以衡量高新技术产品的国际竞争力。统计口径为全市的高新技术企业。

其计算公式为：高新技术产品出口额占商品出口额比重＝高新技术产品出口额/商品出口额×100%

以《重庆科技统计年鉴2022》为准。

27.高新技术产品销售收入占主营业务收入比重

高新技术产品销售收入是指企业通过技术创新、开展研发活动所形成的符合《国家重点支持的高新技术领域》要求的产品（服务）所获得的收入与企业技术性收入的总和。该指标可以衡量企业的新产品开发成效。统计口径为全市的高新技术企业。

其计算公式为：高新技术产品销售收入占主营业务收入比重＝高新技术产品销售收入/主营业务收入×100%

以《重庆科技统计年鉴2022》为准。

28.高新技术企业劳动生产率

该指标是指根据高新技术企业产品的价值量指标计算的平均每一个高新技术企业从业人员在单位时间内的产品生产量。

其计算公式为：高新技术企业劳动生产率＝高新技术企业营业收入/从业人员平均人数（单位：万元/人）

以《重庆科技统计年鉴2022》为准。

29. 高新技术企业利润率

该指标是指高新技术企业利润总额与高新技术企业营业收入的比率，它是衡量高新技术企业经营效率的指标，反映了在不考虑非营业成本的情况下，高新技术企业管理者通过经营获取利润的能力。

其计算公式为：高新技术企业利润率＝高新技术企业利润总额/高新技术企业营业收入×100%

以《重庆科技统计年鉴2022》为准。

30. 人均 GDP

人均 GDP 是指一个地区在核算期内（通常是一年）实现的生产总值与此地区的常住人口数的比值。该地区常住人口指该地区全年经常在家或在家居住 6 个月以上，而且经济和生活与本户连成一体的人口。该指标可以衡量一个地区的经济发展水平。

其计算公式为：人均 GDP＝地区生产总值/常住人口数（单位：万元/人）

以《重庆统计年鉴2022》为准。

31. 工业企业全员劳动生产率

该指标是指根据工业产品的价值量指标计算的平均每一个工业企业从业人员在单位时间内的产品生产量。该指标是考核企业经济活动的重要指标，是企业生产技术水平、经营管理水平、职工技术熟练程度和劳动积极性的综合表现。

其计算公式为：工业企业全员劳动生产率＝工业企业的工业增加值/工业企业从业人员平均人数（单位：元/人）

以《重庆统计年鉴2022》为准。

32. 万元主营业务收入能耗

万元主营业务收入能耗是相对工业企业来说的，指规模以上工业企业报告期内企业能源消费总量与主营业务收入的比率。一般主营业务收入以万元为单位，工业能源消耗总量以吨标准煤为单位。该指标可以衡量一个地区的能耗水平和可持续发展能力。

其计算公式为：万元主营业务收入能耗＝规模以上工业能源消耗总量/规模以上工业企业主营业务收入（单位：吨标准煤/万元）

以《重庆统计年鉴2022》为准。

33. 万元地区生产总值用水量

该指标是指报告期内地区水资源消费总量与地区生产总值的比率。一般地区生产总值以万元为单位，水能源消耗总量以立方米为单位。该指标可以衡量一个地区的水资源消耗水平和可持续发展能力。

其计算公式为：万元地区生产总值用水量=地区用水总量/地区生产总值（单位：立方米/万元）

以《重庆市水资源公报 2021》为准。

34. 环境空气质量指数

该指标是空气质量优良天数占比和空气综合质量指数倒数的加权平均数。其中空气综合质量指数是定量描述空气质量状况的无量纲指数，其数值越大、级别和类别越高、表征颜色越深，说明空气污染状况越严重，对人体的健康危害也就越大。参与空气质量评价的主要污染物为细颗粒物、可吸入颗粒物、二氧化硫、二氧化氮、臭氧、一氧化碳六类。

其计算公式为：环境空气质量指数=空气质量优良天数占比×0.5+1/空气综合质量指数×0.5

以《重庆市生态环境状况公报 2021》为准。